求告主名

Calling on the Name of the Lord

合乎聖經的禱告神學

A Biblical Theology of Prayer

著 蓋瑞·米勒（J. Gary Millar）

譯 路得

審 維尼

© J. Gary Millar 2016

作者／蓋瑞·米勒（J. Gary Millar）
英譯／路得
審校／維尼
責任編輯／徐西面
中文校對／甘雨、若凡、黃勵賢
中文書名／求告主名——合乎聖經的禱告神學
英文書名／Calling on the Name of the Lord: A Biblical Theology of Prayer
叢書英文系列／New Studies in Biblical Theology
英文系列主編／唐納·卡森（D. A. Carson）

All rights reserved. This translation of Calling on the Name of the Lord (NSBT) first published in 2016 is published by arrangement with Inter-Varsity Press, London, England. No Part of this book may be reproduced or transmitted in any form or by any means, electronic or mechanical, including photocopying, recording, or by any information storage or retrieval system, without permission in writing from the publisher. For information, address Latreia Press, Hudson House, 8 Albany Street, Edinburgh, Scotland, EH1 3QB.

本書部分經文引自《和合本》和《和合本修訂版》，版權屬香港聖經公會所有，蒙允准使用。其餘經文直接譯自英文原文。

策劃／李詠祈
裝幀設計／冬青
出版／賢理·璀雅出版社
地址／英國蘇格蘭愛丁堡
網址／ https://latreiapress.org
電郵／ contact@latreiapress.org
繁體中文初版／ 2023 年 2 月

ISBN：978-1-913282-46-2

目錄
Contents

總序 001
自序 003
引言：禱告與福音 007

第一章 禱告之始：《摩西五經》的禱告 013
禱告的開始 / 求告耶和華的名 / 中段小結：聖經中禱告的實質 / 《摩西五經》裏的禱告——論點檢測 / 總結

第二章 禱告與歷史進展：前先知書的禱告 049
《約書亞記》的禱告 / 《士師記》裏的禱告 / 《撒母耳記》的禱告 / 《列王紀》的禱告 / 總結

第三章 在未來之光中禱告：後先知書中的禱告 ..081
長篇禱告與大先知書 / 短篇禱告與小先知書 / 總結

第四章 為新的約禱告：聖卷裏的禱告 131
智慧書中的禱告 / 被擄流放時期的禱告 / 為新的約祈禱：《以斯拉記》《尼希米記》《歷代志》的禱告 / 總結

第五章 《詩篇》、彌賽亞與教會 175
詩篇是「禱告」嗎？ / 誰的禱告？ /《詩篇》中有信息嗎？ /《詩篇》如何為合乎聖經的禱告神學作出貢獻？

第六章 耶穌與禱告：福音書中的禱告 215
禱告與耶穌的降生 / 耶穌的教導與禱告 / 耶穌的比喻與禱告 / 耶穌的生活與禱告

第七章 禱告的教會：《使徒行傳》中的禱告 251
耶路撒冷的禱告 / 猶太與撒瑪利亞之地的禱告 / 地極之處的禱告 / 結語

第八章 植堂與禱告：保羅書信中的禱告 267
與保羅一起為人代禱 / 保羅對禱告的教導 / 保羅勸勉我們要禱告 / 題外話：保羅與集體的禱告？ / 結語

第九章 禱告的結束：新約後期的禱告 291
  禱告與《希伯來書》/ 禱告與雅各 / 禱告與彼得
  / 禱告與猶大 / 禱告與約翰 / 總結

後記：為何要（重新）學習認真禱告 313
  引言 / 剖析：福音派與禱告出了甚麼狀況？/
  診斷：為甚麼教會越來越少禱告？/
  重新學習禱告

參考書目 327

總序

《聖經神學新研究》（New Studies in Biblical Theology）是一系列探討聖經神學關鍵問題的專著，這些作品的內容集中在以下三個領域中的一個或多個：（1）聖經神學的本質與地位，包括與其他學科的關係（如歷史神學、釋經學、系統神學、歷史批判學、敘事神學）；（2）對某一聖經作者或聖經某一部分之思想結構的闡述；（3）聖經整體或部分對某個聖經主題的描述。

最重要的是，這一系列專著是創造性的嘗試，希望能幫助愛思考的基督徒更好地理解聖經。該系列旨在兼顧指導和啟發，在與當前文獻互動的同時，也指出今後要走的路。在神看來，意念（mind）與內心（heart）密不可分。因此，在該系列中，我們盡量不把神所聯合的東西分開。雖然書中的註釋會與學術文獻互動，但正文不會使用直譯發音的希臘文和希伯來文，並力求避免過多的專業術語。這些專著都是以認信的福音派神學為框架的，但也總是會力求對相關文獻作全面性的深入研究。

有關禱告的書很多，其中不少是談「如何禱告」的，

有些幾乎是神秘主義的，有些會仔細考查某些經文，比如研究保羅或大衛的禱告，還有一些則考查聖經對神的各種稱呼。本書作者蓋瑞·米勒博士（Gary Millar）的視角非常獨到，他對整本聖經進行梳理，從中探究各卷書或各部分經文的「禱告焦點」──這是關於禱告的聖經神學。一方面，他的發現沒什麼令人驚奇的：聖經中絕大多數禱告都以這樣或那樣的方式與神在救贖歷史中的目的相聯繫，並最終指向耶穌與福音。另一方面，他的發現卻是革命性的：現代許多基督徒的禱告是以個人的憂慮、需求和喜好為中心，而沒有聚焦於神的目的和應許。只要沒有本末倒置，這樣的禱告也算不上大錯（畢竟，彼得在《彼得前書》五章 7 節中說：「你們要將一切的憂慮卸給神，因為祂顧念你們」）。蓋瑞·米勒的這本書不僅告訴我們聖經中的禱告是怎樣的，而且讀懂這本書會幫助我們發出與神的救贖目的相符的禱告，「奉耶穌之名禱告」的意義也就驟然變得更加清晰。

三一神學院（Trinity Evangelical Divinity School）
卡森（D. A. Carson）

自序

神學需要教導出來，也需要活出來，因此，寫一部關於禱告的學術書籍，挑戰實在不小。我特別感謝妻子菲奧娜（Fiona）在信仰與生活中作我的夥伴，過去幾年裡，她一直鼓勵我將所教所寫的內容活出來。此外，我還要感謝女兒露西（Lucy）、蘇菲（Sophie）與麗蓓嘉（Rebekah）與我們共同經歷（並創造了！）悲喜交加的家庭禱告時光。這些時光提醒我們一家每天都需要求告主名。

每當思考和寫作「禱告」這個話題，並越來越投身禱告和享受禱告時，我都會想起這些年最愛教我禱告的那些人，併為他們而向神感恩。我由衷地感謝父母約翰米勒（John Millar）和洛娜·米勒（Lorna Millar），他們從我年幼時就鼓勵我禱告；感謝北愛爾蘭利斯本（Lisburn）母會青年團契的帶領人，他們教會了我與他人一起禱告；感謝貝爾法斯特女王大學（Queen's University Belfast）和阿伯丁大學（Aberdeen Universicy）基督團契（Christian Union）的同學們；感謝亞伯丁南吉可姆斯頓（Gilcomston South, Aberdeen）的教會和每週六晚上由威廉·斯蒂爾

（William Still）帶領的會眾祈禱會，他們讓我經歷了改變生命的獨特禱告；感謝我的岳父母沃納·哈迪（Warner Hardie）和希娜·哈迪（Sheena Hardie），他們建議我在早餐時間為普世宣教代禱；感謝班格爾市漢密爾頓路長老教會（Hamilton Road Presbyterian Church, Bangor）忠誠的「禱告勇士」們，與他們在都柏林（Dublin）同行的十二年多著實令人興奮，那段經歷使我們更加委身地為「忠於福音」和「在福音里成長」而禱告。我們也永難忘懷在霍斯（Howth）與馬拉海德長老教會（Malahide Presbyterian Church）面對順境和逆境時經歷的禱告時光。

寫作此書也讓我更加感謝多年來為我們忠實代禱的人。此刻我們更需要代禱，並且希望這本書能鼓勵他們繼續禱告，祈求神用祂的聖靈在我們身上做成祂的工。

自從我 2012 年移居澳大利亞以來，許多人都聽我講過「大聲思考」的禱告理念，他們也幫助我完善了這個理念。我特別感謝塔斯馬尼亞基督教大會（Tasmania Christian Convention）的參與者，以及布里斯班奮興大會（Ignite Conference in Brisbane）、新南威爾士科夫斯海港長老教會（Coffs Harbour Presbyterian Church in New South Wales）、聖公會悉尼教區事工培訓與發展大會、昆士蘭與新南威爾士北部教會宣教協會暑期班，以及南新威爾士中海岸各教會。他們都接觸過本書中那些逐漸發展的想法，並且幫助我把這些想法變得更好。

我還要感謝昆士蘭神學院的同事，他們不僅聽我分享書中的一些論點（並常幫我表達得更清晰），而且

幫我查考資料，讓我得以自由地寫作。圖書管理員安妮特·麥格拉斯（Annette McGrath）為此出了不少力。我也要特別感謝幫忙後期製作的學生和畢業生：卡米娜·伍斯特（Kamina Wust）、凱蒂·艾倫（Katie Allan）、梅琳達·史密斯（Melinda Smith）與洛麗莎·阿其揚（Lorissa Achjian）。昆士蘭神學院是一個敬虔又樂於助人的團體，專心「求告主名」以持守神透過福音賜給我們的應許。能成為其中一員，我感到榮幸至極。

唐·卡森（Don Carson）一直都是我的榜樣與鼓勵，他為本書增色不少。與大學出版社（Inter-Varsity Press）的菲力浦·杜斯（Philip Duce）合作也一如既往地讓我非常愉快。此外我還要感謝艾爾都·巴克文森（Eldo Barkhuizen），他嚴謹而親切的審稿讓本書的論述變得更加清晰。

願神，我們的王，透過此書來感動我們求告他的名，繼續使他的名在全地得榮耀。

蓋瑞·米勒（Gary Millar）
2015 年 8 月

引言：禱告與福音

> 寫關於禱告的書是一件令人生畏的難事，猶如人不敢觸碰約櫃，唯恐褻瀆聖物。勝任的人，必須肯花功夫去操練禱告，不能單靠研究其原理。但原理的研究也許會受到勤於代禱者的尊重，幫助他透過代禱來求問、可以怎樣更好地禱告。
>
> 《禱告之靈》（The Soul of Prayer）
> 福塞斯（P. T. Forsyth）

出於種種原因——包括福塞斯以上所說的在內，我以前從沒想過要寫書論述禱告，亦無此雄心。然而，在過去幾年裏，幾件互相關聯的事促使我提筆來談談禱告，以至今天出版這本書。我的根本動機只是希望自己作為一個屬於主耶穌基督、被他呼召並賦予禱告能力的人，能夠更多且更有效地禱告。除此之外，也因為我越來越感到禱告被英語世界的教會忽視，情形令人

擔憂。在我所移居的圈子裏，釋經講道明顯增多，我為此感謝神。福音派已經變得越來越善於思考、注重關係和以福音為中心，很令人鼓舞。比起上世紀 80 年代，我認為現在小組查經的品質提高了許多，極之振奮人心。不過，還有另一個趨勢卻常被忽視，那就是**許多地方的教會不再禱告。**[1]

這並不是說教會提出不禱告的政策，或公然宣告只靠自己、無需禱告。我想，在大多數情況下，教會是不知不覺地停止了禱告——往往是為了吸引更多人參與教會生活。我們選擇把禱告移出教會生活的中心地帶，禱告會被小組活動取代。結果怎樣呢？結果常常把禱告排擠到晚上九點半之後的某個時段，那時組長就會說：哎呀，這麼遲了。今天就停在這裏吧，結束前我們做個簡單的禱告。（我就是一個最好的例子。）這個最後幾分鐘的倉猝禱告主要是為某位鄰居老太太（不一定是基督徒）患癌症之類的事代禱。雖然為這些人禱告也很重要，但這樣的禱告無疑顯出我們的禱告觀缺乏福音的深度。

我發現有關禱告的書籍似乎已經不再是基督教必讀的經典，這使我愈發為信徒的靈命成長和禱告從教會日程中消失而憂心。記得上世紀 80 年代末，那時我還是個學生，在學生團契裏受敬重的團友沒有一個不

---

[1] 下文對此會有更完整的分析。

曾讀過奧利‧哈勒斯比（Ole Hallesby）的經典名著《禱告》（*Prayer*），[2] 而且還可能仔細研讀了較近代、卡森（D. A. Carson）所著的《保羅的禱告：靈命更新的呼召》（*A Call to Spiritual Reformation: Priorities from Paul and His Prayers*）。[3] 但今天，即使在神學生當中，也很難想到一本有關禱告的書（不論出於哪個年代或寫給哪個程度）能受到同樣的關注。[4] 幾年前，當我決定深入研究禱告，並在五場會議中講論禱告的系列時，我找不到一本有關禱告的書是純粹從《創世記》到《啟示錄》的研究材料。儘管有一些關於主禱文和保羅禱告的研究頗有價值，有一些關於禱告操練的書也寫得很好，但卻沒有一本書是全面講述禱告在聖經中的發展。[5]

---

[2] Hallesby 1931。
[3] 卡森 1992。
[4] Paul Miller 的佳作《禱告的生活》（*A Praying Life,* 2009）是個例外。此外，在本書寫作期間，有兩本改革宗福音派出版、關於禱告的書問世，打破了相對「寂靜」的局面，參見 Keller 2014 和 Philip 2015 的著作。
[5] 當然，Graeme Goldsworthy 寫過一本饒有興味的《禱告與對神的認識》（*Prayer and the Knowledge of God,* 2003），但與他通常的做法不同，他在此書中實際上更多採用了系統神學的方法，而不是聖經神學的方法。進一步搜索後，我也尋到了其他幾本論及聖經中的禱告的書，例如 Tim Chester 寫過一本頗有洞見的《禱告的資訊》（*The Message of Prayer,* 2003）。儘管此書在嚴格意義上不是聖經神學，但書中的確涵蓋了許多聖經內容。又如《教我們禱告》（*Teach Us to Pray*）是一部很有價值的研究彙編（參見卡森 1990，尤其是頁 136–173, Ed Clowney 所寫的那章），同樣，Richard Longenecker 所編的《進入神的同在》（*Into God's*

當我繼續懷著這些迴異的顧慮時，我讀到加爾文《基督教要義》第三卷第二十章一至三節中對禱告的論述：

> 信心由福音而生，信心也操練我們求告神的名（羅10:14–17）。而且這與他（保羅）先前的教導一致：賜給我們兒子名分的聖靈，就是將福音的見證印在我們心中的靈（羅8:16），使我們坦然無懼地在神面前表明自己的渴望，用說不出來的歎息替我們禱告（羅8:26），以至我們能放膽呼叫：「阿爸！父！」（羅8:15）。[6]

> 信徒也藉禱告把主的福音所指向、並我們的信心所凝視的寶藏挖掘出來。[7] 然而⋯⋯人是不明白神吩咐他的百姓禱告的原意並非為著他自己，而是為了我們。[8]

在加爾文看來，禱告與福音顯然密不可分。本書正是依循這個簡單卻極其深刻的洞見而設定了研究的

Presence）是更具學術性的寶貴作品。此外，還有一些重要學者的研究作品也有價值（參見 Clements 1985 和 P. D. Miller 1994）。不過整體情形仍然是：我找到的這些著作中，沒有一個是單單追溯禱告在聖經中的發展。

[6] 約翰·加爾文，《基督教要義》，錢曜誠等譯，基督教經典譯叢（北京：三聯書店，2010），頁856。

[7] 同上，頁856。

[8] 同上，頁857。

軌跡，書中闡明一個事實：聖經中的禱告是與福音緊緊相連的，這福音是神應許為人類背叛他的罪及其後果所提供的解救之道。從聖經的開篇，特別是《創世記》四章 26 節第一次提到人開始「求告耶和華的名」，直到聖經的結尾，教會祈求「主耶穌啊，我願你來」（啟 22:20），禱告的福音性特質都顯而易見。

本書以聖經對禱告的教導為框架，將禱告定義為「求告主名」，並展現聖經對禱告的教導是如何建立在這個基礎之上。因此，本書比「聖經神學新研究」（NSBT）中的其他著作引用更多經文，這都是刻意的。由於聖經中有關禱告的重要教導常常與一些敘事或詩歌融在一起，而這些段落的重點並不是禱告，因此即使是讀經非常仔細的人，也容易忽略內中與禱告相關的教導。禱告是一條重要的聖經神學脈絡，貫穿整本聖經，但卻輕易被其他諸多教導所覆蓋。我盼望本書能盡微薄之力，幫助教會重新發現聖經對禱告之重要性所作出持續不斷的見證。

本書將首先呈現舊約對禱告的所有教導，是如何以「求告耶和華的名」或「求神按照聖約的應許施行拯救」為基礎的。隨後進入新約，我們會清楚地看到耶穌自己如何重新定義「求告耶和華的名」，以及在他從死裏復活之後，眾使徒如何形成「奉耶穌的名禱告」的觀念，以之作為「求告耶和華的名」在新約時代的表達。本書將論述，整本聖經將禱告主要

解釋為「求神成就他的應許」。正如加爾文所說:「透過福音，我們的心操練求告主名。」[9]

我在本書結尾處添加了一個後記，它雖沒有嚴格地延續前面的邏輯論證，卻也是本書的重要部分。一方面，本書屬於學術作品，但另一方面，若不努力實踐所寫的內容，並將其應用於教會生活，那它就是虛偽至極的作品。因此本書的最後一部分嘗試將前面各章的見解應用到我們所面對的挑戰中，作為耶穌基督的教會，我們在這個破碎的世界裏求告主名，等候主的再來。

---

[9] 譯者注：此處作者對引文做了少許改動。英文版原句見 John Calvin, *Institutes of the Christian Religion*, ed. John T. McNeill, trans. Ford Lewis Battles (London: Westminster John Knox Press, 1967), pp.850–51; 中文版原句見: 加爾文，《基督教要義》，頁856。

第一章
禱告之始：《摩西五經》的禱告

禱告的開始

《創世記》開頭幾章對聖經神學的研究至關重要。這幾章——創造、伊甸園及其後的事——為理解整個聖經故事奠定了基礎。無怪乎禱告也正是從這裏開始。

聖經中在何處首次記載禱告呢？有人會把亞當、夏娃與神在伊甸園裏的對話看作禱告。但經文本身並沒有這樣說，只描述成日常的對話。[1] 這些墮落之前的

---

[1] 這個簡單的句子背後是一個重要的方法論觀點。接下來我會解釋，本書中的「禱告」是指**當神沒有與人面對面同在的時候**，人呼求神的刻意之舉。因此在伊甸園中，神與亞當（神、亞當與夏娃）之間的對話不被視為「禱告」。同樣，《創世記》18 章中亞伯拉罕與耶和華的對話——亞伯拉罕仍舊站在耶和華面前 ... 近前來說 ...（18:22–23）——嚴格來講也不屬於禱告的範疇。（這與許多大眾書籍的觀點相反，包括 Keller 2014，頁 26。）

自然對話並沒有被描述成「禱告」,[2] 就像此處與神的關係沒有被明確描述為「約」一樣,一般來講,《舊約》中「約」的概念是在神主動開始**修復破裂的關係**時才啟用的。同樣,該隱與亞伯獻祭時的人神互動也沒有被稱為「禱告」。[3] 直到《創世記》第四章的結尾,我們才明確地看到一件重要的事情出現,明確像禱告。

《創世記》四章 25–26 節說:

> 亞當又與妻子同房,他就生了一個兒子,起名叫塞特,意思說:「神另給我立了一個兒子代替亞伯,因為該隱殺了他。」塞特也生了一個兒子,起名叫以挪士。那時候人才求告耶和華的名。[4]

這便是禱告的開始。

---

[2] 我在此無意進入系統神學關於「神與被造之初的人類是何關係」的爭論,我不是說從系統神學的角度將墮落前的關係描述為「約」的關係是不合適的,而只是想指出經文文本沒有如此使用「約」的語言,或「禱告」的語言沒有被如此使用。

[3] 對比例子 M. E. W. Thompson 1996,頁 12。

[4] 大多數關於禱告的書,甚至那些有專門的章節討論摩西五經的,也從未評論過「那時候,人才求告耶和華的名」這句話。(如 Clements 1985;卡森 1990 中 Peskett 寫的部分,頁 19–34;Balentine 1993;Chester 2003。)不過,Clowney(見卡森 1990,頁 138)雖然沒有詳談這句話的重要意義,卻提到禱告是從這時候開始的。Goldsworthy(2003,頁 72)也提到禱告是從這裏開始的,但沒有進一步分析。Verhoef 1997,頁 1062 亦是如此。

這裏的關鍵句是「那時候人才求告耶和華的名」，強調一樣新事在那一刻正式開展。[5] 然而，在《創世記》的故事發展進程中，最重要的問題當然是：為甚麼這新事的開始放在此處？為甚麼以挪士的出生會引發禱告的開始？這真是個有趣的問題。

以挪士這個人似乎無足輕重，[6] 接下來發生的事情與他沒甚麼關係，他的名字此後只在《創世記》第五章與《歷代志上》第一章的家譜中出現，所以我們要從別處尋找解釋。解經家也注意到，《創世記》第四章中該隱的家譜後面出現這句話顯然令人費解，馮拉德（Von Rad）說：「關於膜拜耶和華的起頭，出現得十分奇怪，難以準確地解釋。」[7] 儘管加爾文曾想從塞特敬虔地養育兒女這方面來解釋，[8] 但解經家們（如

---

[5] 見 GKC 頁 103c。根據 GKC 頁 144k，原文此處使用了被動語態加非人稱主語來表示主動語態。然而，這種用法在其他地方幾乎是找不到的，這種不尋常的用法可能是為了讓讀者關注「禱告開始」的事實，而不是開始禱告者的不確定的身份。又見 Walton 2011，頁 279。

[6] 這與從根源上談的詞源學或病原學之可能性沒有聯繫。（譯注：作者是指以挪士這個人的存在並非毫無意義，此處說他「無足輕重」，並不是從該詞的詞源學根本含義上來抹煞以挪士的固有價值。）

[7] 馮拉德 1972，頁 112–113。又見 McKeown 2008，頁 44–45。這節經文已經成為來源批判的重要討論資料，尤其是針對《出埃及記》3:13–14 與 6:3。不過本書無意對耶和華之名的早期使用進行詳細辯護。關於這些討論的概況，可參見的例子如 Baker 2003，頁 359–368，另外，Motyer 1959 中的簡短論述雖略顯過時，卻也非常實用。

[8] 加爾文 1847，頁 223。

Wenham、Westermann 等）在註釋這節經文時，通常只從古代宗教的發展過程來談。總體上，幾乎沒有人將這句話放在《創世記》頭幾章的神學處境中去理解。

從緊貼此句的上下文來看，我會說這段敘述的焦點牢牢鎖定在後裔的重要性上，更確切地說，是在探討**哪位後裔**會成為耶和華祝福的承受者。這個問題在該隱與亞伯的故事中清楚地呈現出來。然而我要進一步指出，早在三章 15 節，故事就已開始尋找那位特殊的「後裔」（zera'）。[9]

在《創世記》一至十一章的故事裏，大家可能在尋索三章 15 節的應許會從亞當和夏娃的一個後裔中實現，至少乍看如此。第四章起始部分的緊張是基於這個事實：讀者想知道，是否該隱或亞伯就是三章 15 節中的那位「傷蛇者」。而事實卻令人震驚，敬虔的亞伯被殺（因此立即排除了亞伯是那位特殊後裔的可能），存活下來的是殺人的該隱。故事情節發展至此，不難想像殺人犯會成為應許故事的一部分。然而，在原始歷史的這個階段，經文強調的不是人類的原罪，而是神持守應許的決心，這個應許將我們帶到四章 25–26 節。

---

[9] 我當然知道有關《創世記》3:15 的爭議。雖然我個人相信此節經文是暗指彌賽亞，但我認為《創世記》4:25–26 提供的解釋並不是非要這種解讀不可。持續關注每一代子孫中哪一個是神將透過他賜下祝福的那一位（見《創世記》12, 22, 25, 38, 49–50），同樣很有可能讓這處經文指向彌賽亞。

隨著神的計劃不斷展開，這個家庭中的該隱一族失去其重要地位（這與後來以實瑪利和以掃的情況一模一樣），四章 25 節中塞特的出生立即緩和了這緊張的局面。不過令人非常驚訝的是，塞特沒有佔太多的篇幅，他在故事發展中的唯一貢獻就是生了以挪士。幾乎沒有文獻探討過這個奇怪的省略。

經文把塞特輕描淡寫地帶過，最簡單的解釋就是塞特對《創世記》情節發展的意義非常有限，因為（無論他是否敬虔）沒有跡象顯示他正在傷蛇的頭。他出場之後馬上就退下，但是，他留下了一個兒子——以挪士。那麼以挪士如何推進情節的發展呢？我們看到這個兒子跟父親一樣，以挪士亦只出現一下就退場了。

從神學上看，四章 26 節這種創新寫法，是在一個救贖歷史的「反高潮」處境中。讀者越來越感到三章 15 節的應許**不會立刻實現**，所期待的那位後裔顯然既不是該隱也不是亞伯，也不是塞特或以挪士。自此，亞當家族似乎開始明白，實現應許並非眼前之事。在這處境中，這就是對「為甚麼以挪士的出生使人們開始求告耶和華之名」最自然的解釋。

求告耶和華的名

現在我們要花點時間梳理一下「求告耶和華的名」這個短語的準確含義。有一本權威字典將其解釋為「以

求告者的身份進入一種密切關係」，[10] 不過，這樣解釋好像有點過度延伸。另一方面，克勞尼（Clowney）把這個短語的意義降低解釋為「出聲呼喊他的名」，[11] 這又似乎過分簡化。那麼這個短語到底是甚麼意思呢？

簡單的回答應該是指「**在禱告中**向神呼喊」。伊甸園之後，人與神之間的「交談」開始於「向神呼喊」（或「求告耶和華的名」）。我認為，這就從聖經神學的角度為禱告下了定義。該短語在《舊約》其它地方出現的情形也能引以為證。[12]

關於「耶和華的名」這略顯委婉的說法，很多人對其含義做了大量的探討。實質上，「主的名」（耶和華）是喻指主的本質。[13] 然而，使用這個詞的準確含義必須由聖經的用法來決定，而非一般的希伯來語（或古近東）用法。

這個短語用在《舊約》中，是指祈求神特別介入作成一件事，就是履行他的承諾。[14] 《創世記》十二章

---

[10] *HALOT* 1130，頁 9c，並對比 *DCH* 7，頁 294(2)b。
[11] 見 Clowney 在卡森（1990，頁 138）中的評論。
[12] 見《創世記》12:8; 13:4; 21:33; 26:25;《列王紀上》18:24;《列王紀下》5:11;《歷代志上》16:8;《詩篇》79:6; 80:18; 99: 6; 105:1; 116:4, 13, 17;《以賽亞書》12:4; 41:25; 64:7;《耶利米書》10:25;《耶利米哀歌》3:55;《約珥書》2:32;《西番雅書》3:9;《撒迦利亞書》13:9。
[13] Ross 1997:148. *NIDOTTE* 中 Ross 關於「名字」（šēm）的那篇文章寫得極好。
[14] 見 P. D. Miller 1994，頁 61 的註解。

8節與十三章4節裏，亞伯蘭在關鍵的時刻「求告耶和華的名」，示範了他對神的應許作出「信心的回應」，表明他進入那地乃是依靠耶和華親自成就他所應許的。同樣，在二十一章33節中，亞伯拉罕與非利士人亞比米勒立約進展到高潮（亞伯拉罕既得到了別是巴水井的擁有權，又消除了非利士人因他「佔領」這塊地而施加的威脅），這時，亞伯拉罕種了一棵垂絲柳樹，並「求告耶和華的名」。《創世記》還有另一處提到，以撒在別是巴築了一座壇「求告耶和華的名」，以此回應二十六章24節裏耶和華對聖約應許的重申。可見在《創世記》中，「求告耶和華的名」就是回應神，求神主動成就他的應許。

《舊約》其他地方也是如此。在《列王紀上》十八章24節，以利亞挑戰巴力的先知時說的話「你們求告你們神的名，我也求告耶和華的名」正正是這模式。它也清楚地顯示：1）以利亞將該短語理解為**禱告**；2）他的禱告乃是圍繞著神賜給先祖的應許：

> 到了獻晚祭的時候，先知以利亞近前來，說：「亞伯拉罕、以撒、以色列的神，耶和華啊，求你今日使人知道你是以色列的神，也知道我是你的僕人，又是奉你的命行這一切事。耶和華啊，求你應允我，應允我！使這民知道你耶和華是神，

又知道是你叫這民的心回轉。」（王上 18:36–37）[15]

同樣清楚的是，在先知文學中，「求告耶和華的名」並非一個模糊的術語，用來涵蓋所有與神的互動，而是與耶和華宣告他將拯救他的子民、施行審判和救恩的各項計劃緊密相連的。《以賽亞書》十二章3-4節定下了基調：

> 你們必從救恩的泉源歡然取水。在那日，你們要說：「當稱謝耶和華，求告他的名，將他所行的傳揚萬民中，提說他的名已被尊崇。」

事實上，「求告耶和華的名」是神子民的決定性標誌。這可以從反面來說（見《耶利米書》十章25節），但更多的是從正面來說：

> 到那時候，凡求告耶和華名的就必得救；因為耶和華所說的，在錫安山耶路撒冷必有逃脫的人，在剩下的人中必有耶和華所召的。（珥2:32）

---

[15] 這個短語在前先知書中（譯者注：「前先知書」是希伯來聖經中的概念，指《約書亞記》、《士師記》、上下兩卷《撒母耳記》和上下兩卷《列王紀》）只出現兩次，另一處在《列王紀下》5章11節，出自乃縵之口。乃縵期望以利沙「求告耶和華他神的名」（雖然以利沙並沒有這麼做）。雖然先知的做法不同尋常，敘利亞人乃縵的話卻間接支持我的論點。

> 那時，我必使萬民用清潔的言語，好求告我
> 耶和華的名，同心合意地事奉我。（番3:9）

> 他們必求告我的名，我必應允他們。我要
> 說：「這是我的子民。」他們也要說：
> 「耶和華是我們的神。」（亞13:9下）

這幾個例子都表明，「耶和華先前承諾守約拯救百姓」與「隨後人們求告耶和華的名」密不可分。若有甚麼補充，那就是以下最後的這個例子。在這例子中（此處神被描繪為《詩篇》第二篇中的審判者），神的僕人就是「求告耶和華」的那一位：

> 我從北方興起一人，他是求告我名的，從
> 日出之地而來。他必臨到掌權的，好像臨
> 到灰泥，彷彿窯匠踹泥一樣。（賽41:25）

> 看哪，我的僕人，我所扶持、所揀選、心
> 裏所喜悅的，我已將我的靈賜給他，他必
> 將公理傳給外邦。（賽42:1）

我們越來越清晰地看到，「求告耶和華的名」並不是簡單的泛指，而是專指禱告。更準確地說，「求告耶和華的名」在本質上與「神承諾拯救他的百姓和實現這應許」息息相關。這個關聯從這短語在《歷代志》與《詩篇》中的用法亦可見一斑。

這個短語在《歷代志》中只出現了一次，但卻是

在故事的重要時刻。當《歷代志》的作者堅稱：以色列急需救贖，並且神已安置好赦罪的「基石」時，大衛便重建了會幕（代上 16:1-7）。就在此處，《歷代志》記錄了一段激情迸發、大衛（詩篇形式）的讚美，它是以呼求耶和華之名開始的：你們要稱謝耶和華，求告他的名，在萬民中傳揚他的作為（代上 16:8）[16]。這個讚美的上下文顯然與神的約相連（見代上 16:15-18），禱告的基礎正是神對應許的持守。

我們漸漸發現，這個模式在《詩篇》中重複出現，儘管「求告耶和華的名」這個短語出現的次數不多。它被用來區分信靠耶和華的人與不信的人：

> 願你將你的忿怒倒在那不認識你的外邦，
> 和那不求告你名的國度。（詩79:6）

> 這樣，我們便不退後離開你；求你救活我
> 們，我們就要求告你的名。（詩80:18）

求告耶和華之名的人都是嘗過救恩滋味、享過聖約祝福的人。《詩篇》一一六篇清楚地表明這一點，這首詩是默想「求告耶和華的名」而發出的感悟。

> 我愛耶和華，因為他聽了我的聲音和我的
> 懇求。他既向我側耳，我一生要求告他。

---

[16] 《歷代志》的作者在此引用了《詩篇》105:1。

> 死亡的繩索纏繞我，陰間的痛苦抓住我，我遭遇患難愁苦。那時，我便求告耶和華的名，說：「耶和華啊，求你救我的靈魂！」……我拿甚麼報答耶和華向我所賜的一切厚恩？我要舉起救恩的杯，稱揚耶和華的名。……我要以感謝為祭獻給你，又要求告耶和華的名。
>
> （詩116:1–4，12–13，17）

因此，《舊約》中提到「求告耶和華的名」，顯然不是泛指一般意義上的「禱告」，而是專指呼喊神履行他的承諾，尤其是拯救立約之民、賜生命給他們的承諾。這是為救贖而發的禱告，它表達一個事實：就是一個人正在**為**得救贖而投靠神。假若不拘泥於年代順序，《舊約》中「求告耶和華的名」所指的就是「福音性的禱告」。

《新約》中有兩處重要的經文恰巧也證明這個觀點。《使徒行傳》第二章中彼得在五旬節的講道，和《羅馬書》九至十一章中保羅論述「神的應許與以色列人的關係」時，同樣引用了《約珥書》二章32節作出總結說明人必須怎樣回應神的救恩，而這救恩是神早就應許、並且已在主耶穌基督裏啟示出來的。[17]

---

[17] 見《使徒行傳》2:17–21 和《羅馬書》10:12–13。隨後我們會看到，新約用「主」（*kyrios*）這個詞代替耶和華，「耶穌基督的名」在功能上等同於「耶和華的名」。

中段小結：聖經中禱告的實質

一方面，「求告主名」這個短語在聖經中被使用的頻率出奇地少。但另一方面，這個短語出現時，就明顯帶有重要的神學意義。這說明《創世記》四章25–26節不是一筆簡單的歷史記錄，而是一節「承重」的經文，它至少為聖經中關於禱告的一條重要主線設定了軌跡。這對建構「禱告」的聖經神學帶來至少三個深遠的影響。

1. 這是合乎聖經的禱告之主綫

不是太多人注意到合乎聖經的禱告之主線並不是頌讚、哀歌、代求或默想耶和華的話語。聖經中的禱告始於呼求神履行他的承諾，就是按聖約的應許處理罪的問題。就算我們不同意最早的福音預告（創3:15）是《創世記》四章26節中人向神呼求的原因，神的應許與禱告之間的關連仍是可以從十二章之後亞伯拉罕的故事中顯明出來。

下文的討論將以此為導向展開。當然，廣義的「禱告」通常包含的內容也需作一些討論，但我們必須小心，不要將所有的聖經材料籠統地混為一談。本書將著重論述聖經材料的主線，就是**求神履行他自己的應許**，同時也會談到其他一些較邊緣的內容（例如哀歌）

如何從這條以「聖約」為核心的主線獲得其意義（和邊界）。[18]

2. 從最開始禱告與福音就不可分割

禱告是由呼求神實現他的應許而建立（甚至定義）。禱告就是求神為我們成就我們自己無法做的事。這就是說我們承認自己的軟弱而訴諸神的大能。從《創世記》看，人開始禱告是因為他們既看見神對人的應許，也看見自身的無助。他們禱告是因為知道神會為他們行事，因為神是這樣說的；他們也知道自己是軟弱的，神也是這樣說。換言之，**禱告是由福音開始**，這是既定的事實，也將永遠如此。一旦認識到這一點，我們就不會犯一個簡單卻貽害深遠的錯誤——將神所聯合的**禱告與福音**分開來看。[19]

令人驚訝的是，不管是在《創世記》的註釋書中，還是在關於禱告的討論中（無論是學術層面或普羅大眾層面），幾乎沒有人注意到禱告與福音的關連。唯一值得稱道的例外是前面「簡介」裏提到的加爾文所說的話：「信心由福音而生，信心也操練我們求告神

---

[18] 關於禱告的實質，更全面的討論見 Keller 2014，頁 35–49。關於舊約禱告的用詞，見 Verhoef 1997 從一個不同的層面所做的討論。

[19] 泛泛想來，幾乎所有的基督教小組查經和禱告都出現這種分離。

的名（羅 10:14–17）。」[20] 我們對禱告的一切探討應該始於神在福音裏的主動性。

神採取主動的一個明顯事實是，在人類開始求告耶和華的名之前，耶和華早已向墮落的被造物說話了。人類墮落之後，經文立刻記載：

> 天起了涼風，耶和華神在園中行走。那人和他妻子聽見神的聲音，就藏在園裏的樹木中，躲避耶和華神的面。耶和華神呼喚那人，對他說：「你在哪裏？」他說：「我在園中聽見你的聲音，我就害怕，因為我赤身露體，我便藏了。」（創3:8–10）

雖然被造物拒絕耶和華，但耶和華仍然尋找他們。早在人類向他發出呼喊之前，耶和華就已經**呼喚**他們了。[21]

亞當與夏娃並沒有自然而然地以耶和華為樂，並享受他的同在，卻反而躲藏起來。他們逃避神，聽到神的腳步聲就自覺羞恥，而不是充滿喜樂。他們緊張、害怕、

---

[20] 加爾文，《基督教要義》，頁 856。另見 PatrickMiller（1994，頁 174）討論有關禱告的舊約經涉及神聖確據的詞語時，所做的評論：「我們從這些詞當中看到了『福音』，這似乎違反了時間順序，然而這又是千真萬確的。」

[21] 見 Goldsworthy（2003，頁 109–111）的論述，他極好地描述了神主動性的本質。同樣，Seitz（2001，頁 15）也說道：「禱告不是人努力從下面向神呼喊，以求接近神，而是神首先自我彰顯，以致我們能認識他，並且發出信心的回應。因此，真正的禱告意味著與那位獨一的主談話，不能僅僅看作是理所當然地消災解難的通神渠道。」

假裝無辜、說謊為自己辯護。當他們一開口，人與神之間就出現了巨大的鴻溝，帶來歷史上最嚴重的一次打擊，神人之間的鴻溝就這樣在我們眼前裂開。但那又如何？早在亞當呼求神之前，神已先呼喚亞當。禱告源自福音，也靠著福音方能發出。

3. 禱告顯然是為墮落的世界而預備

下面要談的第三點，也是初步觀察的最後一點，同樣沒受人關注，那就是：禱告是為墮落的世界預備的。伊甸園裏的對話嚴格來說不是禱告，如果此言不差，那麼禱告顯然是在世界墮落之後才成為人類生活的一部分。

只有墮落的世界才需要禱告，這一點幾乎不言而喻。《創世記》四章25–26節（從第3章發展而來）乃是建立在這樣一個基礎上：儘管我們與耶和華的關係深深地破裂了，但他依然對他的被造物說話，使我們可以回應他。我們能夠求告耶和華，純粹是因為他已經先呼喚了我們。我們能夠呼求他實現應許，只是因為他已經先賜下了應許。這個意義上，**所有合乎聖經的禱告都與聖約相關，所有禱告都是被福音驅使的。**

我們禱告時應該以福音為念。一方面，透過福音，神使我們可以向他說話，但另一方面呢？在聖經裏，神吸引我們就近他，並邀請我們「求告他的名」。這就意味著聖經裏的禱告與其他古近東的禱告截然不同。

這一點我們可以從下面這篇蘇美爾–阿卡德人（Sumero•Akkadian）「獻給諸神的禱告」看出，這篇古老的禱詞寫於摩西時代：

> 主在忿怒中注視我；
> 神在狂暴中撲向我；
> 女神生我的氣，使我病倒；
> 我認識或未識之神使我遭災。
> 我不停求救，卻無人伸手搭救；
> 我哭泣流淚，也無人前來安慰；
> 我哀歎傷心，但無人側耳傾聽。[22]

這與聖經裏描述的情形可謂有天壤之別。耶和華上帝呼喚我們，並且邀請我們求告他的名。

我們需要意識到，這一點所包含的聖經神學意義重大，它尤其凸顯出禱告是一種過渡性的措施。現在是一個混亂的世界，我們在其中遭受痛苦和誘惑，與罪對抗又常常失敗，這段過渡時期就是從現在直到神親自介入，將混亂的一切平復。禱告是神所賜的禮物，它幫助我們在混亂中跟隨神過好世上的生活。在我們處身的世界中，世人彼此傷害，即使屬神的人也常常忽略神、讓神失望，禱告正是為一個這樣的世界而預備。我們在這世上常常感到與神隔絕、孤單無助、沮喪氣餒，

---

[22] 見 Pritchard 1969，頁 391–392。

禱告正是我們在這些境況中的修護膏。但我們並非永遠都需要禱告。

《啟示錄》中有好幾次提到禱告（例如 5:8），然而這些禱告都在約翰的面前發生。[23] 在《啟示錄》的結尾，約翰看到了新天新地，那時候並非只有禱告，正正相反，那時將再無需禱告了。神的羔羊取代地上一切的宗教儀文，我們可以合理地臆斷：一如最初在伊甸園裏一樣，我們能歡天喜地與神面對面交談，而不再需要「求告耶和華的名」。[24]

如果聖經中的禱告是以福音為導向、與聖約相關聯，是呼求耶和華履行承諾、實現應許，那麼禱告就理應如此。不過，我們仍需查看這種對禱告的理解是否也在摩西五經的其他書卷中反映出來。

《摩西五經》裏的禱告——論點檢測

到目前為止，有人可能會認為，單憑《創世記》第四章一個略顯神秘的短語（「求告耶和華的名」）

---

[23] Beale（1998，頁 357）認為，5:8 和 8:3–4 提到的禱告與 6:10 的禱告內容是一致的：「因此，此處提到的禱告不僅是讚美，還要求神為維護他的公義之名而審判迫害神百姓的人。」除此之外，《啟示錄》中所有指向神的對話都發生在神面前，並常與「敬拜」這個詞相連，這顯然是另一回事，不是聖經裏廣義的「禱告」。

[24] 這些想法在本書第 9 章裏有詳細的闡述。

就推測出這麼多理論，並不可靠。這樣的擔心是情有可原。反之，若摩西五經中其他書卷對禱告的理解也是如此，那就極其有力地證明我的觀點。

《創世記》裏的禱告

有趣的是，禱告在《創世記》裏並沒有扮演非常重要的角色。許多關鍵事件都沒有提到禱告。[25] 不過，這並不表示這卷書對探討禱告的聖經神學毫無貢獻。

當亞伯拉罕與夏甲生子造成混亂時，亞伯拉罕作了第一次禱告。神宣佈撒萊（此時被改名為撒拉）將要懷孕生子，就是應許之子。亞伯拉罕聽見之後俯伏在地，喜笑說：「但願以實瑪利活在你面前。」（17:18）亞伯拉罕所禱告的當然是耶和華應許的實現，這一點在下一節經文中就被神自己強調出來：「神說：『不然，你妻子撒拉要給你生一個兒子，你要給他起名叫以撒。我要與他堅定所立的約，作他後裔永遠的約。』」禱告與聖約之間的這一聯繫（或如我前文所述，泛指禱告與福音之間的聯繫），主導了《創世記》其他地方的禱告。[26]

---

[25] 例如，在挪亞的故事與亞伯拉罕出場的故事中都沒有提到禱告。

[26] 許多人（如 Clements 1985, 頁 20; Balentine 1993, 頁 40; P. D. Miller 1994, 頁 262–280）簡單地認為 18 節中神與亞伯拉罕之間的對話就是禱告，但其實從上下文看不出這一點。這是一次神與人的會遇，更像伊甸園中亞當與神面對面的討論，而不像「禱告」。

神在夢中向亞比米勒顯現，並親自提到禱告（20:4–7），[27] 這事之後，接下來出現的禱告者，就是被亞伯拉罕差去為以撒娶妻的那位無名而敬虔的老僕人。

> 天將晚，眾女子出來打水的時候，他便叫駱駝跪在城外的水井那裏。他說：「耶和華我主人亞伯拉罕的神啊，求你施恩給我主人亞伯拉罕，使我今日遇見好機會。」（24:11–12，另見同章26–27節）。

從大背景來看，這些禱告無疑都聚焦在聖約應許的實現。神已賜給亞伯拉罕應許之子，現在老僕人求告這位神再賜給以撒一個妻子，以確保這個承受聖約的家族得以延續。[28]

以撒本人的禱告生活可說是十分有限，實際上僅限於求神讓這個聖約家族傳宗接代：「以撒因他妻子不生育，就為她祈求耶和華。耶和華應允他的祈求，他的妻子利百加就懷了孕。」（25:21）原文此處的動詞用的是 'tr（懇求），與下半節中的被動詞式相呼應（被耶和華應允）。此處直截了當地將禱告描述為以撒懇求神，神就按他先前所約定的來實現他的懇求。

---

[27] 此處提到的是亞伯拉罕作為**先知**為亞比米勒禱告，使亞比米勒得赦免。這顯然是為人**代求**的禱告。然而，我們決不能忽視這樣一個事實：當亞伯拉罕不斷做出危害聖約的錯誤舉動時，這個禱告所關連的就是聖約的延續（又見 12:8–20）。

[28] 有趣的是，故事的敘述（或複述）中並沒有出現任何特殊的「禱告詞彙」，只是簡單地提到這位僕人「對神說」。

雖然以撒（和其他族長）的個人慾望與延續應許的迫切需要有相當程度的重合，但我們不可過分誇大這一點。他們的禱告的確反映了個人的慾望，並且這些慾望被帶到了耶和華面前，然而這並不減損這樣的一個事實：**經文所強調的焦點仍在於救贖歷史與聖約的延續。**

《創世記》中最有說服力的例子是第三十二章中雅各的禱告。它是這卷書所記載的最長之禱告，也是雅各第一次的禱告。[29]

全段禱文值得引出：

> 雅各說：「耶和華我祖亞伯拉罕的神，我父親以撒的神啊，你曾對我說：『回你本地本族去，我要厚待你。』你向僕人所施的一切慈愛和誠實，我一點也不配得。我先前只拿著我的杖過這約旦河，如今我卻成了兩隊了。求你救我脫離我哥哥以掃的手，因為我怕他來殺我，連妻子帶兒女一同殺了。你曾說：『我必定厚待你，使你的後裔如同海邊的沙，多得不可勝數。』」（創32:9–12）

我們再次看見，這個禱告所關注的也是聖約的延續。從很多方面來講，這可謂是「族長精神」的至高點。

---

[29] 在 28:22 中，雅各許願的最後一句話確實由第三人稱變為第二人稱，但目前還不太清楚它是否應理解為禱告。再者，此處雅各的神學立場並不值得效法，因此明智的做法是不要過度解讀。

禱文中沒有浮誇的讚美之詞，而是承認自己的不配，感謝神過去的厚賜，並求耶和華兌現他聖約的應許。雅各的這段話完美地體現了起初禱告的聖經神學，這也正是本章想要強調的合乎聖經的禱告神學。[30]

《出埃及記》裏的禱告

《出埃及記》的開頭幾章與《創世記》緊密相連，是從約瑟時期到摩西時期的過渡。轉換部份的結尾寫道：

> 過了多年，埃及王死了。以色列人因作苦工，就歎息哀求，他們的哀聲達於神。神聽見他們的哀聲，就記念他與亞伯拉罕、以撒、雅各所立的約。神看顧以色列人，也知道他們的苦情。（出2:23–25）

這裏的用詞與《創世記》裏的不同，但內涵卻是一樣：[31] 禱告就是呼求亞伯拉罕、以撒、雅各的神施行拯救。[32]

---

[30] 除此之外，《創世記》中沒有其它明確的禱告了。「祝福」這個相關概念的確在其它地方還出現過，例如 43:14, 48:15–16, 20，但「祝福」不屬於本書的研究範圍。P. D. Miller（1994，頁 165）發現一個有趣的現象，就是在整個約瑟的故事中都沒有出現禱告。這可能是因為約瑟的故事重點在於選民血脈的存續，其它方面便甚少提及。

[31] 這裏所用的詞彙特別強烈——歎息、哀求、哀聲，這是可以理解的。

[32] 有趣的是，P. D. Miller（1994，頁 94–95）雖然花了較長的篇幅論述這段文字，但卻似乎沒有看出其中的本質。

《出埃及記》從頭到尾記錄了摩西的諸多禱告，它們都同樣地反映這個內涵。[33] 例如，在五章 22 節中，摩西「回到」耶和華那裏求問：

> 摩西回到耶和華那裏說：「主啊，你為甚麼苦待這百姓呢？為甚麼打發我去呢？自從我去見法老，奉你的名說話，他就苦待這百姓，你一點也沒有拯救他們。」
> （5:22–23）

摩西實際上是在埋怨耶和華沒有持守他的應許，所以神特地作出如下回應：

> 耶和華對摩西說：「現在你必看見我向法老所行的事，使他因我大能的手容以色列人去，且把他們趕出他的地。」

> 神曉諭摩西說：「我是耶和華。我從前向亞伯拉罕、以撒、雅各顯現為全能的神，至於我名耶和華，他們未曾知道。我與他們堅定所立的約，要把他們寄居的迦南地賜給他們。我也聽見以色列人被埃及人苦

---

[33] 為了保持一致，這裏不討論「與耶和華面對面的互動」（或者說「與現身的神會遇」），就像前面不討論伊甸園中神與亞當和夏娃的互動一樣。因為嚴格來講，這些互動都不算禱告。不過，這兩種情況在 32 章中特別難以區分。

> 待的哀聲，我也記念我的約。所以你要對以色列人說：『我是耶和華。我要用伸出來的膀臂重重地刑罰埃及人，救贖你們脫離他們的重擔，不作他們的苦工。我要以你們為我的百姓，我也要作你們的神。你們要知道我是耶和華你們的神，是救你們脫離埃及人之重擔的。我起誓應許給亞伯拉罕、以撒、雅各的那地，我要把你們領進去，將那地賜給你們為業。我是耶和華。』」（出6:1-8）

有關這段經文材料的起源，以及六章 2 節為重建膜拜耶和華的歷史帶來的問題，已有諸多的討論。[34] 然而關於禱告，我們不可忽略經文作者明顯強調了一點：摩西這樣禱告是基於相信耶和華會履行他對百姓的承諾，而神的回答也肯定了摩西的想法。神確認他會守約，這個回答其實就是強調他必會應允摩西的禱告。

第十七章與三十二章中的禱告也可以這樣理解。

> 摩西就呼求耶和華說：「我向這百姓怎樣行呢？他們幾乎要拿石頭打死我。」耶和華對摩西說：「你手裏拿著你先前擊打河水的杖，帶領以色列的幾個長老，從百姓面前走過去。我必在何烈的磐石

---

[34] 例如見 Dozemann（2009，頁 163–168）的討論。

> 那裏站在你面前。你要擊打磐石,從磐石裏必有水流出來,使百姓可以喝。」摩西就在以色列的長老眼前這樣行了。他給那地方起名叫瑪撒(就是「試探」),又叫米利巴(就是「爭鬧」的意思),因以色列人爭鬧,又因他們試探耶和華說:「耶和華是在我們中間不是?」(出17:4-7)

> 摩西便懇求耶和華他的神說:「耶和華啊,你為甚麼向你的百姓發烈怒呢?這百姓是你用大力和大能的手從埃及地領出來的。為甚麼使埃及人議論說『他領他們出去,是要降禍與他們,把他們殺在山中,將他們從地上除滅』?求你轉意,不發你的烈怒;後悔,不降禍與你的百姓。求你記念你的僕人亞伯拉罕、以撒、以色列,你曾指著自己起誓說:『我必使你們的後裔像天上的星那樣多,並且我所應許的這全地,必給你們的後裔,他們要永遠承受為業。』」(出32:11-13)

這兩處所涉及的關鍵事件都是「神的百姓」形成之初的生存問題。《出埃及記》十七章裏的禱告所表達的意思是:沒有耶和華的同在,這群百姓不單一事無成,而且壓根兒不能自稱為耶和華的百姓。第三十二章裏

的禱告更加明確地指出這群百姓與亞伯拉罕、以撒、雅各之約的連接。在這兩處的禱告中，摩西所關注的都是聖約的延續，以及神的應許所帶來的盼望。

《出埃及記》中最後一個禱告出現在三十二章的結尾。從表面看，摩西表達的情感似乎與同一章裏先前的禱告大體相似，但其實兩個禱告有巨大的差異。在這個禱告中，摩西不單只是求神履行他對以色列人的承諾，更是提出為百姓**贖罪**的可能性。

> 到了第二天，摩西對百姓說：「你們犯了大罪，我如今要上耶和華那裏去，或者可以為你們贖罪。」摩西回到耶和華那裏，說：「唉！這百姓犯了大罪，為自己作了金像。倘或你肯赦免他們的罪——不然，求你從你所寫的冊上塗抹我的名。」耶和華對摩西說：「誰得罪我，我就從我的冊上塗抹誰的名。現在你去領這百姓，往我所告訴你的地方去，我的使者必在你前面引路。只是到我追討的日子，我必追討他們的罪。」（出32:30–34）[35]

---

[35] 在這個例子中，摩西有可能是與神「面對面」說話，也就是說，嚴格來講這有可能不是一個禱告。然而，這裏幾乎看不出作者想要強調說話的方式。這段話要談的是「中間人或代禱者能否為罪帶來救贖」這個問題。

為了尋求「贖罪」（*kpr* 的加強主動字幹鼓勵式）的可能性，摩西提出的方式可能反映了古近東的一般想法。[36] 但有趣的是，摩西並沒有用任何祭物（或宗教活動）來尋求赦免，而只是憂傷地請求讓自己代替百姓被神除名。摩西似乎困在古近東傳統思維模式與耶和華恩典模式之間。[37] 耶和華在 33–34 節實際上回絕了摩西的請求，他只是宣稱自己神聖的主權，**以及他對那些未背棄之人守約的承諾**。這就將聖約與贖罪兩條線拉到了一起，以一種有趣的方式建立了與後面《利未記》所談內容的連接。

《利未記》裏的禱告

《利未記》是舊約中談聖禮祭典最突出的一卷書，它有個很有趣的特徵：**整卷書完全沒提到禱告**。[38] 儘

---

[36] 美索不達米亞思想反映了對犯罪和犯錯的擔憂。他們的禱告旨在尋求赦免或停止懲罰。例如美索不達米亞的箴言（Walton 2006, 頁 144）說：「敬畏使人得寵，獻祭使壽得長，禱告使罪得贖。」遭遇不幸時，古近東人不加思索的本能反應通常是認定有人犯了錯，他們會做出禱告和提供補償等行為，以期重新獲得神明的喜愛（同上，頁 144–146），但他們又幾乎不能確定這樣做是否真能贖罪。

[37] 古近東人犯錯后的標準反應是嘗試用某種東西來平息神的怒氣，他們常用一種絕望的禱告來乞求憐憫。（懇求憐憫和同情在埃及人的禱告中也非常普遍。見同上，頁 109–111）。

[38] 這一點在文獻中很少被人注意到，更不用說被討論了。

管伊斯雷爾‧克諾爾（Israel Knohl）與雅各‧米爾格隆（Jacob Milgrom）都強調這一點，但沒太多人注意它。[39] 克諾爾認為在希西家時期之前，聖殿裏既沒有音樂也沒有禱告。不過米爾格隆駁斥了這一觀點，稱其為「無聲的觀點」，並堅稱根本無法想像以色列人的聖殿儀式是悄無聲息的。

我覺得米爾格隆的觀點是正確的，當時的聖殿裏一定既有禱告也有音樂。《利未記》十六章 21 節至少暗示在贖罪日會有某些活動與禱告很相似。[40] 米爾格隆的不足之處在於，他指出克諾爾的問題后，並未充分解釋《利未記》中沒有記載禱告的原因。鑒於禱告在其他類似的古近東宗教儀式中甚為普遍，我們很難相信《利未記》中的緘默只是出於偶然，或是因為這卷書只專注於獻祭制度的結果。[41]

關於《利未記》對禱告的「緘默無聲」，摩西五經所展示的禱告神學為我們提供了可靠的解釋（即或還算不上完全令人信服）。在《出埃及記》三十二章裏，摩西已經無意中強調了這樣一個事實：唯有耶和華才能贖罪。宗教儀式（包括禱告）不能影響以色列的神

---

[39] Knohl 1988; Milgrom 1991, 頁 18–19。
[40] Wenham（1979; 頁 61）認為《利未記》1:4 的按手禮中也隱含著禱告。
[41] 我知道這種說法也不能很好地應對米爾格隆提出的批評，但是在材料如此缺乏（且與同時代其他材料完全不合拍）的情況下，為「緘默」尋找可信的解釋是完全合理的。

改變這一事實，即使是摩西請求代贖這種最敬虔的個人行為，也無法替代神的救贖。《利未記》正是沿著這個邏輯帶著我們繼續向前走。百姓需要贖罪是無可置疑的，然而，獻祭制度有不足之處，[42] 以致必須設立贖罪日，來預表神自己將提供的終極獻祭，也象徵神聖法典的總結。這就凸顯出唯有神才有能力為以色列人的罪代贖。《利未記》中沒記載禱告還可能是基於以下這個理念：以色列是「祭司之國」，國中人人都可到神面前來（求告他的名），並非只限於祭司階層的人。[43]

總之，鑒於《創世記》和《出埃及記》中對禱告的描述，《利未記》中沒有記載禱告，很可能是為了將以色列人的禱告與古近東的禱告（其典型內容為祈求諸神靈的眷顧）區分開來，同時也是為了確立「禱告並不能帶來寬恕」這個理念。這無疑與《利未記》所傳達的根本理念——唯有完美無瑕的犧牲才可能達成救贖——完全契合。

《民數記》裏的禱告

若按正典的規範通讀摩西五經，我們讀《民數記》（尤其是 11–14 章這個關鍵部分）時，就會愈發看出《利

---

[42] 不足之處主要在於明顯缺少了對故意所犯之罪的獻祭。此「遺漏」在《歷代志》作者使用「不忠、背叛」（ma'al）這個概念時撿了起來（例如見 Johnstone 1986）。
[43] 見 Balentine1993，頁 45；Greenberg 1983，頁 52 我也很感謝與 David Peterson 就這個話題所作的討論。

未記》中的「緘默無聲」值得注意。

十一章 1–2 節介紹了摩西為百姓禱告的情況:

> 眾百姓發怨言,他們的惡語達到耶和華的耳中。耶和華聽見了就怒氣發作,使火在他們中間焚燒,直燒到營的邊界。百姓向摩西哀求,摩西祈求耶和華,火就熄了。

經文(刻意地)讓百姓與摩西形成鮮明的對比。百姓**彼此**埋怨,以致惡語「達到耶和華的耳中」,然後他們又向摩西喧嚷、投訴耶和華;而摩西是唯一對神說話的人。[44] 這裏似乎暗示只有摩西一人是從聖約的角度思考問題,因此也只有摩西想到要「求告耶和華的名」。

不過,當忘恩負義的百姓又一次哭號(11:4–9),耶和華再次降火,摩西因此而責怪神的時候,情況就變得更為複雜了:

> 摩西對耶和華說:「你為何苦待僕人,我為何不在你眼前蒙恩,竟把這管理百姓的重任加在我身上呢?這百姓豈是我懷的胎,豈是我生下來的呢?你竟對我說:『把他們抱在懷裏,如養育之父抱吃奶的孩子,直抱到你起誓應許給他們祖宗的地

---

[44] 湊巧的是,這是《聖經》第一次用了「禱告」這個我們慣常使用的動詞。

> 去。』我從哪裏得肉給這百姓吃呢?他們都向我哭號說,『你給我們肉吃吧!』管理這百姓的責任太重了,我獨自擔當不起。你這樣待我,我若在你眼前蒙恩,求你立時將我殺了,不叫我見自己的苦情。」(民11:11–15)

摩西的禱告毫不客氣。他憑甚麼對萬物之主如此說話?是甚麼讓他如此大膽?答案就在 12 節 —— 摩西的抱怨(或者說「怒吼」更貼切)倚仗的是神對百姓的聖約應許。由此我們再次發現,禱告是以神的應許為前提的。

在十二章中,聖約之民的生存又受到了威脅,這次是因為與摩西一同帶領百姓的米利暗與亞倫犯了罪。他們的怨恨摻雜著嫉妒與赤裸裸的種族歧視,最後演變成暗自抗拒神的話。

> 「我要與他面對面說話,乃是明說,不用謎語,並且他必見我的形像。你們譭謗我的僕人摩西,為何不懼怕呢?」耶和華就向他們二人發怒而去。雲彩從會幕上挪開了。不料,米利暗長了大痲瘋,有雪那樣白。(民12:8–10)

在隨後的對話中,亞倫請求以色列人的領袖摩西

為他們的姐妹米利暗代求，摩西照樣做了。⁴⁵ 然而，我們必須看到，這個求醫治的禱告（聖經首次記載的醫治禱告）不能脫離其上下文：（1）這個禱告是在耶和華親自介入並懲罰米利暗的即時，摩西對此事作出的**直接回應**；（2）這個禱告深嵌在聖約之民的未來面臨著威脅的大故事之中；（3）這個禱告與前幾章裏百姓的諸多埋怨互相關聯，表明悖逆之心在摩西所帶領的這群希伯來人中普遍流行。由此可知，這不是一般意義上的「治病禱告」，而是一連串事件中的一部分，在這些事件中，神重申了他（透過摩西）對聖約之民的帶領。因此這個禱告也與聖約不可分割。

這一點在《民數記》十四章的故事高潮部分更加明顯。由於百姓生性悖逆，在加低斯巴尼亞發生的事情使人們再次質疑神的「聖約計劃」是否可行。耶和華自己的話發出了不祥的預兆：

> 耶和華對摩西說：「這百姓藐視我要到幾時呢？我在他們中間行了這一切神蹟，他們還不信我要到幾時呢？我要用瘟疫擊殺他們，使他們不得承受那地，叫你的後裔成為大國，比他們強勝。」（民 14:11–12）

---

⁴⁵ 摩西的禱告非常簡單：「神啊，求你醫治她！」（13 節）

在此，摩西介入調解。

再一次，在這裏摩西到底是禱告還是「與耶和華面對面講話」，我們並不完全清楚。[46] 但無論如何，摩西的說話是要強調一個神學觀點，那就是：耶和華透過應許對百姓所立下的承諾，乃是與他互動（包括禱告）的基礎。

> 摩西對耶和華說：「埃及人必聽見這事，因為你曾施展大能，將這百姓從他們中間領上來。埃及人要將這事傳給迦南地的居民，那民已經聽見你耶和華是在這百姓中間，因為你面對面被人看見，有你的雲彩停在他們以上。你日間在雲柱中，夜間在火柱中，在他們前面行。如今你若把這百姓殺了，如殺一人，那些聽見你名聲的列邦必議論說：『耶和華因為不能把這百姓領進他向他們起誓應許之地，所以在曠野把他們殺了。』現在求主大顯能力，照你所說過的話說：『耶和華不輕易發怒，並有豐盛的慈愛，赦免罪孽和過犯，萬不以有罪的為無罪，必追討他的罪，自父及子，直到三四代。』求你照你的大慈愛，赦免這百姓的罪孽，好像你從

---

[46] 見前文關於《創世記》第 18 章的討論。

埃及到如今，常赦免他們一樣。」耶和華說：「我照著你的話赦免了他們。」（民14:13–20）

神之所以答應摩西的祈求，並不是因為摩西的個人品格，也不是因為他的談判技巧，而是因為這個祈求的基礎是建立在神事先所立的「福音」應許之上。[47] 另外兩個例子也體現了這個基礎，一個是在十六章22節，摩西和亞倫回應可拉的叛亂；另一個是在二十七章16–17節，當耶和華告訴摩西他將要在應許之地的外面去世時，摩西求耶和華指定一個敬虔的接班人。在《民數記》裏，人的禱告與神的回應都單純地訴諸神的應許，以此為基礎，並且完全是為了神百姓的福祉。

《申命記》裏的禱告

摩西五經中關於聖約性禱告的最後一片拼圖是在《申命記》裏。《申命記》裏唯一與眾不同的禱告是摩西臨死前的禱告，記載在三章23–26節：[48]

---

[47] Contra Levine（1993，頁280）將此視為摩西與神之間的一場對峙。有關這段經文，有更多幫助的討論見 Olson 1996，頁80–84。

[48] 《申命記》9:25–29複述了《出埃及記》32章裏對應的內容。若有甚麼不同的話，那就是《申命記》裏的表述更強調了以色列人作為神的聖約子民的本質（見「你的百姓」、「你的產業」這些短語）。

> 那時，我懇求耶和華說：「主耶和華啊，你已將你的大力大能顯給僕人看，在天上、在地下，有甚麼神能像你行事、像你有大能的作為呢？求你容我過去，看約旦河那邊的美地，就是那佳美的山地和黎巴嫩。」但耶和華因你們的緣故向我發怒，不應允我，對我說：「罷了，你不要向我再提這事。」

這是聖經中被神明確拒絕之禱告的先例。耶和華不僅沒有應允這個禱告，還因這個禱告「發怒」。究竟是甚麼一回事呢？這是個至關重要的問題，正如任何人想要總結關於禱告的聖經神學，都不能繞開「禱告未蒙應允」這個敏感而微妙的教牧難題。摩西是一位偉大的代求者，他的這個禱告何竟被描寫得如此負面？為甚麼這個禱告遭受耶和華的嚴厲斥責？

其實，神這樣回應完全是意料中事，因為與我們在聖經開首幾卷書中看到的禱告理念同出一轍。禱告的實質是「聖約」性的，其動力與基礎是耶和華對聖約之民的未來所作出的承諾，以及他向全地彰顯自己榮耀的計劃。摩西的這個禱告是否符合這些條件呢？簡單來說：不是！雖然摩西首先稱頌了神的偉大，但之後馬上轉移到一個請求，這個請求只能說是「利己的」。從人的角度來看，摩西的禱告是完全可以理解的，但這卻是摩西五經中第一個與耶和華的計劃本質沒有

關聯的禱告。摩西理應比誰都更清楚知道這一點。[49]

《申命記》中另一處值得關注的地方是四章 5–8 節。這段話雖然不是禱告，卻是極美的宣告，它慶祝耶和華對以色列民獨特的優待。在四章 7–8 節中，摩西宣告說：「哪一大國的人有神與他們相近，像耶和華我們的神，在我們求告他的時候與我們相近呢？又哪一大國有這樣公義的律例、典章，像我今日在你們面前所陳明的這一切律法呢？」此處指出以色列人的兩大特權，其中一個就是當他們求告耶和華的時候，耶和華就與他們親近。這清晰地暗示神垂聽並回應禱告，而且為他們成就所求的。[50] 丹尼爾·布洛克（Daniel Block）將此形象地描述為：

> 當其他人向他們的神明禱告時，這些神明都漠不關心，沉默不語。匠人為他們造了碩大的耳朵，他們卻依然沒有反應。諷刺的是，雖然以色列的神沒有可見的形像供人擺在家裏或其他地方，但他卻與人相

---

[49] 當然，有時候我們所求的事與有利於神國擴張的事會相互重合，但我們並不總能輕易地分辨出甚麼才是對這個世界裏的福音工作最有利的。這段經文不應使我們為了以純正的動機禱告，而陷入無休止的自我反省，以致陷入一種癱瘓無力的狀態。但我們也同樣需要清楚地看到，有時候我們只是為「我想要」的事禱告，而沒有考慮神的榮耀。這類禱告，不做也罷。

[50] 毫無疑問，另一個特權就是擁有律法。

近。雖然他並無有形有體的耳朵,但當人們求告的時候,他卻傾聽他們的呼求。[51]

再次可見,禱告離不開神對他百姓許下的聖約承諾。[52]

總結

對於摩西五經所記載的禱告,以前的研究大多是用「宗教史」的方法來研究文本,或是探討禱告所呈現的各種類型。我認為這些方法都遺漏了文本中的某些基本內容,這些內容正是本書所談論的。當我們將這五卷書作為正典來讀,就會發現一條前後連貫一致的聖經神學路徑異常清晰地出現在眼前。隨後我們將會看到,這一路徑為聖經餘下的部分設定了發展的軌跡。摩西五經裏的禱告離不開神首先立下的聖約。用聖經神學的術語說:唯有「福音」使禱告成為可能。所有的禱告都是福音性禱告,是求告耶和華這位聖約之神、救贖之神的名。這裏面包涵著深奧的神學與實踐意義。接下來我要展現出這個對禱告的理解,如何在我們繼續研讀舊約的其餘部分中證明出來。

---

[51] Block 2012,頁 119(原文字體無加黑)。
[52] Seitz(2001,頁 17)對禱告與《申命記》30 章的關係提出了一個有趣的觀點:「《申命記》堅稱,是禱告帶來關係的重建(30:1–5)。在此我們觸及到獻祭的本質,它藏於所有獻祭的共同特徵背後,那就是一顆憂傷痛悔的心。」如果他所說屬實,這將對本章的論點有極大的說明。但是,我在《申命記》30 章裏找不到任何證據表明,這段經文描述了將來悔改和因此得以從被擄之地歸回都與禱告有關。

第二章
禱告與歷史進展：前先知書的禱告

若第一章中提出的「禱告就是求告耶和華之名」的觀點成立，鑒於《創世記》到《列王紀下》在內容上有連續性，我們就有理由預期與摩西五經相同的禱告觀會出現在《約書亞記》及之後的書卷中。[1] 事實也正如所料。

《約書亞記》的禱告

《約書亞記》中的第一個禱告記載在第七章攻打艾城失敗的故事中：[2]

---

[1] 這裏顯然迴避了關於前先知書的作者與成書的許多重要問題。但是，無論我們認為被擄時期「出版」這些書卷的人僅僅是將之前同質的材料組合在一起，還是借鑒某些早期資源創造出全新的作品，這都與本書的研究關係不大。要瞭解不同的視角可參看其他書籍，例如 Greenberg 1983 的相關著作。
[2] 這與我的方法是一致的，就是不討論神親自顯現的那些情況。

> 約書亞便撕裂衣服，他和以色列的長老把灰撒在頭上，在耶和華的約櫃前，俯伏在地，直到晚上。約書亞說：「哀哉！主耶和華啊，你為甚麼竟領這百姓過約但河，將我們交在亞摩利人的手中，使我們滅亡呢？我們不如住在約但河那邊倒好。主啊，以色列人既在仇敵面前轉背逃跑，我還有甚麼可說的呢？迦南人和這地一切的居民聽見了，就必圍困我們，將我們的名從地上除滅。那時你為你的大名要怎樣行呢？」（書7:6–9）

第9節將以色列人的「名」與耶和華的「大名」連在一起，是這禱告的關鍵，立刻使《約書亞記》的禱告與《摩西五經》的禱告之間建立起緊密的關聯。[3] 約書亞提出抗議的基礎是：耶和華似乎忘記了他的聖約應許，致使自己的名受損。隨後神（很可能是親自顯現）作了有力的回應（書7:10–14）。在效應上，約書亞這禱告是將正確的原則應用在錯誤處境的一個例子。但有一點卻是肯定的，就是他對禱告之目的的理解與我們迄今所看到的完全一致。

---

[3] 有關這段經文的大多數討論，焦點都準確地集中在約書亞的反應與百姓在曠野中的埋怨這兩者之間的相似性上，而非禱告本身。不過談及禱告，請參見 Boling 和 Wright（1995，頁224）的討論。

下一個有關禱告的故事有些不尋常，約書亞與以色列民因忽略禱告[4]而受到指責（經文暗示他們受了指責）。其實基遍人精心設計的詭計並不難識破，以色列人沒有看穿這個詭計，是因為「以色列人受了他們些食物，並沒有求問耶和華」（書 9:14）。神的百姓沒有向神呼求，以便他能實施他的計劃，有可能威脅到救贖歷史的進程。[5]

　　《約書亞記》中最後一個禱告出現在第十章那場與亞摩利人戰爭的故事。在舊約所記載的神蹟當中，大概沒有一個比這故事裏的神蹟更令解經家費解。[6] 不過，我們首要關注的不是神如何幫助以色列人打勝仗，而是在戰事背後所發生的一切，都是他對約書亞的禱告之直接回應：

> 當耶和華將亞摩利人交付以色列人的日子，約書亞就禱告耶和華，在以色列人眼前說：「日頭阿，你要停在基遍；月亮阿，你要止在亞雅崙谷。」於是日頭停留，月亮止住，直等國民向敵人報仇。

---

[4] 我們不能確定被忽視的「求問」是一個禱告，還是一個更具體的占卜過程（可參見的例子如 Woudstra 1981，頁 160）。不過總的來說，將它理解為禱告似乎是最自然的。
[5] 然而，正如喇合能夠歸入聖約之民，耶和華的主權最終完全能夠處理以色列的愚蠢與悖逆。
[6] 參見 Pitkänen（2012，頁 224）頗有幫助的探討。

> 這事豈不是寫在雅煞珥書上嗎？日頭在天當中停住，不急速下落，約有一日之久。在這日以前、這日以後，耶和華聽人的禱告，沒有像這日的，是因耶和華為以色列爭戰。（書10:12–14）

在這事件中，約書亞只不過是向耶和華說話，經文沒交代他向耶和華說了些甚麼，更沒有記載耶和華的回答。但結果非常明顯 —— 約書亞命令日頭和月亮停住，直到打完勝仗。《約書亞記》十章14節中的結論令人震驚（特別是考慮到5章13–15節所記載那個難以明確解釋的會晤）。約書亞的禱告得蒙垂聽，正如二十四章7節所載有關神在埃及所行的神蹟一樣，耶和華聽了他們的呼求，親自介入並為他的百姓爭戰。他拯救的計劃在既定軌道上繼續前進。

《士師記》裏的禱告

由於《士師記》（及整個士師時期）所呈現的是一段黑暗的歷史，我們或許根本不預期這卷書會有任何關於禱告的豐富資料。然而，論到建立「合乎聖經的禱告神學」之規範，《士師記》其實很可能是前先知書中最重要的一卷。[7]

---

[7] 與此事實相反，許多論述禱告的書籍（甚至是在學術層面的作品）幾乎沒有提到《士師記》（可參見的例子如Clements 1985）。

《士師記》開篇就定下基調 —— 求告耶和華是這卷書的關鍵主題:

> 約書亞死後,以色列人求問耶和華說:「我們中間誰當首先上去攻擊迦南人,與他們爭戰?」耶和華說:「猶大當先上去,我已將那地交在他手中。」(士1:1–2)

當神的百姓繼續按照神的旨意與迦南人爭戰時,百姓的禱告與耶和華的回答在聖約計劃的發展中相互交織。然而,禱告與以色列人的安全和得勝之間的聯繫並不限於首戰告捷。這卷書有一個重要特點,就是以色列人不斷地向耶和華呼求:[8]

> 以色列人呼求耶和華的時候,耶和華就為他們興起一位拯救者救他們,就是迦勒兄弟,基納斯的兒子俄陀轟。(士3:9)

> 以色列人呼求耶和華的時候,耶和華就為他們興起一位拯救者,就是便雅憫人基拉的兒子以笏,他是左手便利的。以色列人託他送禮物給摩押王伊磯倫。(士3:15)

> 耶賓王有鐵車九百輛。他大大欺壓以色列人二十年,以色列人就呼求耶和華。(士4:3)

---

[8] 參見 Barry Webb(2012:32–35)的評論。

> 以色列人因米甸人的緣故，極其窮乏，就呼求耶和華。以色列人因米甸人的緣故，呼求耶和華……（士6:6–7）

> 以色列人哀求耶和華，說：「我們得罪了你，因為離棄了我們神，去事奉諸巴力。」（士10:10）

在每次百姓背叛而遭神懲罰的循環裏，最終都導致悔改和「呼求耶和華」。不過，有趣的是，在《士師記》第十章之後，這種循環漸漸停止了。對於《士師記》十章 11–14 節，巴里・韋布（Barry Webb）如此評論：「顯然，雙方關係的危機已來到關鍵時刻，看似極之可能已經完全破裂。」[9] 耶和華在 13–14 節中宣告：「你們竟離棄我，侍奉別神，所以我不再救你們了。你們去哀求所選擇的神，你們遭遇急難的時候，讓他救你們吧！」[10] 值得注意的是，《士師記》接下來的部分再沒有出現全民呼求神憐憫的記載，耶和華也不再像先前一樣明顯地出手拯救他的百姓。

大家別以為對禱告的強調，只局限於全體民眾在絕望中的集體呼求。事實上禱告貫穿整個故事，好幾位士

---

[9] 同上，頁 303。
[10] 這預示了一個在後先知書中變得極為重要的主題：神的百姓不可理所當然地認為，不管他們的行為如何，神都永遠垂聽他們的禱告。

師都不止一次發出個人的禱告。最引人注目的，就是士師的禱告與渴求「救贖」兩者之間普遍地聯繫著。[11]

因此，《士師記》第五章中底波拉之歌是用一個這樣的禱告結束：

> 耶和華啊，願你的仇敵都這樣滅亡！願愛你的人如日頭出現，光輝烈烈！（士5:31）

基甸對神的認識並不敏銳，他在《士師記》六章36–40節中向神提出一個異乎尋常的互換：

> 基甸對神說：「你若果照著所說的話，藉我手拯救以色列人，我就把一團羊毛放在禾場上。若單是羊毛上有露水，別的地方都是乾的，我就知道你必照著所說的話，藉我手拯救以色列人。」次日早晨基甸起來，見果然是這樣；將羊毛擠一擠，從羊毛中擠出滿盆的露水來。基甸又對神說：「求你不要向我發怒，我再說這一次：讓我將羊毛再試一次。但願羊毛是乾的，別的地方都有露水。」這夜神也如此行：獨羊毛上是乾的，別的地方都有露水。（士6:36–40）

---

[11] 我們常常難以辨別士師禱告只是為了從戰爭壓迫中得解救，還是像讀者情不自禁所想的那樣，認為禱告是為了祈求神實現對亞伯拉罕、以撒、雅各的應許。

正如博林（Boling）的評論：「至此，對士師時期的描述開始像一部現代荒誕劇。」[12] 更出人意料的是，神竟然應允基甸提出的要求——是的，他一定會拯救他的百姓。其實神完全不必這樣應允。

類似的情況在這卷書後面的部分重複出現，不管禱告的人如何被誤導，作出多殘缺的禱告，耶和華仍滿有恩慈地回應這些禱告。參孫的父親瑪挪亞知道可以通過禱告來求神幫助，其實他就只知道這一點，但神就施恩幫助他。[13] 雖然參孫與士師應有的榜樣大相徑庭，但他兩次向神禱告，顯示他大概明白禱告就是祈求耶和華拯救他的百姓：

> 參孫甚覺口渴，就求告耶和華說：「你既藉僕人的手施行這麼大的拯救，豈可任我渴死，落在未受割禮的人手中呢？」
> （士15:18）

同樣，參孫臨死前的禱告雖不算是敬虔的典範，[14] 但耶和華為減輕他子民的痛苦，依然垂聽他的禱告：

> 參孫求告耶和華說：「主耶和華啊，求你眷念我。神啊，求你賜我這一次的力量，

---

[12] Boling 1975，頁 141。
[13] 《士師記》13:8–9。
[14] Butler（2006，頁 353）直率地指出，「參孫的動機並不是宗教性的。他沒有求神幫助他完成被他遺忘的拯救使命，他的動機仍是自私的報復。」

> 使我在非利士人身上報那剜我雙眼的仇。」參孫就抱住托房的那兩根柱子，左手抱一根，右手抱一根，說：「我情願與非利士人同死！」就盡力屈身，房子倒塌，壓住首領和房內的眾人。這樣，參孫死時所殺的人，比活著所殺的還多。
>
> （士16:28–30）

雖然《士師記》接下去的部分可以說是整本《聖經》中最令人沮喪的幾章，但我們仍驚訝地看到，神在他的恩典中不但未曾遺棄他的百姓，每當他們呼求時，他依然垂聽（儘管他已在 10 章 13 節發出警告）。在二十章中，當以色列人與便雅憫支派發生內戰時，經文這樣說：

> 以色列人就起來，到伯特利去求問神說：「我們中間誰當首先上去與便雅憫人爭戰呢？」耶和華說：「猶大當先上去。」以色列人早晨起來，對著基比亞安營。以色列人出來，要與便雅憫人打仗，就在基比亞前擺陣。便雅憫人就從基比亞出來，當日殺死以色列人二萬二千……未擺陣之先，以色列人上去，在耶和華面前哭號直到晚上，求問耶和華說：「我們再去與我們弟兄便雅憫人打仗，可以不可以？」耶和華說：「可以上去攻擊他們。」

> 第二日，以色列人就上前攻擊便雅憫人。便雅憫人也在這日從基比亞出來，與以色列人接戰，又殺死他們一萬八千，都是拿刀的。以色列眾人就上到伯特利，坐在耶和華面前哭號，當日禁食直到晚上，又在耶和華面前獻燔祭和平安祭。那時，神的約櫃在那裏。亞倫的孫子，以利亞撒的兒子非尼哈侍立在約櫃前。以色列人問耶和華說：「我們當再出去與我們弟兄便雅憫人打仗呢？還是罷兵呢？」耶和華說：「你們當上去，因為明日我必將他們交在你們手中。」（士20:18–21，23–28）

這一連串事件很奇怪，不容易理解。戴爾·拉爾夫·大衛斯（Dale Ralph Davis）清晰地說出了其中的難題：

> 若耶和華要審判便雅憫人，為何以色列人會兩次狼狽戰敗？尤其是這兩次出兵都是耶和華指示的？……還有另一個可能：以色列人最初的失敗可能並非遭受耶和華的審判，而是要表明耶和華做事的方式是奧秘的。[15]

《士師記》之後，再無可能假設禱告是有求必應的事——明晰地，耶和華回應禱告完全是出於恩典，

---

[15] Davis 2000，頁 217。

而且在他的主權之下，有時他不垂聽禱告，甚至即使百姓禱告，他仍是施行審判。無人可以想當然一般對待神；不過，直到《士師記》的末了，每當百姓呼求時，神為了兌現他的應許，還是以行動來回應他們，並且將聖約之福傾倒在這些不配得福（甚至分裂）的百姓身上。

> 以色列人來到伯特利，坐在神面前直到晚上，放聲痛哭，說：「耶和華以色列的神啊，為何以色列中有這樣缺了一支派的事呢？」（士21:2–3）

《撒母耳記》的禱告

有意思的是，在《撒母耳記》與《列王紀》中，禱告是個較被忽視的主題。但《撒母耳記》卻明明是從英雄人物撒母耳（整卷書以他命名）的母親——哈拿的精彩禱告開始的，這就更耐人尋味了。

讀者往往只看到一個失調的家庭和哈拿不能生育的痛苦，而忽視《撒母耳記上》第二章所蘊藏的巨大影響力。有關第一章中哈拿許願的禱告，以及她為何如此焦慮，作者寫得十分簡略。經文沒有交代來龍去脈，似乎故意讓讀者臆想這不過是婦人求子心切的個案：

> （哈拿）許願說：「萬軍之耶和華啊，你若垂顧婢女的苦情，眷念不忘婢女，賜我

> 一個兒子，我必使他終身歸與耶和華，不
> 用剃頭刀剃他的頭。」¹⁶ 哈拿在耶和華面
> 前不住地祈禱……（撒上1:11–12）

然而，以色列的領袖以利對真誠的敬虔似乎毫無屬靈的洞察力，警惕我們這絕非「閒話家常」那麼簡單。這在《撒母耳記上》二章 1–10 節中非常明顯。

這個禱告最顯著的特徵就是哈拿對自己的處境隻字不提。¹⁷ 這完全不像是新手媽媽的禱告。這段禱告對本書的論據十分重要，因此值得引用全文如下：

哈拿禱告說：

> 「我的心因耶和華快樂，我的角因耶和華
> 高舉，我的口向仇敵張開。我因耶和華的
> 救恩歡欣。只有耶和華為聖，除他以外沒
> 有可比的，也沒有磐石像我們的神。人不
> 要誇口說驕傲的話，也不要出狂妄的言
> 語，因耶和華是大有知識的神，人的行為
> 被他衡量。勇士的弓都已折斷，跌倒的人
> 以力量束腰。素來飽足的，反作傭人求

---

¹⁶ 第 12 節表明這個「許願」也是一個禱告：「哈拿在耶和華面前不住地祈禱……」。見 Woodhouse（2008，頁 20–21）對這整段故事的精彩的討論。

¹⁷ 人們通常簡單地（也著實笨拙地）將其歸咎於後面插入了詩體材料（見 McCarter 1980，頁 74–76; Alter 1999，頁 9）。但這個解釋並不令人滿意。

食；饑餓的，再不饑餓。不生育的，生了七個兒子；多有兒女的，反倒衰微。耶和華使人死，也使人活；使人下陰間，也使人往上升。他使人貧窮，也使人富足；使人卑微，也使人高貴。他從灰塵裏抬舉貧寒人，從糞堆中提拔窮乏人；使他們與王子同坐，得著榮耀的座位。地的柱子屬於耶和華，他將世界立在其上。他必保護聖民的腳步；使惡人在黑暗中寂然不動，人都不能靠力量得勝。與耶和華爭競的，必被打碎；耶和華必從天上以雷攻擊他，必審判地極的人；將力量賜與所立的王，高舉受膏者的角。」（撒上2:1–10）

這是整本《聖經》中最精彩的禱告之一，它關注的中心是甚麼呢？這段禱告充滿著一些舊約經文的典故（或期盼）。哈拿的禱詞令人想起《申命記》三十二章和《詩篇》第二篇所描述的狀況。[18] 更有意思的是，禱告的高潮竟然不是撒母耳的出生，而是彌撒亞君王的降臨。

這段文字常被看作是在宣傳君主制度。[19] 然而，

---

[18] 見 Firth（2009，頁 59–63）的探討。事實上，哈拿的每句禱告都幾乎在《詩篇》裏找到呼應。亦見《約伯記》1:21, 5:11, 36:7, 38:4–6。

[19] 例如 Gordon 認為「在君主制時期之前寫的詩不太可能

從《摩西五經》、《約書亞記》、《士師記》所展現出有關禱告的亮光中，《撒母耳記上》第二章就是一幅很不一樣的圖畫。這是另一個本著《創世記》第四章神髓的禱告，祈求所有士師的神差派一位拯救者，就是已被明確地認定之彌賽亞。

值得指出的是，除摩西之歌外，這段傑出的禱告是到目前為止篇幅最長、神學含義最豐富的禱文，而且**出自一個與禮拜和祭司職分毫無關係的婦人之口**，被納入《撒母耳記》與《列王紀》那麼精闢、記載以色列歷史的典籍中，在古時極其罕見、亦不可能出於偶然。反之，它正正提醒我們：禱告在本質上就是**祈求耶和華實現他的聖約應許**。

下一章的內容充分地支持這個觀點。在「童子撒母耳初次遇見神」這個著名的故事中，經文除了不斷強調「聽」（šmʻ）與耶和華的「話」（dbr）之外，還強調了耶和華的「呼喚」（qrʼ）。雖然以利自己沒求告耶和華，也沒意識到耶和華在說話，耶和華卻重覆地**呼喚**撒母耳。在亞當墮落之後，耶和華在伊甸園中主動地呼喚他的呼聲似乎仍然繼續。《創世記》

提到耶和華膏立的君王」，雖然他承認這個禱告若的確是哈拿發出的，第 10 節也可能是「對君主制度的即將來臨所做的補充」（Gordon1986，頁 23）。Hertzberg（1964，頁 29）認為這顯然不是哈拿的禱告。Davis（1999，頁 24, n.）對討論作了一個很好的概括，並為哈拿的禱告作出辯護。

第三章中審判與盼望之間的平衡在《撒母耳記上》二章 27–36 節同樣出現：神向撒母耳啟示，以利時代已經結束，他將建立一種新的領導。之後，神便在示羅用「自己的話」默示撒母耳。[20]

所以，在《撒母耳記》到《列王紀》這一段歷史的開頭，以聖約為本質的禱告（也正是摩西五經所描述與定義的那種禱告）再次顯出其重要的位置。

當我們繼續讀《撒母耳記》，這種對禱告的理解將一次又一次被確認。《撒母耳記上》第六章講述了約櫃失而復得之後，第七章記載了一次以色列全民的悔改。這次的悔改，至少從表面看來，是遵照《申命記》的要求（撒上 7:4）。以色列人在「重新立約」之後，馬上就發出禱告，尤其是祈求神救他們脫離非利士人之手。撒母耳向耶和華禱告（pll）、呼求（z'q），雖然用詞不同，祈求的內容卻始終一致：求耶和華持守約的應許，再次拯救他的百姓（撒母耳說：「要使以色列人眾人聚集在米斯巴，我好為你們禱告耶和華。」（撒上 7:5）[21] 這便是歷史書對禱告的理解。

這解釋了《撒母耳記上》八章 6–8 節中，撒母耳對百姓要求立王所作出的奇怪反應：

---

[20] 例如見 Firth 2009，頁 80。
[21] 這裏的用詞稍有點不同尋常——撒母耳提出要為以色列人代求，此提議引人注目。這可能是士師時期屬靈衰退的結果。

> 撒母耳不喜悅他們說立一個王治理我們，他就禱告耶和華。耶和華對撒母耳說：「百姓向你說的一切話，你只管依從。因為他們不是厭棄你，乃是厭棄我，不要我作他們的王。自從我領他們出埃及到如今，他們常常離棄我，事奉別神。現在他們向你所行的，是照他們素來所行的。」

在以色列歷史這高潮時刻中很容易忽略一個小問題：**為甚麼撒母耳要禱告？**摩西律法禁止百姓為自己立王，這是先知撒母耳肯定知道的。為甚麼他不直接指責並糾正百姓，用《申命記》裏的話教導他們呢？可能的原因只有一個：撒母耳認為百姓的這個要求對聖約本身構成了威脅，因此，他自然要呼求聖約之神出手拯救。

若這個推測正確，當撒母耳在《撒母耳記上》十二章又短暫地回到舞臺中心時，禱告與聖約不可分割的聯繫就顯得更加清楚了。撒母耳回顧源遠流長的聖約歷史（撒上 12:6–17）之後，他「求告耶和華，耶和華就在這日打雷降雨，眾民便甚懼怕耶和華和撒母耳。」（撒上 12:18）這個聖約的縮影帶來的詛咒導致民眾乞求撒母耳為他們禱告（12:19），最終引出故事在十二章 23–25 節駭人聽聞的高潮：

> 至於我,斷不停止為你們禱告,以致得罪耶和華。我必以善道正路指教你們。只要你們敬畏耶和華,誠誠實實地盡心事奉他,想念他向你們所行的事何等大。你們若仍然作惡,你們和你們的王必一同滅亡。

撒母耳要為何事禱告呢?答案只有一個——為聖約禱告。撒母耳先知求神裝備自己的聖約之民,讓他們過與聖約相稱的生活。他求神成就他的應許。這裏迴避了一個重要的問題:為甚麼撒母耳停止為百姓禱告就會「得罪耶和華」呢?經文中並沒有甚麼地方表明撒母耳必須承擔為百姓代禱的特殊職責。[22] 一種比較好的解釋是:「求告耶和華的名」乃聖約之民的基本責任,他們有責任呼求神持守他的應許,包括與他的百姓同在、堅固他們、幫助他們靠著他前行這些最基本的約定。

與撒母耳對比,掃羅卻是個既不懂、也不作禱告的人。在掃羅的故事中,唯一有點像禱告的一次,發生在《撒母耳記上》十四章他輕率起誓之後。對以色列的第一位君王來說,「禱告」只是從耶和華那裏索取必需的導航工具。[23] 第37節中掃羅「求問」(該動

---

[22] 儘管這裏也有可能是暗指《撒母耳記上》7章5節。
[23] 另外,這一點在《撒母耳記上》第28章掃羅求問隱多珥女巫的故事中得到了證明,掃羅求問女巫與他此處求問耶和華方式在本質上是一樣的,只是他求問女巫的結果更加幫不了他(28:17)。

詞與掃羅的名字有相同的詞根)耶和華,耶和華沒有回答,他就埋怨。掃羅雖然沒用輕蔑的語言求問,[24] 但從他使用烏陵和土明掣籤的上下文可以看出,掃羅最關注的是如何保住個人的勢力(而不是國家本身),他的禱告只不過暴露出他的罪和他的愚昧,更加說明他對禱告的理解非常匱乏。

在十五章 10–11 節,耶和華最終向撒母耳啟示他對掃羅的判決,這讓撒母耳甚是氣惱(譯者注:和合本翻譯成「憂愁」),終夜哀求耶和華。撒母耳究竟是因掃羅氣惱,還是因耶和華氣惱,經文沒有明說(總體來看,很可能是因掃羅氣惱[25])。但無論如何,面對神所允許發生的這次聖約危機,他的反應是終夜向耶和華禱告哀求。雖然許多解經家認為撒母耳的禱告內容無從稽考,[26] 但事實上並非如此。此前的故事已清楚表明:在立王一事上,撒母耳最關心的是耶和華的聖約將會如何進展(儘管這也關係到他個人[27])。由於不敬虔的百姓作出了愚昧的決定,這約如今陷入了危險的境地。然而,正如《撒母耳記上》十六章所顯示,耶和華絕不會袖手旁觀,任由他的百姓迷失。

《撒母耳記上》剩下的章節與《撒母耳記下》前

---

[24] 此處的「求問」可以用於向耶和華求問,也可用於向其他神明求問(如《列王紀下》第 2 章中發生的可悲事件)。
[25] 參見 Gunn 1980,頁 146。
[26] 例如 Firth 2009,頁 174。
[27] 這在《撒母耳記上》8 章 1–5 節中暗示出來。

幾章中的禱告稍微有點令人困惑。在《撒母耳記上》二十三章 1–5 節和三十章 7–10 節（這次大衛在求問耶和華之前穿上「以弗得」），以及《撒母耳記下》二章 1–2 節和五章 19 節，作者記載了大衛的幾次禱告。至少在形式上，大衛這幾次求告耶和華的方式與掃羅相似，多過與撒母耳相似。大衛經常求問耶和華，耶和華也賜福給他，使他得勝（通常是戰勝非利士人）。然而，有兩件事值得我們注意：1）聖經作者著意強調大衛求問的是「耶和華」（Yahweh），而不只是「神」（Elohim），有別於掃羅的禱告；2）當大衛在曠野逃亡時，作者敘述的重點是大衛作為以色列的「彌賽亞」而被神保守，並最終得勝回到耶路撒冷。與掃羅再次形成對比的是：大衛並沒有只想自保，而是思念事奉耶和華（撒上 30:6），即使境況是獨一無二地反常，他仍按照聖約的要求過順服神的生活。儘管這些章節裏大衛的禱告只是初露頭角，卻顯著地符合《撒母耳記上》前面部分對聖約的強調。[28] 大衛每一次戰勝非利士人，都提醒我們耶和華會戰勝他的敵人，並且會立一位**屬他的**君王來治理他的百姓。

這個主題繼續出現在《撒母耳記下》七章 18–29

---

[28] 這也被《撒母耳記下》2 章 1–7 節的故事高潮所肯定，在那段經文中，基列雅比人被祝福，其中第 4 節直截了當地表明整個故事的發展方向。

節 —— 大衛用禱告回應神對他王朝的應許。這個禱告不僅是前先知書中最重要的禱告之一，而且也是整本聖經中最重要的禱告之一，值得我們詳細考查。

在《撒母耳記下》七章 18 節，大衛進去，坐在耶和華面前。這種禱告的姿勢極不尋常，大概是為了強調大衛作為耶和華所設立的彌賽亞君王，正在與他的主說話。前面幾節中，耶和華都是以第一身說話，正說明這一點。顯然，耶和華再次主動開啟對話，這與普通的古近東模式完全不同。[29] 神剛剛對大衛之「家」作出的應許，連貫著耶和華偉大聖約計劃的全盤實現，這決定了大衛隨後的禱告。22–24 節的言語帶著《申命記》的典型特徵，並引出了 25 節中大衛祈求的核心。[30] 大衛向耶和華求的是甚麼呢？就是求他成就他所應許的話：「耶和華神啊，你所應許僕人和僕人家的話，求你堅定，直到永遠，照你所說的而行。」這正正讓我們看見合乎聖經之禱告的核心所在，禱告的實質就是呼求耶和華按他所說的而行。28–29 節中大衛禱告的結語也再次印證了這一點：

> 主耶和華啊，惟有你是神。你的話是真實的，你也應許將這福氣賜給僕人。現在求你賜福與僕人的家，可以永存在你面

---

[29] 參見 Davis 1999，頁 74–75，其中羅列了古代人類為獲得神的恩惠而設計的各種主動行為。
[30] 見《申命記》4:7, 34; 9:26; 10:21; 33:29; 26:18。

前。主耶和華啊,這是你所應許的,願你
永遠賜福與僕人的家。

然而值得指出的是,對於大衛(或許出於本能)要給為耶和華建一個「家」(聖殿)這件事,耶和華卻沒有作出甚麼應許。據七章 13 節看,這件事並不是神計劃的一部分,大衛禱告的其他內容都堅定地以耶和華的主權為根基,但這件事卻顯得有點不搭調。

在《撒母耳記下》剩餘部分的禱告中,$bq\check{s}$(求問)一詞出現了兩次:第一次是大衛「懇求神」(撒下 12:16),另一次是他「尋求耶和華的面」(撒下 21:1)。而在這卷書最後一處的禱告中,大衛為自己的驕傲向耶和華懺悔。我們必須看到,這些禱告每一次都包含著與大衛王朝相關(或更恰當地說,「與聖約相關」)的弦外之音。大衛為他病重的嬰孩禱告、為國家的饑荒禱告,他在認識到自己的驕傲後,為自己的「家」禱告。即使這些禱告記載得非常簡略,仍看得出它們與聖約不能割裂的關聯。

《列王紀》的禱告

《列王紀》較少提及禱告,但在故事敘述的關鍵處記載了少數、長篇的禱告(尤其是所羅門與希西家的禱告)。另外,以利亞與以利沙的故事也不斷突顯出禱告的重要性。我們接下來將探討這些內容。

1. 所羅門的禱告

有人會覺得《列王紀上》三章中所羅門的「禱告」不應列入我們討論的範疇，因為根本算不上是禱告。三章1–15節中所羅門與耶和華的對話發生在夢裏。然而，隨後發生的事情清楚地表明夢境成真，因為所羅門的祈求蒙了應允。雖然此處沒有使用通常的禱告用語，但把它列入我們的討論仍是合理的，特別是因為這個夢中的祈求與其他禱告（例如《撒母耳記下》第7章裏的禱告）齊趨並駕。

所羅門說的話通常被認為是祈求某種個人恩賜。然而，所羅門即時將自己的祈求連繫到他父親大衛的王位傳承，以及先祖亞伯拉罕所領受之應許的實現。

> 所羅門說：「你僕人我父親大衛用誠實、公義、正直的心行在你面前，你就向他大施恩典；又為他存留大恩，賜他一個兒子坐在他的位上，正如今日一樣。耶和華我的神啊，如今你使僕人接續我父親大衛作王，但我是幼童，不知道應當怎樣出入。僕人住在你所揀選的民中，這民多得不可勝數。所以求你賜我智慧，可以判斷你的民，能辨別是非。不然，誰能判斷這眾多的民呢？」（王上3:6–9）

這個禱告遠遠不止是祈求自己有好的判斷能力，

而是在求神幫助他勝任他在彌賽亞計劃中的角色。[31] 耶和華喜悅他的祈求正是因為所羅門是彌賽亞計劃中的一部分。神賜下智慧是要讓他能好好地帶領耶和華的百姓，忠於聖約。《列王紀上》第二章（大衛在第 6 和 9 節囑咐所羅門照智慧而行，殺了約押與示每，清理大衛留下的政治後患）與三章 16–28 節（無人在意和指責妓院的存在，可見以色列民族的衰退[32]）都證實了這種智慧的必要性。《列王紀上》三章 11–15 節肯定了這種與聖約關聯的視角，在此耶和華宣佈所羅門的禱告被應允了，好使他成為天下無雙的君王，**能信實地遵行聖約**，管理無與倫比的財富。

值得順帶一提的是，這個視角在一定程度上緩解了我們常常觀察到的一個矛盾，就是像所羅門這樣有智慧的人，卻在他個人的生活中做出一些不明智的選擇（如王上 7:8，11:1–8）。耶和華賜智慧給所羅門，是要讓他所膏立之君王帶領他的百姓忠於聖約。[33] 而這智慧是取決於所羅門聽從耶和華的程度。這一點從他做夢的那一刻開始，直到他統治的結束為止都是非常明顯的，尤其在《列王紀上》第八章，描繪了所羅門統治的鼎盛時期。

---

[31] 例如 House 1995，頁 110–111。
[32] 這種混亂只會發生在女人聚居一處而沒有丈夫的情況下，換言之，就是在妓院裏，這標誌著以色列的道德衰退。
[33] 又見《列王紀上》第 4 章 29–34 節中明確的聖約用語。神對所羅門的裝備為亞伯拉罕之約帶來了一個中繼過渡性的實現。

這段關於獻殿禮的描述在多方面都是舊約的高潮。節慶一開始，獻祭的牛羊就多得不可勝數，後來又增加了一萬四千兩百隻。對神的百姓來說，這次住棚節與往常不同，是激動人心的歷史性時刻，因為期待已久的聖殿正式啟用了。但所羅門獻殿的禱告有一令人頗感驚訝之處，就是**幾乎沒有提及聖殿本身**。這個禱告並非關於獻祭、禮儀、祭司職份、甚至贖罪，而是關於聖約。[34]

這個事實羅列在《列王紀上》第八章。約櫃在本章一開始佔顯著地位，為所有後續內容設定了基調。經文強調神的百姓**聚集**，猶如當初他們在西奈山聚集、正式成為一個民族一樣。「以色列」這個詞在本章出現了三十五次（譯者注：和合本為三十六次），經文中也不斷提到神**成就他向大衛的應許**（8:15, 20, 24–25, 66）、在西奈山上的應許（8:21, 53, 56）和對亞伯拉罕的應許（8:40, 48），以及耶和華是守約之神的屬性（8:23）。

這對聖約的強調能幫助我們理解所羅門這禱告之核心裏的深奧悖論，這悖論就是八章27–30節所說的：

> 神果真住在地上嗎？看哪！天和天上的天，
> 尚且不足你居住的，何況我所建的這殿呢？
> 惟求耶和華我的神垂顧僕人的禱告祈求，俯

---

[34] Peter Leithart（2006，頁 68–69）對《列王紀上》第 8 章中與申典／摩西律法的關聯作了極好的討論。

> 聽僕人今日在你面前的祈禱呼籲。願你晝夜
> 看顧這殿,就是你應許立為你名的居所;
> 求你垂聽僕人向此處禱告的話。你僕人和
> 你民以色列向此處祈禱的時候,求你在天
> 上你的居所垂聽,垂聽而赦免。

這是個奇怪的獻殿禱告,其中談到神的超越與臨在之間的張力,這正是《申命記》聖約神學的核心。它清楚地說明聖殿本身並不是終極目的,[35] 只是一個更大計劃的侍從。[36] 從 31 節開始,所羅門提到《申命記》二十八章與《利未記》二十六章列出的聖約詛咒,繼續強調聖約(而非聖殿或獻祭本身)。一方面帶著濃烈的悲觀,另一方面卻有赦罪的可能。我們再次看到,所羅門引用《申命記》的教導,將赦罪與基於聖約的悔改——而非聖殿禮儀——銜接起來。

> 他們若在擄到之地想起罪來,回心轉意,
> 懇求你說:「我們有罪了,我們悖逆了,
> 我們作惡了」;他們若在擄到之地盡心盡
> 性歸服你,又向自己的地,就是你賜給他
> 們列祖之地和你所選擇的城,並我為你名

---

[35] 例如《申命記》第 4 章,參見 I. Wilson(1995)與 McConville(1992, 1993a)的作品。
[36] 「是禱告而不是獻祭被視為神的百姓與神溝通的媒介,並且禱告也是他們尋求神赦免的方式。」(M. E. W. Thompson 1996, 頁 191)

> 所建造的殿禱告，在天上你的居所垂聽他
> 們的禱告祈求，為他們伸冤。饒恕得罪你
> 的民，赦免他們的一切過犯，使他們在擄
> 他們的人面前蒙憐恤。因為他們是你的子
> 民，你的產業，是你從埃及領出來脫離鐵
> 爐的。（王上8:47–51）

如果還要進一步的證明這段合乎聖經、強而有力的禱告本質上是關乎聖約，重復呼籲神成就他藉摩西所應許的話（8:52–53），甚至眷顧外族人、垂聽他們的禱告（8:41–43，60），這些內容無可置疑地指向神對亞伯拉罕應許的實現。[37] 所羅門禱告所求的就是耶和華實現聖約的應許。

2. 以利亞與以利沙的禱告

在《列王紀》中，禱告在以利亞與以利沙的故事中出現得最多。以利亞為死去的男孩禱告，求神使他復活（王上 17:20–24）；在迦密山上與巴力眾先知對抗時，以利亞禱告求神顯明自己，為他辯護（王上 18:36–37）；以利亞還曾禱告求神結束他的生命（王上 19:4）。每一處的禱告都與耶和華的應許有重要關聯。

撒勒法寡婦的兒子復活不僅是祝福延及外邦人的一個例子（撒勒法位於耶洗別地的中心），彰顯出耶

---

[37] McConville 1992，頁42。

和華這位立約之神有遠超巴力與阿娜特（Anat）[38] 神的至高主權，而且也證實了神藉先知所說的話（婦人對以利亞說：「現在我知道你是神人，耶和華藉你口所說的話是真的。」王上 17:24）。在《列王紀上》的背景中（尤其是剛才看到的《列王紀上》第 8 章），提到「耶和華的話」就不可能不呼籲「耶和華的同在」，因為這位立約之神說過：「我就作你們的神，你們也作我的子民。」這是一個與聖約有關的神蹟。

在迦密山獻晚祭的時候，以利亞的禱告明確地提到神與亞伯拉罕、以撒、雅各立下的約：

> 亞伯拉罕、以撒、以色列的神，耶和華啊！求你今日使人知道你是以色列的神，也知道我是你的僕人，又是奉你的命行這一切事。耶和華啊，求你應允我，應允我！使這民知道你耶和華是神，又知道是你叫這民的心回轉。（王上18:36–37）

從根本上看，以利亞的禱告就是求神用行動來證明他自己，並遵守他的承諾。

即使是《列王紀上》十九章 4 節中以利亞絕望的禱告，也需要放在聖約的背景下來看，否則就難以完全理解。我認為十九章 3 節裏的動詞應該是馬索拉抄

---

[38] 參見 House 1995，頁 215；Sweeney 2007，頁 14。

本所寫的「看見」，而不是「害怕」[39]（譯者注：和合本譯為「見這光景」，新譯本譯為「以利亞害怕」）。若我的觀點沒錯，那就幾乎可以肯定以利亞禱告不是因為懼怕或個人的崩潰，而是因為在前輩們一代又一代漫長的失敗之後，他為自己也遭失敗而感到沮喪。儘管有迦密山上發生的一幕，但以色列民的情況仍未改變。他如同以前的先知一樣，未能成功地喚回神的百姓順服聖約。這個音符在第 10 和 14 節發出迴響：當以利亞被帶回何烈山，即以色列民曾與神立約的地方，他兩次提到神的百姓「背棄了你的約」。由此我們再次發現，舊約中對禱告的理解，就是呼求神成就他在聖約中的應許。

以利沙與他的老師一樣，也為一個死去的男孩禱告（王下 4:32–37）。雖然在以利沙的故事中，有關聖約的表述並不明顯，但這故事與以利亞的故事十分相似，表明《列王紀》的作者想告訴我們：耶和華仍在拯救人出死入生，並持守對百姓的約。與聖約的關聯在《列王紀下》六章 15–19 節顯得更為明顯。以利沙禱告，神便保護他的百姓。神打開那少年人的眼目，讓他看見「真正的」實情，卻使亞蘭軍隊「眼目昏迷」，敗於以色列人，被帶進以色列人駐防的腹地！如此看來，禱告不應隨便被降為祈求神成就他應許以外的事。

---

[39] 馬梭拉抄本為「他看見」；沿用此抄本的如 Davis 2007, 頁 257–258; Provan 1995, 頁 144。

3. 希西家的禱告

前先知書中關於禱告神學的最後一部份內容，是《列王紀下》第十九和二十章裏猶大王希西家的兩個故事。在第一個故事中，希西家面對亞述的威脅，有良好的回應。在第二個故事中，希西家面對自己面臨的死亡，作了糟糕的回應。這兩處禱告的對比進一步證明，舊約的禱告就是求耶和華成就他對以色列民的應許。

在《列王紀下》十九章中，面對拉伯沙基的傲慢挑釁（聲稱耶和華不可靠，不會按其應許施行拯救），希西家的回應值得大大稱讚。[40] 他進入神的殿，將敵人的書信在耶和華面前展開，然後禱告。他稱耶和華是以色列的神和天下萬國的神，這是他禱告的基礎。他關心的是耶和華的榮耀，並相信這榮耀與聖約之民的命運息息相關。14–19 節的禱告非常符合我們已討論過的禱告模式。正如我們所料，神用一種戲劇性的方式應允了他的禱告（19:35），**並明確表示禱告蒙垂聽是基於他與大衛所立的約：**「因我為自己的緣故，又為我僕人大衛的緣故，必保護拯救這城。」（19:34）

然而，希西家在第二十章裏的禱告卻成了鮮明的對比。雖然耶和華仍記念他的約，但希西家所關心的卻令他陷入自哀自憐：[41]

---

[40] 參見 Wray Beal（2014，頁 464–465）的討論。
[41] 這段經文是否暗示對希西家的批評，解經家們對此意見分歧。我贊同 Hobbs（1986，頁 290）的觀點，認為此處與前一章的對比很可能是暗示對希西家的批評。

> 希西家就轉臉朝牆,禱告耶和華說:
> 「耶和華啊,求你記念我在你面前怎樣存
> 完全的心,按誠實行事,又做你眼中所
> 看為善的。」希西家就痛哭了。(王下
> 20:2–3)

有趣的是,即使在絕望中,希西家仍在聖約的基礎上祈禱(無論他這個禱告是否正當)。更有趣的是,耶和華再一次以他與大衛所立的約為基礎來回應希西家:

> 你回去,告訴我民的君希西家說:「耶和
> 華你祖大衛的神如此說:我聽見了你的禱
> 告,看見了你的眼淚,我必醫治你。到第
> 三日,你必上到耶和華的殿。我必加增你
> 十五年的壽數;並且我要救你和這城脫離
> 亞述王的手。我為自己和我僕人大衛的
> 緣故,必保護這城。」(王下20:5–6)

這就是耶和華對其聖約(和聖約君王)的委身,為了使人相信他對自己之應許的委身,他甚至願意使日影往後退十度(王下 20:10,聖經作者沒有解釋神是通過扭曲時空的進程來達成這事,還是僅僅使日影縮短而已)。

就我們所談的禱告話題而言,雖然希西家對先知以賽亞的預言作了非常自私的回應,後來又愚蠢地邀請比羅達·巴拉但參觀自己一切的財寶,但這些都不影

響一個事實，那就是希西家禱告的時候，他都是呼求耶和華成就約的應許。其中有「好的」禱告，也有「不好的」禱告，有些是配稱的，有些是不配的。但神按照自己對君王與國度之委身，盡都垂聽。[42]

總結

若說禱告是《約書亞記》到《列王紀下》的主題之一，或許有點誇大其詞，但承認這幾卷書對禱告作出了貫連一致的教導，則毫不為過。從《約書亞記》到《士師記》，再到《撒母耳記》和《列王紀》，每卷書都體現出：耶和華的百姓最大的需要之一就是呼求神照他說過的話而行，持守他的聖約應許。

舊約的這一部分通常對禱告的理解、描述與實踐正是如此。摩西五經所奠定的禱告神學——如果可以這樣說的話——這幾卷書貫徹地發展與應用，並呈現出顯著的統一性。禱告就是求告耶和華這位與我們立約之神的名。

---

[42] 非常感謝卡森幫助我對這幾段經文作出更清晰的思考。

第三章
在未來之光中禱告：後先知書中的禱告

當提到聖經中的先知書時，禱告可能不是我們首先想到的主題。然而令人驚訝的是，先知書中有許多內容與本書的討論有關。

顯然，進入後先知書的世界就是進入一些關鍵性和歷史性問題的雷區，我並不想在這裏討論這些問題。[1] 我將用一種共時性的方法，把每一卷大先知書作為一個整體來處理，然後用類似的方式來討論十二小先知書中有關禱告的內容。

長篇禱告與大先知書

1.《以賽亞書》

令人驚奇的是，《以賽亞書》首次提到禱告竟然

---

[1] 尤其是論及《以賽亞書》，以及十二小先知書的本質與成書。

是耶和華透過先知所發出的一個警告——他警告百姓說，他們的祈求將不蒙垂聽：

> 你們舉手禱告，我必遮眼不看；就是你們多多地祈禱，我也不聽。你們的手都滿了殺人的血。（賽1:15）[2]

耶和華的沉默支配著《以賽亞書》大部分的篇幅。

《以賽亞書》六章中神的顯現（或神顯現的異象）的確包含了先知與耶和華的對話，不過，很難說應否解釋為禱告。如果算是禱告，以賽亞發自肺腑地呼求憐憫，大致上符合我們一直所說「呼求耶和華之名」的禱告模式。然而，我們必須等到第十二章，才會看到這卷書中第一次與神的實質性溝通。

《以賽亞書》十二章是這卷書第一部分的高潮。在此之前，耶和華清楚地表明他將要親自介入，差下以馬內利，就是從「耶西的本必發的一條」，他將要得勝，招聚萬邦俯伏敬拜他（見11:1–6）。接著，十二章帶出這一部分的重點，這部分有趣的特徵是它不提「呼求耶和華的名」，卻提到將來、在耶和華施行拯救**之後**所獻上的讚美。那麼，嚴格來說，這算是**禱告**嗎？這很難確定。

舊約看待禱告與讚美是有區別的。禱告是呼求神來拯救，而讚美則發生在神施行拯救之後。當然，兩

---

[2] 對16章12節摩押人的禱告也有類似的評論。另見《以賽亞書》59章1–3節。

者的區分並不絕對。在任何意義上，人對神說話常常會自由地將祈求與讚美混合在一起，因為禱告的人很容易從讚美過去的拯救轉入祈求將來的拯救。但是，在原則上保持兩者間的區別還是頗有價值的，尤其在研究「舊約對禱告是否有一致的理解」這個問題時更是如此。

這區別在《以賽亞書》中被稱為「以賽亞天啟默示」的部分變得特別明顯。當以賽亞本人和那些將要經歷這些事的人思想這默示時，他們的陳述都聚焦於一個事實：耶和華確實是按照他的承諾而行事，只不過他們當下經歷的是「咒詛」而非「祝福」。這與《以賽亞書》一章 15 節中先知的警告 —— 神已不再垂聽百姓的禱告 —— 完全一致。所以我們會在二十五章 1–2 節讀到這樣的話：

> 耶和華啊，你是我的神，我要尊崇你，我要稱讚你的名，因為你以忠信誠實行過奇妙的事，成就你古時所定的。你使城變為亂堆，使堅固城變為荒場；使外邦人宮殿的城不再為城，永遠不再建造。

這可以被理解為「反向禱告」（anti-prayer），就是祈求已太遲、在事過境遷後向神說的話。顯然，這種預言式的讚美所關注的內容與我們先前討論有關禱告原則完全一致：就是神的應許與計劃。

《以賽亞書》二十六章預言了猶大地的百姓對神作為的反應，這種反應也印證了以上的觀點。這一章以「歌」開始，但這首歌一路唱來，就從回應神的審判發展到等候他的拯救。這首歌可以說是化成禱告，值得我們詳細解讀一下。

這首歌首先慶祝審判過去之後，錫安被建立成堅固的堡壘，並叮囑弟兄姊妹當信靠耶和華（26:1–7）。隨後焦點就轉為祈求，至此已難區分它是詩歌還是禱告，尤其是歌中的祈求正是以「耶和華的名」為焦點。

> 耶和華啊，我們在你行審判的路上等候你，我們心裏所羨慕的是你的名，就是你那可記念的名。夜間我心中羨慕你，我裏面的靈切切尋求你，因為你在世上行審判的時候，地上的居民就學習公義。以恩惠待惡人，他仍不學習公義，在正直的地上，他必行事不義，也不注意耶和華的威嚴。耶和華啊，你的手高舉，他們仍然不看；卻要看你為百姓發的熱心，因而抱愧，並且有火燒滅你的敵人。耶和華啊，你必派定我們得平安，因為我們所作的事，都是你給我們成就的。耶和華我們的神啊！在你以外曾有別的主管轄我們，但我們專要倚靠你，提你的名。（賽 26:8–13）

歌中表達的願望（或祈求）是：神的仇敵將見識到神的能力與偉大，神為他的百姓設立的計劃將完全成就，神的名也因此被尊崇。從以賽亞的先知視角來看，神已經施行審判的事實，就是一切必將應驗的憑據：

> 他們死了必不能再活；他們去世必不能再起；因為你刑罰他們，毀滅他們，他們的名號就全然消滅。耶和華啊，你增添國民，你增添國民；你得了榮耀，又擴張地的四境。（賽26:14–15）

文中有悖逆之民的禱告不蒙垂聽的反例（再次呼應1章15節）。這些禱告的背後依然顯示出：禱告的實質是呼求耶和華的名，求他按應許施行拯救。

> 耶和華啊，他們在急難中尋求你，你的懲罰臨到他們身上，他們就傾心吐膽禱告你。婦人懷孕，臨產疼痛，在痛苦之中喊叫；耶和華啊，我們在你面前也是如此。我們也曾懷孕疼痛，所產的竟像風一樣。我們在地上未曾行甚麼拯救的事；世上的居民也未曾敗落。（賽26:16–18）

只有在審判過後，耶和華才會再次垂聽百姓的呼求、斷然介入，帶來生命和公義（26:19–21）。即使從以賽亞完全不同的視角來看，事實擺在眼前：審判就

快來臨，而至少在短期內，求耶和華的名是不會帶來解救，但禱告從根本上仍然是與神成就他的聖約計劃連在一起的。³

《以賽亞書》三十六至三十九章是這卷書中重要的歷史環節，其中包含了希西家的兩段禱告（36:16–20, 38:2–3）。除了這幾章在《以賽亞書》中的修辭功能，⁴ 希西家的禱告還彙聚了探討合乎聖經的禱告神學之中兩個突出的理念。他的第一個禱告關注國家的命運，也就是耶和華對亞伯拉罕、大衛等人的承諾。他第二個禱告卻只完全關注自己的命運（他在 39 章 8 節說的話證實了這一點）。這位大衛的後裔對彌賽亞的受苦有完全錯誤的理解，與《詩篇》中所表述的形成鮮明對比。⁵

此後，幾乎再沒出現其他的禱告，直到第五十五章。然而，我們在第五十五章中發現，先知在勸誡神的百姓悔改、順服、回轉到神面前，尋求他的赦免。而這個回轉的呼召自然引出禱告：⁶

---

³ 這也反映在《以賽亞書》31 章 1–2 節中。此處雖非禱告，但也反映了這個神學理解。
⁴ Motyer（1999，頁 247–272）對這幾章的探討非常有用。
⁵ 見我在第五章裏的評論。
⁶ Blenkinsopp（2002:371）認為「有關尋求神的勸勉 …… 在後期是泛指禱告與悔罪行動中表現出的積極開放的宗教態度。」Motyer（1999:389）認為求告耶和華就是在敬拜中承認他，並且同時在困難中尋求他的幫助（例如《詩篇》第 50 篇 15 節）。

> 當趁耶和華可尋找的時候尋找他，相近的
> 時候求告他。惡人當離棄自己的道路，不
> 義的人當除掉自己的意念。歸向耶和華，
> 耶和華就必憐恤他；當歸向我們的神，因
> 為神必廣行赦免。（賽55:6–7）

隨後的經文清楚地表明，聽從這個勸勉並求告神，就是承認他的至高權柄，求神在地上推進他的計劃（見賽55:8–11）。這會帶來甚麼結果？當然是耶和華賜下末世的祝福。換言之，我們再次看到「求告耶和華的名」與「求神實現應許」不可分割：

> 你們必歡歡喜喜而出來，平平安安蒙引
> 導；大山小山必在你們面前發聲歌唱，田
> 野的樹木也都拍掌。松樹長出，代替荊
> 棘，番石榴長出，代替蒺藜。這要為耶
> 和華留名，作為永遠的證據，不能剪除。
> （賽55:12–13）

這卷書結尾有幾處都呼應了這個觀點，與之前守望者受命要保持沉默形成了鮮明對比，守望者如今被鼓勵要不斷向耶和華發出呼籲，提醒他要履行他的聖約義務：

> 耶路撒冷啊，我在你城上設立守望的，他
> 們晝夜必不靜默，呼籲耶和華的，你們不

> 要歇息，也不要使他歇息，直等他建立
> 耶路撒冷，使耶路撒冷在地上成為可讚美
> 的。（賽62:6–7）[7]

《以賽亞書》六十三章15節至六十四章12節是這卷書中篇幅最長的禱告。與《申命記》三十章非常相似，此處設想了神的百姓在受審判被擄之後求告耶和華。在六十四章8節中，沉默最終被打破，有人果真開始呼喊耶和華的名字，懇求他讓時光倒流，回到他對亞伯拉罕、以撒、雅各的應許逐漸實現的日子。這段震動人心的禱告值得引用全文如下：

> 求你從天上垂顧，從你聖潔榮耀的居所
> 觀看。你的熱心和你大能的作為在哪裏
> 呢？你愛慕的心腸和憐憫向我們止住了。
> 亞伯拉罕雖然不認識我們，以色列也不承
> 認我們，你卻是我們的父。耶和華啊，你
> 是我們的父，從萬古以來，你名稱為我
> 們的救贖主。耶和華啊，你為何使我們
> 走差，離開你的道，使我們心裏剛硬不敬
> 畏你呢？求你為你僕人、為你產業支派
> 的緣故轉回來。你的聖民不過暫時得這產
> 業，我們的敵人已經踐踏你的聖所。我們

---

[7] 這幾節經文通常被看作禱告。見 Childs 2001，頁 512；Motyer 1999，頁 432。

好像你未曾治理的人,又像未曾得稱你名下的人。(賽63:15–19)

願你裂天而降,願山在你面前震動,好像火燒乾柴,又像火將水燒開,使你敵人知道你的名,使列國在你面前發顫。你曾行我們不能逆料、可畏的事。那時你降臨,山嶺在你面前震動。從古以來人未曾聽見、未曾耳聞、未曾眼見,在你以外有甚麼神為等候他的人行事。你迎接那歡喜行義、記念你道的人,你曾發怒,我們仍犯罪。這景況已久,我們還能得救嗎?我們都像不潔淨的人,所有的義都像污穢的衣服;我們都像葉子漸漸枯乾,我們的罪孽好像風把我們吹去,並且無人求告你的名,無人奮力抓住你;原來你掩面不顧我們,使我們因罪孽消化。耶和華啊,現在你仍是我們的父!我們是泥,你是窰匠,我們都是你手的工作。耶和華啊,求你不要大發震怒,也不要永遠記念罪孽。求你垂顧我們,我們都是你的百姓。你的聖邑變為曠野,錫安變為曠野,耶路撒冷成為荒場。我們聖潔華美的殿,就是我們列祖讚美你的所在,被火焚燒;我們所羨慕的美地盡都荒廢。耶和華啊,有這

些事，你還忍得住嗎？你仍靜默，使我
們深受苦難嗎？（賽64:1–12）

這個充滿悲情的訴求在本質上歸結了一件事：就是求神在審判之餘記念他的聖約，催促神在震怒中要記得憐憫。我們不能忽視這是神確曾應許要做的事實，這令《以賽亞書》中對禱告的教導成為整本舊約傳流之教導的中心。先知末了的話表明在那日的景況將大大不同：

他們尚未求告，我就應允；正說話的時候，我就垂聽。（賽65:24）

2.《耶利米書》

在《耶利米書》的前幾章，耶和華親自提出了一個與《以賽亞書》所強調的內容類似的問題——短期內神將不會垂聽百姓的禱告，因為他們執迷不悟地拜假神，拒絕悔改：

從今以後，你豈不向我呼叫說：「我父啊，你是我幼年的恩主。耶和華豈永遠懷怒，存留到底嗎？」看哪！你又發惡言、又行壞事，隨自己的私意而行。（耶3:4–5）

這裏的代名詞從第4節中的「你」變成了第5節中的「他」。（譯者注：中譯本將「他」直接譯為「耶

和華」），這表現出耶和華與百姓的關係變得疏遠了。他們的禱告不蒙垂聽，因為約的關係已經被他們持續的不順服、不悔改破壞了。儘管如此，在《耶利米書》中，禱告仍被解釋為呼求耶和華成就他的應許。

耶和華在三章 19–20 節的自我陳述證實了這一點。經文描繪以下的理想景況：

> 我說：「我怎樣將你安置在兒女之中，賜給你美地，就是萬國中肥美的產業。我又說，你們必稱我為父，也不再轉去不跟從我。以色列家，你們向我行詭詐，真像妻子行詭詐離開她丈夫一樣。這是耶和華說的。」（耶3:19–20）

隨著耶利米關於審判的信息不斷展開，我們越發明顯地看到神的百姓不再「求告耶和華的名」，繼而導致七章 16 節中可怕的命令：「所以，你不要為這百姓祈禱。不要為他們呼求禱告，也不要向我為他們祈求，因我不聽允你。」木已成舟，求神賜福已毫無用處，因為約的咒詛已經發動：

> 耶和華對我說：「在猶大人和耶路撒冷居民中有同謀背叛的事。他們轉去效法他們的先祖，不肯聽我的話，犯罪作孽，又隨從別神，侍奉他。以色列家和猶大家背了我與他們列祖所立的約。」所以耶和

> 華如此說:「我必使災禍臨到他們,是
> 他們不能逃脫的。他們必向我哀求,我
> 卻不聽。那時,猶大城邑的人和耶路撒
> 冷的居民,要去哀求他們燒香所供奉的
> 神,只是遭難的時候,這些神毫不拯救他
> 們。」(耶11:9–12)

至此,《耶利米書》發生了一個戲劇性的轉變。耶利米不再期望(在故土)誠心獻禱的日子臨到,而是悲情地與耶和華展開了激烈的辯論。耶利米在這辯論中的告白為我們提供了在整本聖經中關於禱告最豐富的資料。所謂的耶利米告白(其實嚴格來講,不能用「告白」來形容)井井有條地對猶大拒絕聽耶和華的話提出了有力的控訴。[8] 形式上它大致屬於「哀歌」的範疇,儘管它與哀歌還是有顯著的差異。[9] 對我們要研究的課題來說,這些「告白」(11:18–23; 12:1–6; 15:10–14, 15–21; 17:14–18; 18:18–23; 20:7–13, 14–18)可以為我們提供洞見,去理解合乎聖經的禱告當中所存在的張力。

戈登・麥康維爾(Gordon McConville)在其研究《耶利米書》的優秀著作——《審判與應許》(*Judgment and Promise*)一書中,做出了生動的評論:「耶利米的

---

[8] 見 Allen(2012,頁 431)的討論。
[9] 例如 Baumgartner(1987)的經典解說。

形象，尤其是這些告白中呈現出的形象……是極為複雜的。他要代表百姓，要代表耶和華，同時還是他自己。」[10] 這令經文中耶利米的禱告帶來了重大的複雜性，因此麥康維爾繼續評論：

> 比如在十四章9-22節裏，他代表百姓說話。他這樣做必然會提醒百姓根本沒有誠心禱告的失敗。因此，耶利米的話是對全體國民的一種批評，道出他們的命運。同時，這些話又是耶利米自己的由衷之言。他既是百姓的代表，他的禱告終究成為百姓的禱告，百姓單憑先知參與其中，也藉這禱告保住了禱告帶出的得救盼望。

這些禱告同時具備代表性、模範性與指責性。

雖然複雜，但從我們的研究課題來看，這些禱告的重點既明確又簡單：神百姓最關注的問題就是神是否履行他的應許，這也是先知和百姓禱告的正確主題。即使粗略地瀏覽耶利米的告白，也能一目了然。

在告白的第一部分，耶利米首先顧慮的是百姓出於拒絕耶和華的話而反對他，也因此反對耶和華（耶11:18-20）。

這顧慮一直延續到第二部分（12:1-6）。反對者雖

---

[10] McConville 1993，頁72。

然嘴上尊崇神的名（12:2），心卻遠離耶和華。審判已屬必然，當耶利米開始接受這個事實時，百姓的背叛就成了告白的重要內容：

> 耶和華啊，我與你爭辯的時候，你顯為義。但有一件，我還要與你理論：惡人的道路為何亨通呢？大行詭詐的為何得安逸呢？你栽培了他們，他們也紮了根，長大，而且結果。他們的口是與你相近，心卻與你遠離。耶和華啊，你曉得我，看見我，察驗我向你是怎樣的心。求你將他們拉出來，好像將宰的羊，叫他們等候殺戮的日子。這地悲哀，通國的青草枯乾，要到幾時呢？因其上居民的惡行，牲畜和飛鳥都滅絕了。他們曾說：「他看不見我們的結局」。耶和華說：「你若與步行的人同跑，尚且覺累，怎能與馬賽跑呢？你在平安之地，雖然安穩，在約旦河邊的叢林要怎樣行呢？因為連你弟兄和你父家都用奸詐待你，他們也在你後邊大聲喊叫。雖向你說好話，你也不要信他們。」（耶12:1–6）

第二組告白的前半部分（15:10–14）清楚地說明，耶利米心亂如麻是因為擔心神實現他的應許——他渴望

看到這地蒙神祝福，但卻只經歷到咒詛：

> 我的母親哪，我有禍了！因你生我作為遍地相爭相競的人。我素來沒有借貸與人，人也沒有借貸與我，人人卻都咒罵我……「我也必使仇敵帶這掠物到你所不認識的地去，因我怒中起的火要將你們焚燒。」
> （耶15:10，14）

接下來的禱告同樣非常激昂。先知預演了將來怎樣因領受耶和華的話而被同伴疏離，卻同時被神吸引親身經歷他：

> 耶和華啊，你是知道的，求你記念我，眷顧我，向逼迫我的人為我報仇，不要向他們忍怒取我的命，要知道我為你的緣故受了凌辱。耶和華萬軍之神啊，我得著你的言語，就當食物吃了，你的言語是我心中的歡喜快樂，因我是稱為你名下的人。我沒有坐在宴樂人的會中，也沒有歡樂，我因你的感動（原文作「手」）獨自靜坐，因你使我滿心憤恨。我的痛苦為何長久不止呢？我的傷痕為何無法醫治，不能痊癒呢？難道你待我有詭詐，像流乾的河道嗎？（耶15:15–18）

當耶利米嘗到「耶和華的痛苦」時，他自己的痛苦也是顯而易見的。他發現那些帶給他歡喜快樂的話語（必是關乎耶和華聖約應許的「福音之言」）竟遭百姓拒絕，從而招致審判與咒詛，[11] 故此在禱告中他抒發滿懷悲痛。耶利米的忠信令他成為自己的禱告和渴求的臨時答案，他所經歷到耶和華的拯救，卻是他的同胞斷然拒絕的拯救。

> 耶和華如此說：「你若歸回，我就將你再帶來，使你站在我面前；你若將寶貴的和下賤的分別出來，你就可以當作我的口。他們必歸向你，你卻不可歸向他們。我必使你向這百姓成為堅固的銅牆。他們必攻擊你，卻不能勝你，因我與你同在，要拯救你、搭救你。」這是耶和華說的。
> 「我必搭救你脫離惡人的手，救贖你脫離強暴人的手。」（耶15:19–21）

隨著告白繼續進行，耶利米開始呼求耶和華拯救他，並盼望耶和華的話應驗，不管神是拯救或是審判眾百姓：

---

[11] 耶利米的遭難、吶喊與耶和華應許之間的關係，帶我們進入聖經禱告的核心。禱告源自福音，這一觀念並不是要把深切的個人哭訴排除在禱告範疇之外，只是要把它們在「以福音為框架」的上下文中重新置放。

> 耶和華啊，求你醫治我，我便痊癒；拯救我，我便得救；因你是我所讚美的。他們對我說：「耶和華的話在哪裏呢？叫這話應驗吧！」至於我，那跟從你作牧人的職分，我並沒有急忙離棄，也沒有想那災殃的日子，這是你知道的。我口中所出的言語都在你面前。不要使我因你驚恐；當災禍的日子，你是我的避難所。願那些逼迫我的蒙羞，卻不要使我蒙羞；使他們驚惶，卻不要使我驚惶；使災禍的日子臨到他們，以加倍的毀壞毀壞他們。（耶 17:14–18）

《耶利米書》的禱告及耶利米本人的禱告中有一個顯著的特色，就是神的話具有雙重意義。這在先知書中早有體現（例如《以賽亞書》6 章 8–10 節），現在又成了先知耶利米禱告的主要特徵，這從十八章 18–23 節中耶利米越來越焦慮的情緒發洩上可見一斑。耶利米禱告中的張力逐漸增加，在二十章達到頂點。先知用高度情緒化的言語，首先抱怨耶和華操控與利用自己，然後才重申他相信耶和華既有能力施行審判，也有能力施行最終的拯救，從而成就他先前說過的話——他曾經應許先有咒詛，後有祝福：

> 耶和華啊，你曾勸導（譯者注：新譯本譯為「愚弄」）我，我也聽了你的勸導，

> 你比我有力量,且勝了我;我終日成為笑話,人人都戲弄我。我每逢講論的時候,就發出哀聲,我喊叫說,有強暴和毀滅!因為耶和華的話終日成了我的凌辱、譏刺。我若說:「我不再提耶和華,也不再奉他的名講論」,我便心裏覺得似乎有燒著的火閉塞在我骨中,我就含忍不住,不能自禁。我聽見了許多人的讒謗,四圍都是驚嚇,就是我知己的朋友也都窺探我,願我跌倒,說:「告他吧!我們也要告他!或者他被引誘,我們就能勝他,在他身上報仇。」然而耶和華與我同在,好像甚可怕的勇士。因此,逼迫我的必都絆跌,不能得勝;他們必大大蒙羞,就是受永不忘記的羞辱,因為他們行事沒有智慧。試驗義人、察看人肺腑心腸的萬軍之耶和華啊,求你容我見你在他們身上報仇,因我將我的案件向你稟明了。你們要向耶和華唱歌,讚美耶和華!因他救了窮人的性命脫離惡人的手。(耶20:7-13)

此時,最後一部分的告白出人意料地急轉直下,為解經家帶來了各種各樣的問題。有些解經家認為耶利米已經精神失常,有些認為他只是有點自相矛盾,各種

說法不一而足。[12] 然而，我們發現，將二十章 14–18 節這個暗晦的部分置於整個告白系列的高潮，就有一個完全可理解的修辭效果 —— 它讓讀者領會到，以色列在短期內既無解救，也無盼望。百姓將要面對約的咒詛，他們的先知耶利米也將與他們一同遭難。正如先知所說，在他身上體現了真實的審判：

> 願我生的那日受咒詛！願我母親產我的那日不蒙福！給我父親報信說：「你得了兒子」，使我父親甚歡喜的，願那人受咒詛！願那人像耶和華所傾覆而不後悔的城邑；願他早晨聽見哀聲，晌午聽見吶喊。因他在我未出胎的時候不殺我，使我母親成了我的墳墓，胎就時常重大。我為何出胎見勞碌愁苦，使我的年日因羞愧消滅呢？（耶20:14–18）

耶利米的禱告揭示了先知在他的生活與經歷中深沉的個人掙扎，也反映出猶大民族的掙扎。支撐他禱告的是一個頓悟，就是在短期之內，呼求耶和華只會

---

[12] Brueggemann（1998，頁 185）認為「也許他性格極不穩定。他的同輩人無疑是這樣認為的。」但是他隨即承認「從詩歌本身我們無從進行任何心理分析」。Harrison（1973，頁 116）把耶利米描述為一個「敏感」的人，他因自己的預言長期未得成就而感到尷尬，又被人們的嘲笑所「激怒」。J. A. Thompson（1980，頁 458）也說耶利米天性敏感。

證明他審判的計劃。祈求祝福重新再臨得蒙應允的盼望遠在被擄的咒詛之後。那麼在此期間呢？先知孤獨的禱告聲音暴露耶和華內心的傷痛，同時也發出一個真正具先知性的音符，這音符只會在審判過後的救贖中才逐漸增強。十四章 19–22 節的禱告就隱含了這個觀點，這段禱告雖然沒有被正式歸入告白之列，卻讓我們看到這卷書的核心信息：

> 你全然棄掉猶大嗎？你心厭惡錫安嗎？為何擊打我們，以致無法醫治呢？我們指望平安，卻得不著好處；指望痊癒，不料，受了驚惶。耶和華啊，我們承認自己的罪惡，和我們列祖的罪孽，因我們得罪了你。求你為你名的緣故，不厭惡我們，不辱沒你榮耀的寶座；求你追念，不要背了與我們所立的約。外邦人虛無的神中，有能降雨的嗎？天能自降甘霖嗎？耶和華我們的神啊，能如此的不是你嗎？所以我們仍要等候你，因為這一切都是你所造的。（耶14:19–22）

接下來，《耶利米書》對禱告的關注逐漸減少，卻並沒有完全消失。在三十二章中，耶利米購置田地這個舉動，將告白的信息具體表現出來，並把這信息帶回舞臺的中心：

我將買契交給尼利亞的兒子巴錄以後，便禱告耶和華說：主耶和華啊，你曾用大能和伸出來的膀臂創造天地，在你沒有難成的事。你施慈愛與千萬人，又將父親的罪孽報應在他後世子孫的懷中，是至大全能的神，萬軍之耶和華是你的名。謀事有大略，行事有大能，注目觀看世人一切的舉動，為要照各人所行的和他做事的結果報應他。在埃及地顯神蹟奇事，直到今日在以色列和別人中間也是如此，使自己得了名聲，正如今日一樣。用神蹟奇事和大能的手並伸出來的膀臂與大可畏的事，領你的百姓以色列出了埃及。將這地賜給他們，就是你向他們列祖起誓應許賜給他們流奶與蜜之地。他們進入這地得了為業，卻不聽從你的話，也不遵行你的律法。你一切所吩咐他們行的，他們一無所行，因此你使這一切的災禍臨到他們。「看哪！敵人已經來到，築壘要攻取這城；城也因刀劍、饑荒、瘟疫交在攻城的迦勒底人手中。你所說的話都成就了，你也看見了。主耶和華啊，你對我說：『要用銀子為自己買那塊地，又請見證人。』其實這城已交在迦勒底人的手中了。」（耶32:16–25）

這段禱告裏沒有提出任何直接的請求，這很有意思。相反地，耶利米與耶和華對話時，顯然在思考神為何賜下這個命令。他漸漸明白，購買土地的命令暗含著耶和華的承諾：從長遠來說，他必兌現向亞伯拉罕的應許。在先知心裏，禱告似乎與神實現他承諾的聖約錯綜複雜地連接，而在這卷書最後的一部分再次強調了這關連。

在《耶利米書》四十二章中，剩下的百姓終於來找先知，要求聆聽神的話：

> 眾軍長和加利亞的兒子約哈難，並何沙雅的兒子耶撒尼亞以及眾百姓，從最小的到至大的都進前來，對先知耶利米說：「求你准我們在你面前祈求，為我們這剩下的人禱告耶和華你的神。我們本來眾多，現在剩下的極少，這是你親眼所見的。願耶和華你的神指示我們所當走的路，所當做的事。」先知耶利米對他們說：「我已經聽見你們了，我必照著你們的話禱告耶和華你們的神。耶和華無論回答甚麼，我必都告訴你們，毫不隱瞞。」於是他們對耶利米說：「我們若不照耶和華你的神差遣你來說的一切話行，願耶和華在我們中間作真實誠信的見證。我們現在請你到耶和華我們的神面前，他說的無論是好是歹，我們都必聽從！我們聽從耶和華我們神的話，就可以得福。」（耶42:1–6）

不同尋常地，這一次百姓和先知都將禱告與尋求耶和華的指引聯繫起來。然而，此處並不只是用某種特殊的禱告來替代烏陵與土明。這個尋求指引的禱告出現在救贖歷史的特殊時刻——神的審判即將來臨，對百姓來說已到了「下決心」的時候。神的命令十分清楚：他們應該去巴比倫。但百姓卻拒絕了神的命令而轉去埃及，即使是耶利米這位活出神的話、也靠神的話而活的先知，也只能在百姓的叛逆中與他們同去。

作為神最熱心的發言人，耶利米的禱告在《耶利米書》中佔相當大的篇幅。在《以賽亞書》中，神命令百姓不要禱告，因為他們的禱告只是講虛偽的話。但先知耶利米卻不住禱告。他為著耶和華定意咒詛百姓這決定而禱告，為他在咒詛過後仍會祝福百姓的應許而禱告。他為購置土地的事情禱告，為耶和華的百姓何去何從而禱告。耶利米的禱告總是圍繞、隨從著至高神的計劃而發出。

3.《耶利米書》的姊妹篇：《耶利米哀歌》中的禱告

假設先知耶利米與《耶利米哀歌》有關，那麼在這處、而不留到下一章在聖卷（the Writings）中才討論這卷書就比較順理成章。[13]

---

[13] 有關這兩卷書的作者或《耶利米書》對《耶利米哀歌》的影響，請參考 Parry 2010，頁 3–5 等相關資料。

如書名所示，這卷書是由一系列「哀歌」構成。不過，令我們特別感興趣的，是書中對耶和華直接說話（禱告）的部分。這些內容大量地出現在經文當中，比如，我們讀到：

> 耶和華啊，求你觀看，因為我在急難中！我心腸擾亂，我心在我裏面翻轉，因我大大悖逆。在外刀劍使人喪子；在家猶如死亡。聽見我歎息的有人；安慰我的卻無人！我的仇敵都聽見我所遭的患難；因你做這事，他們都喜樂。你必使你報告的日子來到，他們就像我一樣。願他們的惡行都呈在你面前；你怎樣因我的一切罪過待我，求你照樣待他們，因我歎息甚多，心中發昏。（哀1:20–22）

與耶利米相似，此處的作者作為神百姓的代表，既要面對過去的背叛及其招致的審判，也要呼求神的公義（更準確地說，是求神懲罰那些毀滅猶大的巴比倫人）。

這一類「求告耶和華之名」的禱告繼續出現在第二章，我們在此看到被征服的殘酷經歷使百姓發出哀號：

> 耶和華啊，求你觀看，見你向誰這樣行？婦人豈可吃自己所生育手裏所搖弄的嬰孩嗎？祭司和先知豈可在主的聖所中被殺戮

嗎?少年人和老年人都在街上躺臥,我的處女和壯丁都倒在刀下。你發怒的日子殺死他們。你殺了,並不顧惜。你招聚四圍驚嚇我的,像在大會的日子招聚人一樣。耶和華發怒的日子,無人逃脫,無人存留。我所搖弄所養育的嬰孩,仇敵都殺淨了。(哀2:20–22)

禱告並沒有說他們遭此命運是不公平的,甚至沒有說耶和華應該出手相助。當神的百姓試圖接受神似乎已向他們翻臉的事實時,所感受的是無盡的痛苦:

> 我們當深深考察自己的行為,再歸向耶和華。我們當誠心向天上的神舉手禱告。我們犯罪背逆,你並不赦免。你自被怒氣遮蔽,追趕我們,你施行殺戮,並不顧惜。你以黑雲遮蔽自己,以致禱告不得透入。你使我們在萬民中成為污穢和渣滓。我們的仇敵都向我們大大張口。恐懼和陷坑,殘害和毀滅,都臨近我們。因我眾民遭的毀滅,我就眼淚下流如河。(哀3:40–48)

然而,隨著哀歌繼續,作者對神直接講話的聲調起了轉變。一種健康的自我反省取代流放帶來的本能恐懼,然後重新呼求公義,最終甚至呼求神在流放之後拯救他的百姓:

> 耶和華啊，我從深牢中求告你的名。你曾聽見我的聲音，我求你解救，你不要掩耳不聽。我求告你的日子，你臨近我說：「不要懼怕！」主啊，你伸明了我的冤，你救贖了我的命。耶和華啊，你見了我受的委屈，求你為我伸冤。他們仇恨我，謀害我，你都看見了。耶和華啊，你聽見他們辱罵我的話，知道他們向我所設的計，並那些起來攻擊我的人口中所說的話，以及終日向我所設的計謀。求你觀看，他們坐下、起來，都以我為歌曲。耶和華啊，你要按著他們手所做的，向他們施行報應。你要使他們心裏剛硬，使你的咒詛臨到他們。你要發怒追趕他們，從耶和華的天下除滅他們。（哀3:55–66）

《耶利米哀歌》最後一章與《耶利米書》十四章十分相似，經文中結合了上面提到的所有元素。禱告反映出百姓所面對的現實——他們受到審判，但是，他們求告耶和華的名，求他翻轉他們的命運，帶他們走出咒詛、進入祝福，並再次成就古時的應許：

> 耶和華啊，求你記念我們所遭遇的事，觀看我們所受的凌辱。我們的產業歸與外邦人；我們的房屋歸與外路人。我們是無

父的孤兒,我們的母親好像寡婦。我們出錢才得水喝,我們的柴是人賣給我們的。追趕我們的,到了我們的頸項上,我們疲乏不得歇息。我們投降埃及人和亞述人,為要得糧吃飽。我們列祖犯罪,而今不在了,我們擔當他們的罪孽。奴僕轄制我們,無人救我們脫離他們的手。因為曠野的刀劍,我們冒著險才得糧食。因饑餓燥熱,我們的皮膚就黑如爐。敵人在錫安玷污婦人,在猶大的城邑玷污處女。他們吊起首領的手,也不尊敬老人的面。少年人扛磨石,孩童背木柴,都絆跌了。老年人在城門口斷絕,少年人不再作樂。我們心中的快樂止息,跳舞變為悲哀。冠冕從我們的頭上落下,我們犯罪了,我們有禍了!這些事我們心裏發昏,我們的眼睛昏花。錫安山荒涼,野狗行在其上。耶和華啊,你存到永遠,你的寶座存到萬代。你為何永遠忘記我們?為何許久離棄我們?耶和華啊,求你使我們向你回轉,我們便得回轉;求你復新我們的日子,像古時一樣。你竟全然棄絕我們,向我們大發烈怒。(哀5:1–22)

因為主耶和華仍然掌權，故此他的計劃絲毫沒變改，他的百姓仍然可以懷著盼望來求告他。這就是《耶利米書》與《耶利米哀歌》最終的信息。

4.《以西結書》

《耶利米書》的禱告範例不勝枚舉，《以西結書》卻望塵莫及，這成為鮮明的對比。原因也許很簡單：以西結的預言大體上是為了安慰流亡的百姓、指出猶大仍有希望。換言之，這卷書的寫作目的是讓流亡者有禱告的理由，多過鼓勵他們去禱告。雖然書中沒有編纂禱文，但細讀以西結的預言，足以令流亡者不期然地以禱告回應。

即便如此，我們仍注意到以西結本人四段的禱告都涉及救贖歷史中的關鍵問題：

> 我說：「哎！主耶和華啊，我素來未曾被玷污，從幼年到如今沒有吃過自死的，或被野獸撕裂的，那可憎的肉也未曾入我的口。」（結4:14）

> 他們擊殺的時候，我被留下。我就俯伏在地說：「哎！主耶和華啊，你將忿怒傾在耶路撒冷，豈要將以色列所剩下的人都滅絕嗎？」（結9:8）

> 我正說預言的時候，比拿雅的兒子毗拉提死了。於是我俯伏在地，大聲呼叫說：

> 「哎！主耶和華啊，你要將以色列剩下的人滅絕淨盡嗎？」（結11:13）
>
> 於是我說：「哎！主耶和華啊，人都指著我說：『他豈不是說比喻的嗎？』」（結20:49）

當然，應該指出的是，這些禱告都是自然而發，沒有甚麼證據表明它們曾經過精心的安排與設計。然而，同樣清楚的是，這些禱告都談及並表達猶大在被擄流放中所經歷的憂愁。

第一段禱告（4:14）是祭司以西結的抗議，因他在執行先知使命的過程中，神讓他自我玷污。要透過以西結的演示，迫使百姓面對被擄流放的事實，並學會以敬虔的方式處理這件事。這顯然是一個高度敏感的問題，因它關乎聖約、聖潔與揀選。第二段禱告（9:8）是由耶和華令人震驚的宣告引起的。這一次，神似乎允許他的百姓被消滅，甚至連少數餘民也不存留下來以支撐他選民心中正迅速消逝的希望。第三段禱告（11:13）與第二段禱告相似，但這一次是因以西結在流亡百姓中的佈道引起了軒然大波，影響久遠。最後一段禱告（20:49）是因為以西結所遭遇的與以前的先知一樣，雖然他清楚地宣告神的話語，卻沒有人願意聽，於是他禱告。每一次先知的禱告都是由令人震驚的宣告或事件引起的，這不禁使人擔心神的百姓已走投無路。

以西結的使命之一就是將福音帶給神的百姓，告訴他們真相並非眼前所見的黯淡。實際上，以西結的職責不是要（像耶利米和以賽亞那樣）關上禱告的門，而是要振興禱告：

> 主耶和華如此說：我要加增以色列家的人數，多如羊群。他們必為這事向我求問，我要給他們成就。耶路撒冷在守節作祭物所獻的羊群怎樣多，照樣，荒涼的城邑必被人群充滿。他們就知道我是耶和華。（結36:37–38）

縱覽大先知書中的禱告，我們對「舊約的禱告在實質上就是求耶和華成就他的應許」增加了另一層認識。以賽亞與耶利米用微妙而複雜的方式發展這個概念，力圖讓神的百姓明白咒詛與祝福、審判與救贖之間的關係，同時勉勵他們繼續求告耶和華的名，在艱難的處境中持守盼望。以西結則更進一步，在經歷被擄流亡的創傷之後，他重新打開與神對話的門，勉勵神的百姓再次求告耶和華的名。

短篇禱告與小先知書

自 1990 年保羅·豪斯（Paul House）出版了具有劃時代意義的《十二小先知書的統一性》（The Unity of the Twelve）之後，越來越多的人將十二小先知書看成

一個整體,作同步性閱讀。雖然學術界對小先知書「合集」在編輯上的統一程度尚無定論,但可以肯定的是,這十二卷書在主題上確實存在重要的連絡。[14] 為本書研究之便,我們假設小先知書之間的確存在實質性關聯,並且肯定豪斯最初的觀察是準確的,即是說這一合集中包含一個「從警告到審判、再到盼望」的運動過程。[15]

在《以賽亞書》、《耶利米書》與《以西結書》中,禱告之門最初被關閉,重新調整之後又再次開放。考慮到這幾卷書中對禱告的觀點,我們可能會期待在十二小先知書中找到類似的模式。事實的確如此。

1. 禱告結束了嗎?

《何西阿書》、《阿摩司書》和《彌迦書》是被擄之前三卷篇幅較長的小先知書,它們的模式與同時代大先知書的極其相似。

在《何西阿書》中,除了八章 2 節有一個絕望、

---

[14] 參看豪斯本人最近在聖經研究學會 2014 年大會(Institute of Biblical Research Conference 2014)上發表的調查報告「《十二小先知書的統一性》出版二十五年後: 同步閱讀十二小先知書」(「*The Unity of the Twelve*: Twenty Five Years Later: Synchronic Readings of the Book of the Twelve」,未出版)。

[15] 學者們對豪斯最初的論文已進行了大量的探討、批判與修正,但他的基本觀點從本質上說仍是十分準確的。對這方面的深入探討參見 Cumerford 2015。

自我辯護的呼求之外，基本上沒有其它的禱告。很明顯，這個禱告也未蒙耶和華垂聽：

> 你用口吹角吧！敵人如鷹來攻打耶和華的家，因為這民違背我的約，干犯我的律法。他們必呼叫我說：「我的神啊！我們以色列認識你了！」以色列丟棄良善，仇敵必追逼他。（何8:1-3）

這與《以賽亞書》與《耶利米書》中越來越糟糕以致被擄流放的情景完全相符。神的百姓有時在恐慌中為了自保而「呼求神」，其實他們既不認識神，也不侍奉神，故此神閉耳不聽他們的禱告。

先知何西阿在其個人生活中，體會到耶和華所遭遇百姓對他的背叛；阿摩司則比較像耶利米，他是在與神的對話中直接為百姓求赦免。與《何西阿書》一樣，《阿摩司書》裏也幾乎沒有禱告，只有七章2-9節十分引人注目。在這一段經文中，先知祈求耶和華的情況與《創世記》十八章中亞伯拉罕的情況很相似，只不過阿摩司不是為異教之城代求，而是為神的百姓代求。以色列即將面臨審判，阿摩司不願此事發生，這一段經文把我們帶入阿摩司的異象：

> 我就說：「主耶和華啊，求你赦免！因為雅各微弱，他怎能站立得住呢？」耶和華就後悔說：「這災可以免了。」

> 主耶和華又指示我一件事:他命火來懲罰以色列,火就吞滅深淵,險些將地燒滅。我就說:「主耶和華啊,求你止息!因為雅各微弱,他怎能站立得住呢?」耶和華就後悔說:「這災也可免了」。
>
> 他又指示我一件事:有一道牆是按準繩建築的,主手拿準繩站在其上。耶和華對我說:「阿摩司啊,你看見甚麼?」我說:「看見準繩。」主說:「我要吊起準繩在我民以色列中,我必不再寬恕他們。以撒的邱壇必然淒涼,以色列的聖所必然荒廢。我必興起,用刀攻擊耶羅波安的家。」(摩7:2–9)

阿摩司為著要接受審判這現實心緒受創,這與幾個世紀之後的耶利米是一樣的。

有趣的是,彌迦的經歷和表現有所不同。《彌迦書》在結尾之前,一直都沒有提及向耶和華祈求或任何形式的禱告。然而在最後一段,彌迦卻預言有一天沉默終會打破,百姓(首先以先知的名義)將要再次求告耶和華,並且神必成就他賜給先祖的應許,讓百姓經歷醫治,得蒙赦免:

> 神啊,有何神像你,赦免罪孽,饒恕你產業之餘民的罪過,不永遠懷怒,喜愛施

> 恩?必再憐憫我們,將我們的罪孽踏在腳
> 下,又將我們的一切罪投於深海。你必按
> 古時起誓應許我們列祖的話,向雅各發誠
> 實,向亞伯拉罕施慈愛。(彌7:18–20)

談完《彌迦書》,我們就必須談談篇幅較短的《約珥書》。眾所周知,《約珥書》的起源難以確定,[16] 我個人認為它很可能是寫於被擄流放之前,為本書研究之便,就權且以此為準,這對禱告的理解影響不大。

《約珥書》包含兩個禱告:第一個(1:19–20)是在遭受毀滅後先知自己作的禱告,此後他就發出了預言;第二個(2:17)是規定祭司要作的禱告。這兩個禱告都表明一個主題:神百姓目前的經歷與神的應許之間存在明顯的差距。

> 耶和華啊,我向你求告,因為火燒滅曠野
> 的草場,火焰燒盡田野的樹木。田野的走
> 獸向你發喘,因為溪水乾涸,火也燒滅曠
> 野的草場。(珥1:19–20)

> 侍奉耶和華的祭司,要在廊子和祭壇中間
> 哭泣說:「耶和華啊,求你顧惜你的百
> 姓,不要使你的產業受羞辱,列邦管轄他

---

[16] 參見 Garrett(2012,頁449)與 Dillard(1992,頁239)等人的評論。

們。為何容列國的人說：『他們的神在哪裏呢？』」（珥2:17）

為何先知會如此禱告？為何祭司要如此禱告？因為禱告的實質就是求耶和華持守應許，而他們經歷的現實卻是耶和華食言了。面對他們的禱告，耶和華既不垂聽也不回應。但是，繼續往下讀，我們就會發現約珥與被擄前的先知持有同樣的觀點：禱告的期限已過，神的百姓唯一能夠做的就是回到神的面前，盼望神回心轉意，再施憐憫（例如 2:12）。

然而，即使此處審判的音調聽起來又長又明確，它仍然帶著一個強調，那就是審判過後會有一個新的日子，那時人們會再次求告耶和華的名而得拯救：

> 在天上地下，我要顯出奇事，有血、有火、有煙柱。日頭要變為黑暗，月亮要變為血，這都在耶和華大而可畏的日子未到以前。到那時候，凡求告耶和華名的就必得救；因為照耶和華所說的，在錫安山，耶路撒冷必有逃脫的人，在剩下的人中，必有耶和華所召的。（珥2:30–32）

至此我必須承認，在十二小先知書中，有三卷極少或根本沒有提及禱告。當然，其中兩卷是寫給神子民的敵人的。俄巴底亞宣告以東將受審判，那鴻抨擊亞述，這都無需百姓做出甚麼回應，這些國家也沒有甚麼可

對耶和華說的（儘管約拿為此跟神做過討論，見下文）。他們任意欺壓耶和華的百姓，如今要為此付上代價。但問題是，這對我們所探討的主題 —— 神百姓的禱告有甚麼影響嗎？

豪斯等人認為十二小先知書的排序與「信息」有某種一致性，若他們說的屬實，那麼這幾卷書被收錄在合集的核心部分，在一定程度上很可能反映了猶大民族自己在被擄流放中所經歷的情況 —— 面對耶和華的命令與審判，他們沒有答案，也無話可說。實質上他們已經淪落到與「列國」無異。

《哈該書》的情況略有不同。這卷書篇幅短小，主題也與禱告關係不大，因此對我們的討論可能沒有甚麼貢獻。從另一方面看，它可能是另一個例子，表明神的百姓迫切需要發出禱告的聲音，再次求告耶和華的名。隨著我們繼續研讀十二小先知書，這個主題將變得越發明顯，這也許有點出人意料。

2. 禱告的恢復

多年來，在所有小先知書中，教會與學術界關注最多的莫過於《約拿書》。然而，《約拿書》對教導禱告的貢獻卻常被人忽略。另外，在十二小先知書中，《約拿書》離奇而具有開放性的結尾，最有力地向讀者展示了「恢復禱告」的可能性。

就禱告這個話題而言，《約拿書》最重要的特徵

就是不斷求告耶和華的名。只要粗略地翻閱第一章與第三章，我們便可明顯看出這一點：

> 水手便懼怕，各人哀求自己的神。他們將船上的貨物拋在海中，為要使船輕些。約拿已下到底艙躺臥沉睡。船主到他那裏對他說：「你這沉睡的人哪，為何這樣呢？起來，求告你的神，或者神顧念我們，使我們不至滅亡。」……他們便求告耶和華說：「耶和華啊，我們懇求你，不要因這人的性命使我們死亡，不要使流無辜血的罪歸與我們，因為你耶和華是隨自己的意旨行事。」（拿1:5–6，14）

> 耶和華的話二次臨到約拿說：「你起來！往尼尼微大城去，向其中的居民**宣告**我所吩咐你的話。」約拿便照耶和華的話起來，往尼尼微去。這尼尼微是極大的城，有三日的路程。約拿進城走了一日，**宣告說**：「再等四十日，尼尼微必傾覆了！」尼尼微人信服神，便**宣告**禁食，從最大的到至小的都穿麻衣。這信息傳到尼尼微王的耳中，他就下了寶座，脫下朝服，披上麻布，坐在灰中。他又使人遍告尼尼微通城說：「王和大臣有令，人不可

> 嘗甚麼，牲畜、牛羊不可吃草，也不可喝水。人與牲畜都當披上麻布，**人要切切求告神**。各人回頭離開所行的惡道，丟棄手中的強暴。或者神轉意後悔，不發烈怒，使我們不至滅亡，也未可知。」於是神察看他們的行為，見他們離開惡道，他就後悔，不把所說的災禍降與他們了。（拿3:1–10）

那些外邦水手最初是哀求自己的神，但當他們發現風暴是出於約拿的神之後，便迅速地向耶和華發出懇求。他們的禱告顯示出對神靈的高度敏感性。與約拿的國人不同，[17] 這些水手相信耶和華的力量、主權和拯救的能力。

同樣，當約拿（可能是踴躍地）遵照耶和華的命令，在三章4節向尼尼微人「宣告」神的審判時，這些亞述人竟然出乎意料地回應。他們「宣告禁食」，「切切求告」約拿的神！[18] 神正在使用各類異教徒來教導自

---

[17] 假設這裏的先知約拿與《列王紀下》14章25節中提到的約拿是同一個人。若確實如此，那麼不管你是否贊同我對這個故事的歷史真實性的看法，有一點都是成立的：在經文描述的約拿時代，神的百姓總體上顯然沒有求告耶和華的名。

[18] 此處有一些用詞上的變化。第1章中描述水手求告的詞是 $z'q$，但第3章中描述尼尼微人求告的詞是 qr'。因為這些詞屬於同一語義範圍，所以最好將此變化單純理解為追求文學效果。

己的先知，自己的百姓，重新來禱告。耶和華正在邀請他的百姓來求告他的名。

這卷書中還有一個特點，促使我們必須往這個方向解讀經文，那就是約拿對耶和華說話的方式：

> 約拿在魚腹中**禱告耶和華**他的神，說：「我遭遇患難**求告耶和華**，你就應允我；從陰間的深處呼求，你就俯聽我的聲音。」（拿2:1–2）

> 這事約拿大大不悅，且甚發怒，**就禱告耶和華**說：「耶和華啊，我在本國的時候豈不是這樣說嗎？我知道你是有恩典、有憐憫的神，不輕易發怒，有豐盛的慈愛，並且後悔不降所說的災，所以我急速逃往他施去。耶和華啊，現在求你取我的命吧！因為我死了比活著還好。」（拿4:1–3）

有別於外邦水手和亞述人，約拿「禱告」（*pll*）。不過，我認為約拿在第二章中對耶和華說的話，從技巧到神學立場雖然無懈可擊，卻正正暴露出他已經許久沒有禱告。而在第四章約拿不再顧及神學的適當性，暴露了在他內心、以及在百姓心中的種種問題。

約拿的禱告背後意味深長、卻常被忽視，因此值得我們仔細研究一下。通常是從字面上理解約拿的情況，認為他是在魚腹裏恢復了理智，但我強烈認為情

況剛剛相反。事實上，魚腹中那個正統的禱告正正揭示出他的問題有多嚴重！ [19]

> 約拿在魚腹中禱告耶和華他的神，說：「我遭遇患難求告耶和華，你就應允我；從陰間的深處呼求，你就俯聽我的聲音。」
> （拿2:1–2）

故事發展至此，並無跡象表明約拿有任何「求告耶和華」的意願，這是經文令人困惑的地方。事實上，在之前的故事中，他曾**拒絕**求告神。當然，這可能表明先知已經恢復理智，此時正誠懇地求告神；但這個禱告的時態很奇怪， [20] 約拿話裏的聲調更不對勁，至少應該引起讀者的質疑。約拿繼續「禱告」下去，這張力就越發明顯：

> 你將我投下深淵，就是海的深處；大水環繞我，你的波浪洪濤都漫過我身。我說：「我從你眼前雖被驅逐，我仍要仰望你的聖殿。」（拿2:3–4）

---

[19] Jenson（2008，頁58）也持類似的觀點，他指出「如果約拿真正順服神的旨意，就應該認罪。但他並沒有任何認罪的舉動，這說明他的行為（如正統禱告）與意願之間是分裂的。正因為這種矛盾，神才會在第4章中試圖說服約拿。」

[20] 理論上我們有可能認為約拿的話是指他正在做的事（給出理由），或認為這幾句「詩」是事後寫了插進去的，只是寫的時候換了個角度。但更有可能的情況是，約拿虔誠地宣揚自己不曾做過的事。

此處的詩句似乎變成了「後末世時代反烏托邦式」的青少年小說。雖然從神學來說，耶和華把他投下深淵的說法可能是準確的，但這充其量不過是故事的一部分。而宣稱「我從你眼前被驅逐」，卻離事實太遠。經文並沒有承認約拿是因為不服從而逃避神，他也絲毫沒暗示自己在船上拒絕與「他的」神接觸。相反地，我們看到的是他（誠然是可怕）的經歷非常旋律化的描述（2:5–6），又略帶神秘地提及「聖殿」。我認為，若要充分解釋這段禱告，必須好好處理這個令人費解的文本特徵（此特徵也出現在第 7 節中）。

約拿在此提到耶路撒冷的聖殿，很可能是為了強調他對耶和華所持的強烈民族主義並沒改變。諷刺的是，約拿正是為了**躲避這位聖殿的神**而離開約帕，卻依然兩次表達了這樣的一個事實：就是對他來說，耶和華與他的國都耶路撒冷之間存著密不可分的聯繫。約拿在第 8 節中「反崇拜偶像」的陳述與第 9 節中自詡（且具律法主義）的話亦隨即證明了這一點。

> 我心在我裏面發昏的時候，我就想念耶和華。我的禱告進入你的聖殿，達到你的面前。那信奉虛無之神的人，離棄憐愛他們的主；但我必用感謝的聲音獻祭與你。我所許的願，我必償還。救恩出於耶和華。
>
> （拿2:7–9）

從這卷書本身的背景去理解，儘管約拿口號叫得很響，這部分的禱告實際上有嚴重的問題。例如，在之前的幾節經文中，**正是那些信奉虛無偶像的外邦水手表現出屬靈的洞見、真實的虔誠、並對耶和華所存的敬畏，以致作出真正的禱告**。然而，約拿雖然知道「如何」禱告，有完全正統的「聖殿神學」，並清楚掌握「救恩出於耶和華」的事實，但他的禱告沒有悔改之意、也未見信心的流露，到底他是否真實地求告耶和華的名都成問題。克里斯托弗‧塞茨（Christopher Seitz）曾說：「禱告就是呼喊神的名、向他說話。而呼喊神的名字就要毫無保留地面對真實的神，而且記得呼叫的是那位聖潔並忌邪的神。」[21] 約拿卻仿彿沒有意識到這一點。

最後一章中約拿的言辭及其涵義都證明了這點。前面我們已提過在四章 1–2 節裏，我們看見有兩件奇怪的事並列在一起：

> 這事約拿大大不悅，且甚發怒，就禱告耶和華說：「耶和華啊，我在本國的時候豈不是這樣說嗎？我知道你是有恩典、有憐憫的神，不輕易發怒，有豐盛的慈愛，並且後悔不降所說的災，所以我急速逃往他施去。」

---

[21] Seitz 2001，頁 13。

先知自己得了憐憫，卻似乎不願意別人也得憐憫。他生氣這件事再一次說明（如同第 2 章），雖然他是在向神說話，卻離開「求告耶和華的名」有一大段距離。約拿甚至引用耶和華經典的聖約宣告來**反對耶和華**，並且極無理地要求這位充滿恩典與憐憫、不願降災的神取走他的性命！

因此，約拿是個不能、也不願意禱告的先知，他成了百姓的完美代表。這也解釋了為何這卷書如此完結。結尾處，耶和華邀請約拿重新與他對話，甚至可能是邀請他重新開始禱告，第一次、真正地求告他的名，但約拿卻沒有再說些甚麼。我們有理由相信，「邀請神的百姓重新開始禱告」至少是這部重要書卷的寫作目的之一。

不出所料，這種邀請在十二小先知書的其它幾個地方 —— 尤其是在《哈巴谷書》中 —— 得到呼應。

《哈巴谷書》的內容常被解讀為一種神義論（theodicy），它也涉及了禱告未蒙垂聽的問題，這在書卷開篇就見端倪：

> 耶和華啊，我呼求你，你不應允，要到幾時呢？我因強暴哀求你，你還不拯救。
> （哈 1:2）

然而，正如我們已經看到，先知書強調神的百姓不再禱告（既是因為百姓沒有求告耶和華的名，也因為神

定意在傾出約的咒詛之前不再垂聽)。在這種情況下,很可能有另一種更有效的方法來回答哈巴谷的提問。

哈巴谷的提問並不是一個脫離所有歷史背景的抽象問題,而是一個在救贖歷史裏、特定的時刻中提出的具體問題。[22] 哈巴谷並非問:「神為何不應允我們?」而是問「神為何**此刻**不應允?」書中所給的答案再次重申我們之前反覆看到的一件事 —— 在審判結束之前,求告耶和華的名將於事無補,至少就眼前來說已經駟馬難追。

這件事很早就在經文中出現。國家正在逐步瓦解,雖然哈巴谷不斷「求告耶和華的名」,祈求神按先前立約的承諾採取行動,但卻無濟於事。他的第一段禱告(通常被稱為「訴怨」)展示了猶大的糟糕景況:

> 你為何使我看見罪孽?你為何看著奸惡而不理呢?毀滅和強暴在我面前,又起了爭端和相鬥的事。因此律法放鬆,公理也不顯明;惡人圍困義人,所以公理顯然顛倒。(哈1:3–4)

這種境況與先知根據神的應許所設想的境況大相徑庭。而耶和華的回應是甚麼呢?第一章 5–11 節中神

---

[22] 哈巴谷很可能與那鴻、西番雅、耶利米是同時代的人,於西元前七世紀在耶路撒冷發預言(見 Bruckner 2003,頁 300 等資料)。

的解釋非常簡單——哈巴谷的禱告不蒙垂聽，國家也繼續走向瓦解，因為神正在透過迦勒底人（巴比倫人）施行審判。哈巴谷繼續尋根究底（1:12–2:1）。這一次他的問題是，耶和華怎能使用如此殘忍的工具？耶和華立即駁斥這個指控，他保證壓迫者與受壓迫者將來都要面臨最終的審判。這就把我們帶到這卷書的中心與高潮——哈巴谷接下來的「禱告」（tĕpillâ）。也正是這段禱告印證了我們之前的觀點。

哈巴谷禱告的開頭就點出了關鍵問題：

> 耶和華啊，我聽見你的名聲就懼怕。耶和華啊，求你在這些年間復興你的作為，在這些年間顯明出來；在發怒的時候以憐憫為念。（哈3:2）

哈巴谷意識到，就神而言，「侍奉已被中斷」，現今是震怒的日子，祈求憐憫再沒意義。所以，第三章中哈巴谷的禱告發生了轉變：現在他只求耶和華「以憐憫為念」。哈巴谷實際上祈求神在將來有一天重新垂聽百姓的禱告。

借助舊約中的其它意象，[23] 哈巴谷生動地描繪了耶和華的審判與救贖行動。所不同的是，他現在能更理解大局。即使在審判之中，他也能看到救贖的目的（這一原則早在《出埃及記》中顯明）：

---

[23] Bruce 1993, 頁 890–891。

> 你出來要拯救你的百姓，拯救你的受膏
> 者，打破惡人家長的頭，露出他的腳，
> 直到頸項……你乘馬踐踏紅海，就是踐
> 踏洶湧的大水。（哈3:13，15）

此處的重點並不在於哈巴谷相信耶和華一定會應允禱告，而在於他對救贖歷史的進程有了新的理解。他明白到雖然現在不是耶和華應允百姓禱告的時候，但那一天終會來臨——他首先會審判那些壓迫者，然後實現他所有對末世的應許：

> 我聽見耶和華的聲音，身體戰兢，嘴唇
> 發顫，骨中朽爛；我在所立之處戰兢。
> 我只可安靜等候災難之日臨到，犯境之民
> 上來。雖然無花果樹不發旺，葡萄樹不結
> 果，橄欖樹也不效力，田地不出糧食，圈
> 中絕了羊，棚內也沒有牛；然而，我要因
> 耶和華歡欣，因救我的神喜樂。主耶和華
> 是我的力量！他使我的腳快如母鹿的蹄，
> 又使我穩行在高處。（哈3:16–19）

有如《約拿書》，《哈巴谷書》的信息是在於神的百姓已不再求告耶和華的名，而就算他們求，耶和華也不再應允兩者之間的密切、複雜關係。但更重要的是，這兩卷書都展望有一天耶和華的百姓將會重新呼求神，而神也會樂意回應他們的呼求。

《西番雅書》的信息也有同樣的思路。按先知西番雅所說，約西亞時期面臨雙重的問題——百姓不尋求耶和華，神也要他們肅靜：

> 與那些轉去不跟從耶和華的，和不尋求耶和華、也不訪問他的。你要在主耶和華面前靜默無聲，因為耶和華的日子快到。（番1:6–7）

而三章9節則解決了這個問題，耶和華親口承諾：

> 那時，我必使萬民用清潔的言語，好求告我耶和華的名，同心合意地侍奉我。（番3:9）

《撒迦利亞書》強有力的預言包含多個複雜的主題，雖然禱告不是核心主題，但同樣地看待禱告：神的百姓不再求告耶和華的名，耶和華也不再垂聽他的百姓。然而，將來必有一天，百姓將會禱告，而耶和華也將樂於應允他們：

> 使心硬如金鋼石，不聽律法和萬軍之耶和華用靈藉從前的先知所說的話。故此，萬軍之耶和華大發烈怒。萬軍之耶和華說：「我曾呼喚他們，他們不聽；將來他們呼求我，我也不聽！我必以旋風吹散他們到素不認識的萬國中。這樣，他們的地就荒

涼,甚至無人來往經過,因為他們使美好之地荒涼了。」(亞7:12–14)

「萬軍之耶和華如此說:將來必有列國的人和多城的居民來到。這城的居民必到那城說:『我們要快去懇求耶和華的恩,尋求萬軍之耶和華,我也要去。』必有列邦的人和強國的民來到耶路撒冷,尋求萬軍之耶和華,懇求耶和華的恩。萬軍之耶和華如此說:在那些日子,必有十個人從列國諸族中出來,拉住一個猶大人的衣襟說:『我們要與你們同去,因為我們聽見神與你們同在了。』」(亞8:20–23)

我要堅固猶大家,拯救約瑟家,要領他們歸回。我要憐恤他們,他們必像未曾棄絕的一樣。都因我是耶和華他們的神,我必應允他們的禱告。(亞10:6)

我要使這三分之一經火,熬煉他們如熬煉銀子;試煉他們如試煉金子。他們必求告我的名,我必應允他們。我要說:「這是我的子民。」他們也要說:「耶和華是我們的神。」(亞13:9) [24]

---

[24] 參見 Petterson(2015)的精彩評論,尤其是 234 與 278 頁談到那日他們的禱告必再蒙垂聽的部分。

這些經文累積起來意味深長。在小先知書中許多關鍵地方都看到「禱告的復興」這想法，尤其在十二小先知書的下半部分更為明顯。耶和華與他百姓之間關係的恢復體現於百姓求告耶和華的名，並且耶和華回應他們，將聖約所應許的祝福傾下。唯一剩下的問題是：這是否一個持續到小先知書結尾的重點？

《瑪拉基書》沒太關注禱告，反而針對神子民（尤其祭司職事）的生活所呈現的矛盾。書中耶和華斥責百姓所說的一些話，這些話與其說是百姓直接對神說的，不如說他們是指桑說槐（反正都不妥，見3章13節的例子）。然而，那個不信的世代之所以問題重重，根源在於缺乏對耶和華之名的敬畏（2:5）。當敬畏耶和華的人聚集（想必開始與神交談）時，[25] 他們所關注之事必蒙垂聽，末世的應許亦開始實現：

> 那時，敬畏耶和華的彼此談論，耶和華側耳而聽，且有紀念冊在他面前，記錄那敬畏耶和華、思念他名的人。萬軍之耶和華說：「在我所定的日子，他們必屬我，特特歸我。我必憐恤他們，如同人憐恤、服待自己的兒子。那時，你們必歸回，將善人和惡人，侍奉神的和不侍奉神的分別出來。」（瑪3:16–18）

---

[25] 同上，379–380頁。

總結

我們在這一章討論了大量先知書的內容。雖然涉及廣泛的文體和不同的歷史情況，但是大先知書和十二小先知書對於禱告在被擄流放前後的情況，都有一個共同的觀點——「求告耶和華之名」的特權被神暫時收回，因為約的咒詛要傾倒在頑固悖逆的子民身上，並且他們要被流放到巴比倫，離開應許之地。接受這個驚天動地的轉變並不容易（《耶利米書》、《耶利米哀歌》、《哈巴谷書》甚至《約拿書》都證明了這一點），但先知們都發出同一個信息——這個轉變不過是暫時的。

> 審判之日過後，有希望的日子到來，耶和華的子民將再次求告他的名，他也應允他們。「到那時候，凡求告耶和華名的就必得救」（珥2:32）。而且「他們尚未求告，我就應允；正說話的時候，我就垂聽。」（賽65:24）

第四章
為新的約禱告：聖卷[1] 裏的禱告

確定了律法書與先知書（包括前先知書和後先知書）的禱告神學之連續性後，我們接下來要探究禱告在聖卷中是如何展現的。[2]

智慧書中的禱告。

除了《詩篇》這個特例（我們後面再談），若說禱告在智慧文學中扮演重要角色，那就大大誤導人

---

[1] 譯者注：「聖卷」（the Writings）在希伯來聖經中是指《詩篇》《箴言》《約伯記》《雅歌》《路得記》《耶利米哀歌》《傳道書》《以斯帖記》《但以理書》《以斯拉記》《尼希米記》《歷代志》（上／下）。
[2] 出於內容上的實際考慮，《耶利米哀歌》已在前一章中討論過了。《詩篇》則將在第五章中討論。

了。³ 不過，這並不是說聖經的這一部分與禱告無關。例如《箴言》就強調順服的生活與耶和華應允禱告是息息相關的。

> 惡人獻祭，為耶和華所憎惡；正直人祈禱，為他所喜悅。（箴15:8）
>
> 耶和華遠離惡人，卻聽義人的禱告。（箴15:29）
>
> 轉耳不聽律法的，他的祈禱也為可憎。（箴28:9）

雖然措辭有些不同，但這些話與先知所說的相仿。在以色列走向滅亡、猶大將要被擄的那些年間，先知的話是：耶和華不再垂聽百姓的禱告，因為他們背叛他。

《傳道書》裏福音預工方式的言論，⁴ 以及《雅歌》⁵ 都沒有提到禱告。⁶ 不過，《約伯記》倒是彌補這一空缺。

對《約伯記》的主題有各種不同的理解。有人認

---

³ 唯一可能的例外是《約伯記》。但我們發現，即使是《約伯記》，禱告也並非其重點。
⁴ 請參見 Fredericks 在他與 Estes 合寫的著作（2010）中對此話題的探討。
⁵ 我認為這卷書是所羅門對真實愛情之神秘本質的思考。
⁶ 《傳道書》5章2節提到「你在神面前不可冒失開口，也不可心急發言。因為神在天上，你在地下，所以你的言語要寡少。」雖然這節經文的重點並非談論禱告，倒也的確涉及禱告的應用。

為它在講終極的神義論,有人認為它主要在談論「無辜遭難」這個話題,亦有人認為它本質上是先知預言式的書卷,開展「受苦的義人」這個概念,預表主耶穌的一生及其工作。[7] 但不管此書的寫作目的是甚麼,書卷從頭到尾都有很多篇幅記錄約伯的禱告,這絕非偶然。

雖然《約伯記》中的很多對話是約伯對自己或他的四位朋友說的,但在有些地方,約伯將敘述和禱告完美地融合起來,開始直接向神表達他的不滿。例如第七章中,約伯先是與普利達爭辯,隨後自然而然地開始向耶和華發出質疑:

> 求你想念,我的生命不過是一口氣,我的眼睛必不再見福樂。觀看我的人,他的眼必不再見我;你的眼目要看我,我卻不在了。雲彩消散而過;照樣,人下陰間也不再上來。他不再回自己的家,故土也不再認識他。「我不禁止我口;我靈愁苦,要發出言語;我心苦惱,要吐露哀情。我對神說,我豈是洋海,豈是大魚,你竟防守我呢?若說,我的床必安慰我,我的榻必解釋我的苦情;你就用夢驚駭我,用異象恐嚇我。甚至我寧肯噎死,寧肯死亡,勝

---

[7] 參見 Christopher Ash 在《約伯記:十字架的智慧》(*Job: The Wisdom of the Cross*, 2014)中的精彩闡述。

> 似留我這一身的骨頭。我厭棄性命,不願永活!你任憑我吧!因我的日子都是虛空。人算甚麼,你竟看他為大,將他放在心上,每早鑒察他,時刻試驗他。你到何時才轉眼不看我,才任憑我咽下唾沫呢?鑒察人的主啊,我若有罪,於你何妨?為何以我當你的箭靶子,使我厭棄自己的性命?為何不赦免我的過犯,除掉我的罪孽?我現今要躺臥在塵土中,你要殷勤地尋找我,我卻不在了。」(伯7:7–21)

這是肝腸寸斷的情緒宣洩,[8] 但我們不能忽略約伯向耶和華表達這些情緒的神學基礎。約伯堅信(如《詩篇》第8篇所言)人被造是為了與神建立關係而蒙神賜福。但事實上,神僕人現在的生活與經歷幾乎看不到這種「約」的祝福,[9] 因此才發出如此激烈的禱告。

從十章2節開始的禱告同樣充滿了焦慮。約伯雖然認識到耶和華的創造(10:3, 8–9, 11)與救贖(10:12)之工,但他的神學信念與他的實際經歷之間卻存在巨大的斷層:[10]

---

[8] Balentine(2006,頁141)評論:「在第二段講演中,約伯繼續在那看似無止境的受苦中越陷越深。」
[9] 雖然《約伯記》中沒有明確出現「約」的字眼,但整卷書字裏行間都充滿了以色列人對約的虔誠。
[10] 有人探討過這些怨言的對像是誰。我贊成 Ash(2014:148–149)的觀點,而不同意 Balentine(2006,頁

不要定我有罪,要指示我,你為何與我爭辯。你手所造的,你又欺壓,又藐視,卻光照惡人的計謀。這事你以為美嗎?你的眼豈是肉眼?你查看豈像人查看嗎?你的日子豈像人的日子?你的年歲豈像人的年歲?就追問我的罪孽,尋察我的罪過嗎?其實,你知道我沒有罪惡,並沒有能救我脫離你手的。你的手創造我,造就我的四肢百體;你還要毀滅我。求你記念,製造我如摶泥一般;你還要使我歸於塵土嗎?你不是倒出我來好像奶,使我凝結如同奶餅嗎?你以皮和肉為衣給我穿上,用骨與筋把我全體聯絡。你將生命和慈愛賜給我,你也眷顧保全我的心靈。然而你待我的這些事,早已藏在你心裏,我知道你久有此意。我若犯罪,你就察看我,並不赦免我的罪孽。我若行惡,便有了禍;我若為義,也不敢抬頭,正是滿心羞愧,眼見我的苦情。我若昂首自得,你就追捕我如獅子,又在我身上顯出奇能。你重立見證攻擊我,向我加增惱怒,如軍兵更換著攻擊我。你為何

---

198) 與 Clines(1989,頁 288)的觀點,我認為約伯此處的話主要是對神說的,而不是對他的朋友說的。

> 使我出母胎呢?不如我當時氣絕,無人得見我。這樣,就如沒有我一般,一出母胎就被送入墳墓。我的日子不是甚少嗎?求你停手寬容我,叫我在往而不返之先,就是往黑暗和死蔭之地以先,可以稍得暢快。那地甚是幽暗,是死蔭混沌之地,那裏的光好像幽暗。(伯10:2–22)

這又是一大段發自肺腑的禱告。很明顯,在聖經神學的層面上,約伯的禱告與之前我們研讀的眾多禱告十分相似。不管約伯與朋友的爭論有多麼微妙和複雜,他的禱告在本質上仍是**求告耶和華的名,求全能的神成就他所應許的話**。約伯的期待看起來是完全合理的。耶和華不是應該賜福於他嗎?他為何會經歷黑暗、死亡與咒詛呢?所以他說:

> 我這求告神,蒙他應允的人,竟成了朋友所譏笑的;公義完全人,竟受了人的譏笑!(伯12:4)

其中一個在約伯內心的問題似乎是我們所熟悉的問題(尤其在先知書中見過)。如果耶和華不再垂聽悖逆之人的禱告(正如他對他的子民所說),那麼是否意味著我們可以從某個人的遭遇來推斷他的「屬靈狀況」呢?又或者,直截了當地說,耶和華不聽約伯的禱告就等於約伯犯了罪嗎?在某個層面上,這種推

斷看起來是挺合理的（也肯定是約伯的朋友的想法）；但另一方面，這個簡單的對等不能成立。即使在舊約的神權世界裏，「國家層面」的光景不能直接用來判斷個人的屬靈狀況，尤其不能用來解釋禱告未蒙應允之謎。

在十三章18節到十四章22節這一大段中，約伯從回應瑣法轉為直接對神說話，所說的仍然是耶和華如何譴責並棄絕他。耶和華的沉默顯然逼使他發狂，以下摘錄的經文清楚地說明這一點：

> 惟有兩件不要向我施行，我就不躲開你的面：就是把你的手縮回，遠離我身，又不使你的驚惶威嚇我。這樣，你呼叫，我就回答；或是讓我說話，你回答我。我的罪孽和罪過有多少呢？求你叫我知道我的過犯與罪愆。你為何掩面，拿我當仇敵呢？你要驚動被風吹的葉子嗎？要追趕枯乾的碎秸嗎？你按罪狀刑罰我，又使我擔當幼年的罪孽。（伯13:20–26）

> 這樣的人你豈睜眼看他嗎？又叫我來受審嗎？誰能使潔淨之物出於污穢之中呢？無論誰也不能！人的日子既然限定，他的月數在你那裏，你也派定他的界限，使他不能越過；便求你轉眼不看他，使他得歇

> 息,直等他像雇工人完畢他的日子。(伯 14:3–6)

> 惟願你把我藏在陰間,存於隱密處,等你的忿怒過去;願你為我定了日期記念我。人若死了豈能再活呢?我只要在我一切爭戰的日子,等我被釋放的時候來到。你呼叫,我便回答;你手所做的,你必羨慕。但如今你數點我的腳步,豈不窺察我的罪過嗎?我的過犯被你封在囊中,也縫嚴了我的罪孽。(伯14:13–17)

在他的朋友(尤其是以利法)看來,約伯的傾訴適得其反、令情況變得更加糟糕:

> 你是廢棄敬畏的意,在神面前阻止敬虔的心。(伯15:4)

面對耶和華的緘默,唯一合乎正統的回應就是反思、悔改並等候神再次「打開他的耳朵」垂聽百姓的禱告。但約伯等不及採取這種回應:

> 因你使他們心不明理,所以你必不高舉他們。(伯17:4) [11]

---

[11] Longman (2012, 頁241)對約伯情緒的把握十分到位:「約伯認為,至少在此刻,那些嘲笑他的朋友的心已經被神蒙蔽,所以他們也將失敗,從而為此事帶來榮耀。」

約伯非常確信他能禱告，並且禱告對他大有益處。這信念在《約伯記》隨後的部分不時出現。從他對惡人的描述中也看得出，他始終認為人若像他一樣求告耶和華，就必得益處：

> （惡人）對神說：「離開我們吧！我們不願曉得你的道。全能者是誰，我們何必侍奉他呢？求告他有甚麼益處呢？」（伯 21:14–15）[12]

以利法聲稱只有悔改，才能「以全能者為喜樂，向神仰起臉來。你要禱告他，他就聽你……」（22:26–27）。面對以利法這種堅持、加上重重痛苦的壓迫，約伯依然堅持自己的信念：

> 神使我喪膽，全能者使我驚惶。我的恐懼，不是因為黑暗，也不是因為幽暗蒙蔽我的臉。（伯23:16–17）

約伯所面對的問題可以用三十章中他自己的話來概括：

> 神把我扔在淤泥中，我就像塵土和爐灰一般。主啊，我呼求你，你不應允我；我站起來，你就定睛看我。你向我變心，待我殘

---

[12] 又見《約伯記》27 章 9–10 節。

> 忍,又用大能追逼我。把我提在風中,使我駕風而行,又使我消滅在烈風中。我知道要使我臨到死地,到那為眾生所定的陰宅。(伯30:19–23)

當剛勁的以利戶出場后,他理所當然地為約伯的問題提出一個簡單的解決方案(33:23–26)。但他刻薄而且過分簡化的言詞並沒得到約伯的回應。

在這幾章中,以利戶雖說得好,但未必明白個中道理。最終,一位局外人將會作中保,解決「神子民的悖逆」與「神定意賜福」之間的張力。這位中保不僅將會付上贖價,自己更將成為贖價。縱使我們完全不配,但他將要宣揚公義並帶來公義,讓我們的禱告得蒙垂聽。不過這個異象需假以時日才會實現。然而,此時此際,**耶和華開口說話了。**

耶和華親口說話,張力就立刻化解。至高的神「從旋風中」回答(38:1),停息所有爭辯。至於他的子民生命中個別的苦難,以及神甚麼時候、用甚麼方式回應禱告這些問題,答案似乎是:一切都在於他的主權。約伯在一系列證據面前終於認識到,他(與他的朋友)在看待這問題時採用了完全錯誤的角度。約伯這才漸漸(40:3–5)降服下來:

> 約伯回答耶和華說:「我知道,你萬事都能做,你的旨意不能攔阻。誰用無知的言

> 語使你的旨意隱藏呢？我所說的是我不
> 明白的；這些事太奇妙是我不知道的。
> 求你聽我，我要說話；我問你，求你指
> 示我。我從前風聞有你，現在親眼看見
> 你。因此我厭惡自己，在塵土和爐灰中懊
> 悔。」（伯42:1–6）

現在約伯對神的主權有更深的了解、對他的旨意有新一層的順服，神便重新開啟了求告之門，垂聽他的呼求。四十二章 8 節中有趣的諷刺強調了這一點。經文除了讓我們看到約伯作為中保角色[13]的神學意義，還讓我們看到：神以前似乎不聽、也不肯聽他的禱告，但現在卻垂聽他不僅為自己、也為他人的禱告。

> 現在你們要取七隻公牛，七隻公羊，到我
> 僕人約伯那裏去，為自己獻上燔祭，我的
> 僕人約伯就為你們祈禱。我因悅納他，就
> 不按你們的愚妄辦你們。你們議論我，不
> 如我的僕人約伯說的是。（伯42:8）

《約伯記》中有關禱告的教導，比我們通常觀察到的要多得多。它所教導的不是對善惡本質的抽象思考，甚至不是對無辜遭難這類現實狀況的抽象思考，它的關注點遠比這些更加具體。書中至少有一個副題，

---

[13] 見 Ash 2014, 頁 431 關於約伯經歷華麗轉身，反過來為三位朋友代求的相關論述。

就是處理禱告的課題。耶和華垂聽我們的禱告並行事嗎？他基於甚麼這樣做？個人的敬虔在當中又佔甚麼位置？在這方面，前先知書與後先知書是對「國家靈性」的解說，智慧書則是對個人靈性的解說。不過，論及禱告，它們的神學框架顯然都是一致的。對國家（如以色列國與猶大國）而言，情況很明顯——「求告耶和華的名」是個特權，唯靠恩典才能得到，耶和華可以在百姓悖逆時，名正言順地收回此特權。對個人來說呢？《箴言》讓我們清楚地看到，個人層面的神學原則也相仿——禱告與敬虔唇齒相依。不過對身處在這破碎世界中的敬虔者來說，就像約伯所發現和解釋的一樣，世事難料，最終的避難所只在於我們能向這位掌權（且終究會垂聽禱告）的神呼求。

被擄流放時期的禱告

在我記憶中，我所學的第一首聖經詩歌的歌詞是這樣的：「但以理，愛禱告，日日三次禱。獅子坑，也不怕，堅持要禱告。」問題是，《但以理書》卻鮮有記載但以理（或其他人）的禱告。[14]

誠然，當但以理遇到為尼布甲尼撒王解夢的危機

---

[14] 有人認為《但以理書》的成書時期較晚，但我並不這麼認為。不過，即使有人對成書時間持不同觀點，書中故事發生的時間顯然就是被擄流放時期。

時，他催促他的三位朋友哈拿尼雅、米沙利、亞撒利雅（他們的巴比倫別名可能更為人所熟悉，分別是沙得拉、米煞、亞伯尼歌）向神「尋求憐憫」：

> 但以理回到他的居所，將這事告訴他的同伴哈拿尼雅、米沙利、亞撒利雅，要他們祈求天上的神施憐憫，將這奧秘的事指明，免得但以理和他的同伴與巴比倫其餘的哲士一同滅亡。（但2:17–18）

毫無疑問，他們肯定很擔心自己的命運，也擔心神的百姓在被擄之地可能遭受的嚴重影響（即失去四位在政府有發言權的關鍵人物）。[15] 儘管經文沒有直接提到他們的擔憂，但卻清楚地提到他們的禱告得蒙垂聽，他們得救了。

接下來的幾章沒有再提禱告的事，令人感到有點奇怪。在但以理的三位朋友毫髮無損地走出火窯、尼布甲尼撒衰敗又再度輝煌的故事中，經文都沒有明確提到禱告本身。當可惡的伯沙撒王將退休的老臣但以理召到宴會上為他解謎時，經文也似乎有點草率地不提但以理「求告耶和華的名」。[16] 唯有第六章中但

---

[15] Daniel Block 在一次訪問昆士蘭神學院時，提出了一個有趣又合理的想法，他認為猶大人能住在巴比倫城的黃金地段（靠近迦巴魯運河，見《以西結書》第 1 章）很可能是因但以理的干預。
[16] 但是，說句公道話，尼布甲尼撒的確將榮耀歸給了至高者（但 4:1–2, 34）。

以理的故事提到他禱告的聲響。

耄耋之年的但以理顯然藐視大流士王的禁令，一如既往地堅持禱告的習慣：

> 但以理知道這禁令蓋了玉璽，就到自己家裏（他樓上的窗戶開向耶路撒冷），一日三次膝跪在他神面前，禱告感謝，與素常一樣。（但6:10）[17]

但以理面朝耶路撒冷禱告，這個特徵頗有意思，也與我們的研究相關。當然，這可能僅僅是表達但以理的虔誠（與穆斯林一定要面朝麥加禱告的性質一樣）。但總括來說，我認為有其他更令人滿意的解釋，與《但以理書》隨後的禱告有完美的契合。作者更想強調的是但以理對救贖歷史的委身，而不是他對地理方位的看重。這個舉動很可能暗示但以理禱告的內容與獅子或自己的壽命無關，而是與耶和華的聖約應許有關。「面朝耶路撒冷禱告」可以理解為在被擄流放中「求告耶和華的名」。

以下的事實間接印證了這個觀點：故事結尾用外邦之王的口發出讚美，再次確認耶和華的至高主權（尼布甲尼撒的故事也一樣）。並且在外邦政權改朝換代之中，神一直將「他的人」放在權力的核心位置上，

---

[17] 「一日三次」引發了很多評論。這僅僅是但以理素常所行，還是對《詩篇》第55篇17節的暗示？很難定斷。

直到被擄流放結束，這個無聲的事實也是證據。《但以理書》一到六章的要點不在於但以理的敬虔，而在於耶和華的掌權。這位他們可以求告並依靠的耶和華，能夠保護流亡之民，也能持守他的應許。

後面第九章裏的禱告驗證這個觀點（以及《但以理書》的這個解讀）。這段經常被引用為「模範禱告」，對確定被擄時期以及被擄之後禱告的重要性與本質有重大意義。因此，我們需要詳細看看這段禱告：「我向耶和華我的神祈禱，認罪說：『主啊，大而可畏的神，向愛主守主誡命的人守約施慈愛。』」（但 9:4）

我們首先注意到的是，這段引言竟把禱告與認罪聯繫在一起，馬上將禱告植根於救贖歷史之中。因為它並**不是個人的認罪禱告**，但以理乃是代表整個流亡群體（甚至是神所有的子民）在說話。對耶和華的百姓來說，這可謂是禱告的新起點。[18] 我們甚至可以說，這是神百姓的轉捩點。緊接著，但以理繼續禱告：

> 我們犯罪作孽，行惡叛逆，偏離你的誡命典章。沒有聽從你僕人眾先知奉你名向我們君王、首領、列祖和國中一切百姓所說的話。主啊，你是公義的，我們是臉上蒙羞

---

[18] 我這樣說是以耶和華百姓的歷史故事之發展過程為背景的。《詩篇》中的哀歌與《耶利米哀歌》顯然都包含了認罪的元素，但在經文所記錄的禱告中，無論是百姓的領袖或是普通人，都鮮有這類彌足珍貴的懺悔之詞。

> 的;因我們猶大人和耶路撒冷的居民並以色列眾人,或在近處,或在遠處,被你趕到各國的人,都得罪了你,正如今日一樣。(但9:5–7) [19]

但以理禱告的範圍令人吃驚,他所關心的不單是猶大人,而是神所有的子民,包括一百五十多年前被亞述滅國的以色列人。但以理為聖約的擔憂廣泛而深入,這塑造出他的禱告懇求。他的神學思想顯然源於《申命記》:

> 主啊,我們和我們的君王、首領、列祖因得罪了你,就都臉上蒙羞。主,我們的神是憐憫饒恕人的,我們卻違背了他,也沒有聽從耶和華我們神的話,沒有遵行他藉僕人眾先知向我們所陳明的律法。以色列眾人都犯了你的律法,偏行,不聽從你的話。因此,在你僕人摩西律法上所寫的咒詛和誓言,都傾在我們身上,因我們得罪了神。他使大災禍臨到我們,成就了警戒我們和審判我們官長的話;原來在普天之下未曾行過像在耶路撒冷所行的。這一切災禍臨到我們身上,是照摩西律法上所寫

---

[19] 參見 Collins(1993,頁 350–351)對這段禱告之聖經典故的精彩總結。

> 的，我們卻沒有求耶和華我們神的恩典，使我們回頭離開罪孽，明白你的真理。所以耶和華留意使這災禍臨到我們身上，因為耶和華我們的神在他所行的事上都是公義，我們並沒有聽從他的話。主，我們的神啊，你曾用大能的手領你的子民出埃及地，使自己得了名，正如今日一樣。我們犯了罪，作了惡。（但9:8–15）

對於神百姓的困境與走出困境的唯一方法，但以理的理解完全植根於舊約的早期傳統。他大量引用《申命記》與先知的話，呼求耶和華的名，求他在災禍中賜下祝福。[20] 這也進一步印證了之前那個觀點，就是但以理刻意「面向耶路撒冷」禱告的行為應該從救贖歷史的角度去理解，耶路撒冷象徵著神那歷史性聖約目的之所在。九章16–19節的禱告結語也體現了這一點：

> 主啊，求你按你的大仁大義，使你的怒氣和忿怒轉離你的城耶路撒冷，就是你的聖山。耶路撒冷和你的子民，因我們的罪惡和我們列祖的罪孽，被四圍的人羞辱。我們的神啊，現在求你垂聽僕人的祈禱懇求，為自己使臉光照你荒涼的聖所。我的神啊，

---

[20] 見 Longman（1999，頁225）對這段經文的評論。

> 求你側耳而聽，睜眼而看,眷顧我們荒涼之地和稱為你名下的城。我們在你面前懇求，原不是因自己的義，乃因你的大憐憫。求主垂聽，求主赦免，求主應允而行，為你自己不要遲延。我的神啊，因這城和這民，都是稱為你名下的。（但9:16–19）

在舊約故事的發展過程當中，這個禱告標誌了一個新的開始。沉默真的結束了——神頑梗的百姓開始悔改，再次呼求耶和華持守他的應許。《申命記》三十章所預言的時刻終於來臨，回歸之路現已開啟。國中不再缺乏禱告，取而代之的是百姓積極的認罪和真正敬虔的復興。[21]

為新的約祈禱：《以斯拉記》《尼希米記》《歷代志》的禱告

一旦從被擄之地開始歸回，禱告在尋求神旨意的過程中就顯得越發重要（因為百姓現已「回歸正道」）。可以說，《以斯拉記》與《尼希米記》的高潮都出現在像但以理那樣、並延伸的禱告當中。

---

[21] 《以斯帖記》中的以色列人顯然缺乏這種敬虔，這說明這個「運動」（若可如此稱之的話）僅限於流亡末期那些回歸到猶大地的以色列人。

在《以斯拉記》第八章的結尾，以斯拉向神禱告，尋求他的幫助來承擔在應許之地重新安置百姓的重要任務：

> 那時，我在亞哈瓦河邊宣告禁食，為要在我們神面前克苦己心，求他使我們和婦人孩子並一切所有的，都得平坦的道路。我求王撥步兵馬兵幫助我們抵擋路上的仇敵，本以為羞恥，因我曾對王說：「我們神施恩的手，必幫助一切尋求他的；但他的能力和忿怒，必攻擊一切離棄他的。」所以我們禁食祈求我們的神，他就應允了我們。
>
> （拉8:21–23）

被擄歸回之後，禱告繼續被理解為求告耶和華，**尤其是當聖約的未來仍前途未卜時**。這種理解從第九章中以斯拉對異族通婚這危機的激烈反應表現出來。

以斯拉禱告的第一部分在形式上與《但以理書》第九章的禱告十分相似：[22]

> 獻晚祭的時候，我起來，心中愁苦，穿著撕裂的衣袍，雙膝跪下向耶和華我的神舉手，說：「我的神啊，我抱愧蒙羞，不敢向我神仰面，因為我們的罪孽滅頂，我們

---

[22] 例如參見 Williamson 1985，頁 128。

> 的罪惡滔天。從我們列祖直到今日，我們的罪惡甚重，因我們的罪孽，我們和君王、祭司都交在外邦列王的手中，殺害、擄掠、搶奪、臉上蒙羞，正如今日的光景。現在耶和華我們的神暫且施恩與我們，給我們留些逃脫的人，使我們安穩如釘子，釘在他的聖所，我們的神好光照我們的眼目，使我們在受轄制之中稍微復興。我們是奴僕，然而在受轄制之中，我們的神仍沒有丟棄我們，在波斯王眼前向我們施恩，叫我們復興，能重建我們神的殿，修其毀壞之處，使我們在猶大和耶路撒冷有牆垣。」（拉9:5-9）

當以斯拉開始談到具體問題時，他禱告的負擔顯然是未卜的國家命途。因為在耶和華重新祝福百姓、按應許將他們（至少是餘民）帶回應許之地後，百姓又開始重犯上一代、被擄之前的罪惡：

> 我們的神啊，既是如此，我們還有甚麼話可說呢？因為我們已經離棄你的命令，就是你藉你僕人眾先知所吩咐的，說：「你們要去得為業之地是污穢之地，因列國之民的污穢和可憎的事，叫全地從這邊直到那邊滿了污穢。所以不可將你們的女兒嫁他們的兒子；也不可為你們的兒子

娶他們的女兒。永不可求他們的平安和他們的利益,這樣你們就可以強盛,吃這地的美物,並遺留這地給你們的子孫永遠為業。」神啊,我們因自己的惡行和大罪,遭遇了這一切的事,並且你刑罰我們輕於我們罪所當得的,又給我們留下這些人。我們豈可再違背你的命令,與這行可憎之事的民結親呢?若這樣行,你豈不向我們發怒,將我們滅絕,以致沒有一個剩下逃脫的人嗎?耶和華以色列的神啊!因你是公義的,我們這剩下的人才得逃脫,正如今日的光景。看哪!我們在你面前有罪惡,因此無人在你面前站立得住。(拉 9:10–15)[23]

這段禱告帶動百姓為普遍的「背約」而悔改,聖約因此得以恢復。[24]

被擄歸回之後的核心領袖們看禱告為聖約工作的重要部分。或喜迎機遇,或遭遇威脅,耶和華的百姓在關鍵時刻都會禱告。這個領會的細節在《尼希米記》中隨處可見。

---

[23] 這段話中的大部分用辭在舊約中被廣泛使用,尤其是《申命記》7 章 1–3 節,11 章 8 節,23 章 6 節;《列王紀下》21 章 16 節;《以賽亞書》1 章 19 節。

[24] 請參見 Baltzer 的經典之作《盟約套語》(*The Covenant Formulary*, 1971, 頁 47-48) 中的討論。

書中的第一個禱告出現在故事開頭的第一幕,那時尼希米仍在流放之地,當他得知耶路撒冷的光景(可廣義理解為神的聖約計劃)後,便作出以下的禱告:

> 我聽見這話,就坐下哭泣,悲哀幾日,在天上的神面前禁食祈禱說:「耶和華天上的神,大而可畏的神啊,你向愛你、守你誡命的人守約,施慈愛。願你睜眼看,側耳聽,你僕人晝夜在你面前為你眾僕人以色列民的祈禱,承認我們以色列人向你所犯的罪。我與我父家都有罪了。我們向你所行的甚是邪惡,沒有遵守你藉著僕人摩西所吩咐的誡命、律例、典章。求你記念所吩咐你僕人摩西的話說:『你們若犯罪,我就把你們分散在萬民中;但你們若歸向我,謹守遵行我的誡命,你們被趕散的人雖在天涯,我也必從那裏將他們招聚回來,帶到我所選擇立為我名的居所。』「這都是你的僕人、你的百姓,就是你用大力和大能的手所救贖的。主啊,求你側耳聽你僕人的祈禱,和喜愛敬畏你名眾僕人的祈禱,使你僕人現今亨通,在王面前蒙恩。(尼1:4–11)

但以理與以斯拉的禱告有幾個明顯的共同點：都強烈表達對聖約之神耶和華的信靠；代表國家真誠地懺悔；都提說摩西律法（尤其是《申命記》）；都懇求耶和華幫助他們在某個切實影響神百姓命運的冒險行動中取得成功。我們清楚地看到，禱告與百姓命運的發展息息相關，這在二章3-4節中變得越發明顯：

> 我對王說：「願王萬歲！我列祖墳墓所在的那城荒涼，城門被火焚燒，我豈能面無愁容嗎？」王問我說：「你要求甚麼？」於是我默禱天上的神。

尼希米到達耶路撒冷後，他確信若要耶和華在耶路撒冷的工作有所進展，很大程度取決於百姓的禱告，亦即百姓要祈求耶和華成就他的應許。這體現在四章9節的「以禱告實事求是」（「然而我們禱告我們的神，又因他們的緣故，就派人看守，晝夜防備」）。這也成了尼希米此後所作的一系列「求你記念我」這種私禱的背景。他如此禱告了五次：

> 我的神啊，求你記念我為這百姓所行的一切事，施恩與我。（尼5:19）

> 我的神啊，求你因這事記念我，不要塗抹我為神的殿與其中的禮節所行的善。（尼13:14）

> 我吩咐利未人潔淨自己,來守城門,使安息日為聖。我的神啊,求你因這事記念我,照你的大慈愛憐恤我。(尼13:22)

> 我的神啊,求你記念他們的罪,因為他們玷污了祭司的職任,違背你與祭司利未人所立的約。(尼13:29)

> 我又派百姓按定期獻柴和初熟的土產。我的神啊,求你記念我,施恩與我。(尼13:31)

表面上,這些禱告有點問題,似乎略帶「憑行為稱義」的味道,脫離了我們從《尼希米記》前一部分以及舊約其它地方所看到的禱告觀。那麼,我們如何理解這些不合常規的禱告呢?不出所料,關鍵在於留意禱告的上下文。這些實在是非同尋常的禱告。

《尼希米記》前面部分的禱告,錯綜複雜地聯繫著神在他子民回歸後重要的復興工作。同樣地,尼希米現在這些禱告不應被理解為一個仕途失意的省長在抱怨。從上下文我們可以清楚看到,尼希米重返耶路撒冷的動機和重建城牆的異像完全是與**聖約**相關的。如果撇開前面這個聖約背景來看後面這些「記念我」的禱告就錯了。十三章 29 節的禱告證明了這一點,在這個禱告中,「記念」一詞也用來悲悼祭司與利未人離棄聖約的規範。

那麼，尼希米求神「記念他」到底是怎麼回事呢？他正在求耶和華使用他那看似徒勞的功夫，來促進神在地上的工作。尼希米的努力似乎徒勞無功，卻仍在呼求耶和華兌現他的諾言。十三章中發生的各種事件讓尼希米深感挫敗、幾度爆發，這位神的僕人發現自己已經無能為力。儘管他有管理與號召的恩賜，局勢還是開始迅速惡化。他能做甚麼呢？唯一能做的就是「求告耶和華的名」。他用簡單的說話表明他在頻臨失敗卻仍持守的信心：「我的神啊，求你記念我，施恩與我。」（尼13:31）

這一章經文充斥著悖逆，尼希米四次這樣求神記念他，在體諒他的同時，他這種陷入自義的危險態度還是令人擔憂的。或者，從神學的角度來說，尼希米的話也可能代表他已經意識到：除了祈求神實施在《申命記》三十章中所暗示、並在《耶利米書》和《以西結書》中明確應許的新約之外，再沒可為。到底結果如何，我們難以確知。但是《尼希米記》第九章中利未人長篇的禱告支持著一個比較樂觀的看法。

這個禱告的第一部分總結如下：

9:6 神學開場白

9:7–8 回顧對亞伯拉罕的應許

9:9–12 回顧出埃及的事跡

9:13–21 回顧西奈山與曠野的事跡

9:22–25 回顧應許的實現——佔領所應許之地。

9:26–31 《約書亞記》至《列王紀下》的簡史

這個禱告的最後一部分值得我們全部引出:

> 「我們的神啊,你是至大、至能、至可畏、守約施慈愛的神。我們的君王、首領、祭司、先知、列祖和你的眾民,從亞述列王的時候直到今日所遭遇的苦難,現在求你不要以為小。在一切臨到我們的事上,你卻是公義的;因你所行的是誠實,我們所作的是邪惡。我們的君王、首領、祭司、列祖都不遵守你的律法,不聽從你的誡命和你警戒他們的話。他們在本國裏沾你大恩的時候,在你所賜給他們這廣大肥美之地上,不侍奉你,也不轉離他們的惡行。我們現今作了奴僕;至於你所賜給我們列祖享受其上的土產,並美物之地,看哪,我們在這地上作了奴僕!這地許多出產歸了列王,就是你因我們的罪所派轄制我們的。他們任意轄制我們的身體和牲畜,我們遭了大難。」因這一切的事,我們立確實的約,寫在冊上。我們的首領、利未人和祭司都簽了名。
>
> (尼9:32–38)

這個禱告有點令人沮喪。比如,36 節似乎暗示神

的百姓**仍在被擄流放中**，至少這些利未人和《尼希米記》的作者是這樣想、這樣說的。禱告的結尾語帶艱難（尤其從禱告第一部分的歷史總結來看），他們雖然另立確實的盟約，卻不保證國家就有新的光明前景。這個禱告給人留下一個揮之不去的問題：難道就這樣嗎？難道再無他法了嗎？於此，這個禱告與十三章末尾尼希米的主要訴求是一致的。誠然，挽救這種局面的唯一辦法就是神親自介入，正如《申命記》三十章中摩西在多年前所預言的一樣。他們需要的是整個民族的更新，而唯有一個新的約才能帶來這種更新。

假如以上的分析正確，就能在一定程度上解釋《歷代志》中禱告的重大意義：以色列的未來將如何？神的百姓有甚麼盼望？唯一要做的就是**求告耶和華的名**。

若說禱告在《歷代志》中隨處可見，這或許有點言過其實。但事實上，《歷代志》記載君王禱告的次數是《列王紀》的十倍。這說明在被擄流放結束之後，以色列史學家的態度與關注點有了實質性的轉變。[25]

即便是介紹冗長的家譜，《歷代志》的作者也表明他的意圖是號召神的百姓起來禱告。雅比斯出名的禱告和流便人、迦得人與瑪拿西人不太出名的禱告，都包含在《歷代志上》一至九章的核心內容之中：

---

[25] M. E. W. Thompson 1996, 頁 151。關於禱告在《歷代志》中的地位，Thompson 的探討頗具見解。

> 雅比斯求告以色列的神說：「甚願你賜福
> 與我,擴張我的境界,常與我同在。保佑我
> 不遭患難,不受艱苦。」神就應允他所求
> 的。（代上4:10）
>
> 他們得了神的幫助,夏甲人和跟隨夏甲的
> 人,都交在他們手中。因為他們在陣上呼
> 求神,倚賴神,神就應允他們。（代上
> 5:20）

這些「陪襯性」的小禱告不是用來提供禱告的範本,而是用來提醒世人：耶和華是守約的神,他仍然會按照他對亞伯拉罕、以撒、雅各的承諾來祝福他的子民。為了鼓勵神的子民全心投靠他,這些小禱告都被嵌入專門講述以色列核心問題的大段章節中間。[26]

同樣,在《歷代志上》十六章大衛的長篇讚美詩之後,也附上了一個簡短的禱告,供所有神的子民用來宣告：

> 要說：「拯救我們的神啊,求你救我們,
> 聚集我們,使我們脫離外邦,我們好稱讚
> 你的聖名,以讚美你為誇勝。耶和華以
> 色列的神,從亙古直到永遠,是應當稱頌
> 的！」（代上16:35–36）

---

[26] Johnstone (1986) 認為,羅列家譜是要暴露以色列民的不忠。然而這些禱告讓耶和華的百姓再得確信：只要百姓呼求神,神就能夠,並且願意按他的應許而行。

有人可能認為這個禱告是《歷代志》隨後所有禱告的模板，它把「祈求救恩」與「確認耶和華不變的本性」整齊地融合在一起。然而實際情況是，直到《歷代志》開始記載以色列與猶大諸王的事蹟時，經文對禱告的強調才變得顯而易見。

《歷代志上》記載了大衛王兩段長篇的禱告，其中一段也出現在《撒母耳記》中，另一段則沒有。[27] 第一個禱告是大衛回應神為他堅立家族王朝的應許（代上 17:16–27），而第二個是在以色列會眾面前較一般性的禱告（代上 29:10–19）。

這段禱告確認神的屬性，提到出埃及的傳統和摩西所說的話，這些都是我們現在所熟悉的。除此之外，這段禱告中還有一些尤其突出的要素，見以下引文中用**黑體字**標出的部分：

> 於是大衛王進去，坐在耶和華面前，說：「耶和華神啊，我是誰？我的家算甚麼，你竟使我到這地步呢？神啊，這在你眼中還看為小，又應許你僕人的家**至於久遠**（譯者注：現代譯本還有一句「**恩待我的子孫**」）。耶和華神啊，你看顧我好像看顧高貴的人！你加於僕人的尊

---

[27] 見《撒母耳記下》7 章 18–29 節。Williamson (1977) 用較大篇幅討論了這兩個略有不同的版本。

榮，我還有何言可說呢？因為你知道你的僕人。耶和華啊，你**行了這大事，並且顯明出來**，是因你僕人的緣故,也是照你的心意。耶和華啊，照我們耳中聽見，沒有可比你的，除你以外再無神！世上有何民能比你的民以色列呢？你神從埃及救贖他們作自己的子民，又在你贖出來的民面前行大而可畏的事，驅逐列邦人，顯出你的大名。你使以色列人作你的子民，直到永遠；你耶和華也作他們的神。耶和華啊，你所應許僕人和**僕人家的話，求你堅定，直到永遠，照你所說的而行。願你的名永遠堅立，被尊為大說：『萬軍之耶和華是以色列的神，是治理以色列的神!』**這樣，你僕人大衛的家**必在你面前堅立**。我的神啊，因為你啟示僕人說『我必為你建立家室』，所以僕人大膽在你面前祈禱。耶和華啊，惟有你是神，你也**應許將這福氣賜給僕人**。現在你喜悅賜福與僕人的家，**可以永存在你面前**。耶和華啊，你已經賜福，還要賜福到永遠。」（代上17:16–27）[28]

---

[28] 《歷代志》的作者在《歷代志上》17 章 16 節強調了大衛之家的永恆性。

在《歷代志》中，作者刻意重燃大衛家族的盼望，極力強調大衛王朝的永恆性。[29]

大衛另一個長篇的禱告也大同小異，只不過所強調的不是大衛之約的永恆性，而是神對列祖的應許能透過大衛之子和王位繼承人所羅門得以實現。然而，明顯地，這個禱告蒙應允（即應許的實現）在於神賜恩使祈求者全心全意地跟隨他：

> 所以，大衛在會眾面前稱頌耶和華說：
> 「耶和華我們的父，以色列的神，是應當稱頌，直到永永遠遠的！耶和華啊，尊大、能力、榮耀、強勝、威嚴都是你的；凡天上地下的都是你的；國度也是你的；並且你為至高，為萬有之首。**豐富尊榮都從你而來，你也治理萬物。在你手裏有大能大力，使人尊大強盛都出於你。**我們的神啊，現在我們稱謝你，讚美你榮耀之名！我算甚麼，我的民算什麼，**竟能如此樂意奉獻？因為萬物都從你而來，我們把從你而得的獻給你！**我們在你面前是客旅、是寄居的，與我們列祖一樣。我們在世的日子如影兒，不能長存（或作：沒有長存的指望）。耶和華我們的神啊，

---

[29] Williamson 1977, 頁 142。

> 我們預備這許多材料，要為你的聖名建造殿宇，**都是從你而來，都是屬你的**。我的神啊，我知道你察驗人心，喜悅正直。我以正直的心樂意獻上這一切物。現在我喜歡見你的民在這裏都樂意奉獻與你。耶和華我們列祖亞伯拉罕、以撒、以色列的神啊，**求你使你的民，常存這樣的心思意念，堅定他們的心歸向你。又求你賜我兒子所羅門誠實的心**，遵守你的命令、法度、律例，成就這一切的事，用我所預備的建造殿宇。」（代上29:10–19）

因《歷代志》作者有意為流亡結束之後的子民尋求禱告的榜樣，這個禱告格外有力。長期以來的事實証明，沒有一代以色列人有能力持守聖約。摩西自己也曾預言，守約的意願和能力唯獨來自耶和華。這個禱告把這一點抓得非常好，並且由此作出一個強而有力的見證，就是流亡結束後一代的盼望在於全心全意地依靠神、呼求他的名，懇請他施憐憫、成就應許。

《歷代志》中剩下的最後一個大衛的禱告出現在《歷代志上》二十一章，這個禱告強調，神的百姓向神履行義務時必須依靠神的恩典。禱告的背景是大衛進行了不合神心意的人口普查，為國家帶來厄運：

> 大衛舉目，看見耶和華的使者站在天地間，手裏有拔出來的刀，伸在耶路撒冷以上。大衛和長老都身穿麻衣，面伏於地。大衛禱告神說：「吩咐數點百姓的不是我嗎？我犯了罪、行了惡，但這群羊做了甚麼呢？願耶和華我神的手攻擊我和我的父家，不要攻擊你的民、降瘟疫與他們。」（代上 21:16–17）[30]

與前面的禱告不同，這個禱告不是一個榜樣，而是一個警戒。正如摩西因違背了神而不得進入應許之地，大衛也被視為一個有缺陷的彌賽亞。但在全民失望的時刻，君王的行為和隨後耶和華的回應都表明：這並非完全淪喪之日，呼求神憐憫的大衛家族與耶和華子民仍有盼望。

大衛去世之後，《歷代志》的故事常常提醒一件事：當耶和華的百姓（在《歷代志下》中通常是君王）求告他的名時，耶和華就樂意垂聽，並持守他向大衛和亞伯拉罕所作的應許。這類禱告的模式是在《歷代志下》第一章中由所羅門設定的：

> 所羅門對神說：「你曾向我父大衛大施慈愛，使我接續他作王。耶和華神啊！現在求你成就向我父大衛所應許的話。因你

---

[30] 對比《撒母耳記下》24 章 10 節中這個禱告的短版本。

> 立我作這民的王,他們如同地上塵沙那樣
> 多,求你賜我智慧聰明,我好在這民前出
> 入;不然,誰能判斷這眾多的民呢?」
>
> (代下1:8–10)

這段禱告的措辭用一種典型的歷代志方式,將大衛之約與亞伯拉罕之約的元素聯合起來。[31] 當許多舊約的聖經和神學線索聚攏起來,耶和華必會完全履行承諾、帶他的子民回家這件事,顯得越來越清晰。

我們再次看到,《歷代志》作者毫無疑問地認為禱告從根本上講就是求耶和華成就他所應許的事。禱告的「福音性」也再次明顯地表現出來。這個重點貫穿始終,直到整個《歷代志》的末尾。

《歷代志下》中的大多數禱告都是這卷書獨有的,但也有一些禱告曾以另一種形式出現在《列王紀》中,例如《歷代志下》六章中所羅門的獻殿禱告。無論與《列王紀上》八章的獻殿禱告有何異同,《歷代志下》的這個版本都證實我們詮釋的方向是正確的。這個禱告的重點並非聖殿,而是耶和華願意垂聽他子民的禱告:

> 雖然所羅門這個獻殿的禱告幾乎是從列
> 王紀上第八章的平行經文中逐字摘錄過
> 來,但《歷代志》的作者卻賦予它在早期

---

[31] 這種想法出現在《列王紀上》3章8節,但在《歷代志》裏被刻意強調出來。

歷史中未曾有過的中心位置和重要性。這個禱告的重要性可以從以下幾個方面來看：(1)這個禱告和神的回應處於一大段交叉敘事的中心，涵蓋整個所羅門執政時期……(2)與《列王紀上》第六章的平行經文不同，它記載獻殿禱告的篇幅比記載建殿的始末（代下3）更長……(3)……對《歷代志》作者來說，「立時報償」的神學源於所羅門自己的禱告。作者其餘述史的主題都奠基在這個禱告上，賦予它在《列王紀》中沒有的重要性。[32]

看看這個禱告本身有多少次直接提到禱告這件事，就足以令人吃驚：

> 惟求耶和華我的神，垂顧僕人的禱告祈求，俯聽僕人在你面前的祈禱呼籲。願你晝夜看顧這殿，就是你應許立為你名的居所，求你垂聽僕人向此處禱告的話。你僕人和你民以色列向此處祈禱的時候，求你從天上你的居所垂聽，垂聽而赦免。
>
> 人若得罪鄰舍，有人叫他起誓，他來到這殿，在你的壇前起誓，求你**從天上垂聽，判斷你的僕人**……

---

[32] Dillard 1987, 頁52。

你的民以色列若得罪你，敗在仇敵面前，**又回心轉意承認你的名，在這殿裏向你祈求禱告**，求你**從天上垂聽**，赦免你民以色列的罪，使他們歸回你賜給他們和他們列祖之地。

你的民因得罪你，你懲罰他們，使天閉塞不下雨，**他們若向此處禱告，承認你的名**，離開他們**的罪**，求你**在天上垂聽，赦免你僕人**和你民以色列的罪，將當行的善道指教他們，且降雨在你的地，就是你賜給你民為業之地。

國中若有饑荒、瘟疫、旱風、黴爛、蝗蟲、螞蚱，或有仇敵犯境，圍困城邑，無論遭遇甚麼災禍疾病，**你的民以色列，或是眾人或是一人，自覺災禍甚苦，向這殿舉手，無論祈求甚麼禱告甚麼，求你從天上你的居所垂聽赦免**。你是知道人心的，要照各人所行的待他們（惟有你知道世人的心），使他們在你賜給我們列祖之地上一生一世敬畏你，遵行你的道。

論到不屬你民以色列的外邦人，為你的大名和大能的手並伸出來的膀臂，從遠方而來，向這殿禱告，求你從天上你的居所垂

聽，照著外邦人所祈求的而行，使天下萬民都認識你的名，敬畏你，像你的民以色列一樣。又使他們知道我建造的這殿，是稱為你名下的。

你的民若奉你的差遣，無論往何處去與仇敵爭戰，向你所選擇的城與我為你名所建造的殿禱告，**求你從天上垂聽他們的禱告祈求，使他們得勝。**

你的民若得罪你（世上沒有不犯罪的人），你向他們發怒，將他們交給仇敵擄到或遠或近之地；他們若在擄到之地想起罪來，回心轉意，**懇求你說：「我們有罪了！我們悖逆了！我們作惡了！」**他們若在擄到之地盡心盡性歸服你，又向自己**的地，**就是你賜給他們列祖之地和你所選擇的城，並我為你名所建造的殿**禱告，求你從天上你的居所垂聽你民的禱告祈求，為他們伸冤，赦免他們的過犯。我的神啊，現在求你睜眼看，側耳聽在此處所獻的禱告。**（代下6:19–40）

不管這個悠長而豐富的禱告還講述了些甚麼，它顯然給予被擄歸回後的百姓一個極大的鼓舞，就是無論被擄流放時期曾經歷過些甚麼，現在耶和華已再次垂

聽並回應他子民的禱告。《歷代志》作者迫切地希望百姓求告耶和華的名，所以禱告成為《歷代志》後續故事中的重要內容。

例如《歷代志下》十三章和十四章中，當耶和華的百姓受到攻擊而被迫進行戰鬥時，他們求神幫助，耶和華就垂聽，為亞比雅和亞撒擊敗敵人：

> 猶大人回頭觀看，見前後都有敵兵，就呼求耶和華，祭司也吹號。於是猶大人吶喊；猶大人吶喊的時候，神就使耶羅波安和以色列眾人敗在亞比雅與猶大人面前。（代下13:14–15）

> 亞撒呼求耶和華他的神說：「耶和華啊，惟有你能幫助軟弱的勝過強盛的。耶和華我們的神啊，求你幫助我們！因為我們仰賴你，奉你的名來攻擊這大軍。耶和華啊，你是我們的神，不要容人勝過你。」於是，耶和華使古實人敗在亞撒和猶大人面前；古實人就逃跑了。（代下14:11–12）

《歷代志下》對一位君王的描述明顯地比《列王紀下》的相應部分多，這位君王就是約沙法。《列王紀》講述的重點是他與亞哈和耶洗別結親的可疑聯繫，而《歷代志》則強調他是一個禱告之人。在《列王紀下》三章的敘述中，神透過他的話工作，約沙法被描繪成

一個敬虔卻幼稚而愚蠢的人。但是在《歷代志》作者的筆下，約沙法則是禱告者的典範：

> 先是亞蘭王吩咐車兵長說：「他們的兵將，無論大小，你們都不可與他們爭戰，只要與以色列王爭戰。」車兵長看見約沙法便說：「這必是以色列王。」就轉過去與他爭戰。約沙法一呼喊，耶和華就幫助他，神又感動他們離開他。（代下 18:30–31）

同樣，在隨後兩章中，約沙法首先帶領國民歸正向神，然後在面對亞捫人和摩押人的威脅時，帶領國民作了下面這個極好的禱告：

> 耶和華我們列祖的神啊，你不是天上的神嗎？你不是萬邦萬國的主宰嗎？在你手中有大能大力，無人能抵擋你。我們的神啊，你不是曾在你民以色列人面前驅逐這地的居民，將這地賜給你朋友亞伯拉罕的後裔永遠為業嗎？他們住在這地，又為你的名建造聖所說：「倘有禍患臨到我們，或刀兵災殃，或瘟疫飢荒，我們在急難的時候，站在這殿前向你呼求，你必垂聽而拯救，因為你的名在這殿裏。」從前以色列人出埃及地的時候，你不容

> 以色列人侵犯亞捫人、摩押人和西珥山人。以色列人就離開他們，不滅絕他們。看哪！他們怎樣報復我們，要來驅逐我們出離你的地，就是你賜給我們為業之地。我們的神啊，你不懲罰他們嗎？因為我們無力抵擋這來攻擊我們的大軍，我們也不知道怎樣行，我們的眼目單仰望你。（代下20:6–12）

這段禱告在《列王紀》中沒有平行經文，它是最清楚的標誌之一，表明《歷代志》旨在邀請已回歸應許之地的神子民向神禱告。禱告是他們需要做、也必須做的事，它是神的聖約（現在也可以稱之為新的約）向未來推進的關鍵。

同樣，希西家做猶大王之後，從一開始就被描述為一個禱告的人。當一個疏失之舉威脅到國家改革的成功時，希西家的第一反應就是禱告：

> 以法蓮、瑪拿西、以薩迦、西布倫有許多人尚未自潔，他們卻也吃逾越節的羊羔，不合所記錄的定例。希西家為他們禱告說：「凡專心尋求神，就是耶和華他列祖之神的，雖不照著聖所潔淨之禮自潔，求至善的耶和華也饒恕他。」耶和華垂聽希西家的禱告，就饒恕（原文作「醫治」）百姓。（代下30:18–20）

神仁慈地回應了他的祈求。當百姓受到亞述人的威脅時，神也沒有遺棄他們：希西家王和亞摩斯的兒子先知以賽亞因此禱告，向天呼求。耶和華就差遣一個使者進入亞述王營中，把所有大能的勇士和官長、將帥盡都滅了。亞述王滿面含羞地回到本國，進了他神的廟中，有他親生的兒子在那裏用刀殺了他。（代下 32:20–21）

當希西家病危之時，他也禱告，並且神就因此保守他的受膏者，延其壽命：那時，希西家病得要死，就禱告耶和華，耶和華應允他，賜他一個兆頭。希西家卻沒有照他所蒙的恩，報答耶和華，因他心裏驕傲，所以忿怒要臨到他和猶大並耶路撒冷。（代下 32:24–25）

關於希西家的改革與他後來的歲月，有不少話題。不過，《歷代志》作者顯然只想把希西家看成一個常常禱告、並且禱告蒙神應允的人。

當然，禱告蒙垂聽不單是君王的特權。在《歷代志下》三十章 27 節中，作者巧妙地插入這樣一個提醒：「那時，祭司、利未人起來，為民祝福。他們的聲音，蒙神垂聽；他們的禱告，達到天上的聖所。」事實上，神垂聽並回應人禱告的恩典是如此之大，**甚至連瑪拿西的禱告都蒙垂聽**，儘管瑪拿西可能是猶大和以色列歷史上最糟糕的君王。

關於瑪拿西禱告的記載很值得一看：

> 耶和華警戒瑪拿西和他的百姓，他們卻是不聽。所以耶和華使亞述王的將帥來攻擊他們，用鐃鉤鉤住瑪拿西，用銅鏈鎖住他，帶到巴比倫去。他在急難的時候就懇求耶和華他的神，且在他列祖的神面前極其自卑。他祈禱耶和華，耶和華就允准他的祈求，垂聽他的禱告，使他歸回耶路撒冷，仍坐國位。瑪拿西這才知道惟獨耶和華是神。（代下33:10–13）

> 瑪拿西其餘的事和禱告他神的話，並先見奉耶和華以色列神的名警戒他的言語，都寫在以色列諸王記上。他的禱告，與神怎樣應允他，他未自卑以前的罪愆過犯，並在何處建築邱壇，設立亞舍拉和雕刻的偶像，都寫在何賽的書上。（代下33:18–19）

瑪拿西向耶和華祈求，耶和華就施恩應允了他。經文只記載這個實情，沒有多作解釋。這就是我們有盼望的原因──如果耶和華連瑪拿西的禱告都願意垂聽，那麼回歸之民就大有盼望。

總結

本章的前面部分曾指出，無論是智慧書還是被擄時期和被擄歸回之後的故事（包括《但以理書》），都一致強調重新開啟和調整神子民的禱告。事實證明這個觀點的說服力。智慧書、《但以理書》《以斯拉記》《尼希米記》和《歷代志》基本上都講到了同一件事──神子民最大的需要就是求告主名。

第五章
《詩篇》、彌賽亞與教會

試圖用一篇短文來探討「禱告與詩篇」這個話題，感覺就像為黑洞拍攝特寫，是個引人入勝的挑戰，卻附帶被吸入渦旋、回不來的危險。

近幾年，教會與學術界都非常關注詩篇的研究。渴望使用詩篇來促進個人或群體的靈修；有些為了探索以色列人宗教儀式的操作與發展；有些試圖將詩篇融入聖經神學的體系；有些困於「文體類別之爭」；亦有嘗試解開詩篇的標題與音樂符號之謎。顯然，本書的範圍無可能涵蓋太多這些問題，我們的焦點肯定（也必須）較為狹隘。

在這一章中，我嘗試解答在探討詩篇複雜之處時面對的四個問題，又不至於忽略我們的主要目標：

1. 詩篇是「禱告」嗎？
2. 是誰的禱告？

3. 詩篇中有自己的信息嗎？

4. 詩篇對合乎聖經的禱告神學有何貢獻？

詩篇是「禱告」嗎？

正如研究舊約時通常出現的情況，這個相當簡單的問題卻有極其複雜的答案。從表面上看，詩篇的文本（在某些情況下）明確地肯定：詩篇「就是」禱告。

許多詩篇都是個人直接對神說的話。[1] 大部分與大衛王朝有關，大都關於神的受膏者所受的試煉。不過，我們發現，對這些詩篇的形式與背景，並不容易達致共同的見解。僅僅是個人的禱告嗎？還是用個人禱告的形式寫給會眾使用的詩歌或哀歌？抑或是個人的禱告轉為會眾的詩歌？要整體地去理解詩篇和它在禱告方面的特別教導，這些都是至關重要，且具挑戰性的問題。我們如何應對這些挑戰呢？《詩篇》這卷書最終的編排形式為我們提供一個潛在的起點，幫助我們縮小顧及的範圍。

《詩篇》中有五篇的標題清楚標示為「祈禱」或「禱

---

[1] 見《詩篇》第 3、4、5、6、7、9、10、12、13、15、16、17、21、22、25、26、28、30、31、35、38、42、43、51、54、55、56、57、59、61、63、64、69、70、71、84、86、90、102、109、120、130、139、140、141、142、143 篇。即使簡單地列出這些序號，就已經顯出數量之多。

告」(těpillâ)。² 例如，第十七篇的標題是「大衛的祈禱」，類似的還有第八十六篇（大衛的祈禱）、第九十篇（神人摩西的祈禱）、第一百零二篇（困苦人⋯⋯的禱告）與第一百四十二篇（儘管標題先說它是大衛的**訓誨詩**，³ 但接著就指出「乃是祈禱」⁴）。我們不太清楚為甚麼只有這幾篇**特別標明**為「祈禱/禱告」，而其它擁有相似特徵的詩篇卻沒如此標明。我們甚至不太清楚這術語是否與具體的結構特徵和詩歌的體裁有關，抑或只是個普通術語。⁵

除了這小部份被正式「歸類」出來的詩篇，顯然還有許多其它的詩篇也符合我們為禱告所下的定義——「求告耶和華的名」。例如，雖然第一篇與第二篇不是直接對神說的話，但由第三篇到第八篇都是；這種模式貫穿整卷《詩篇》。同樣值得注意的是，即使在宣告性（例如第十九篇）或祝福性（例如第二十篇）的詩歌中，也常常出現「禱告」（例如 19:12–14 和 20:9）。

---

² *HALOT*，卷 2，页 1776–1777。
³ *Maskil* 通常被理解為音樂術語，但該詞的翻譯並不確定。
⁴ 舊約另一處出現這個標記的地方是《哈巴谷書》3 章 1 節。
⁵ 這方面的文獻資料甚少（但可參考 Hossfeld 与 Zenger 2005，页 370; G. H. Wilson 2002，页 318，注 4; Kraus 1993a，页 26）。很可能是因為在解釋詩篇時，人們對標題的作用和詩篇分類的標準都尚不確定。有意思的是，在 Futato 對《詩篇》的精彩介紹（2007，页 145–182）中，他並沒有將「禱告」歸為詩篇的一個類別。

以上簡短的引言，足以引發關於《詩篇》體裁更廣泛的問題，進而帶出個別的詩篇與詩篇合集兩者的起源問題。[6]

自從十九世紀末、二十世紀初，赫爾曼·袞克爾（Hermann Gunkel）開創了所謂形式批評法以來，《詩篇》的研究便開始致力於尋求每首詩歌所對應的類型（*Gattung*）與生活場景（*Sitz im Leben*）。袞克爾認為標題無關緊要，他試圖透過每首詩表面的陳述，去發現背後的真實生活背景。他識別出詩篇的七大類型：讚美詩、集體哀歌、個人詩歌、感恩詩歌、個人哀歌、宗教禮儀詩歌與及王室詩歌。[7] 有趣的是，這些「類型」沒有一種乎合他所形容的「禱告」。袞克爾之所以對「詩篇是禱告」這觀點不感興趣，是因為他認為，詩篇在宗教儀式中的功能才是解讀詩篇的首要語境。也就是說，就算某一詩篇是以個人祈禱開始，重點是這個禱告被納入聖殿禮儀之中。

挪威人西格蒙德·莫溫克（Sigmund Mowinckel）進一步發揚袞克爾的觀點，提出詩篇是為敬拜儀式而**被創作出來**的（因此無一是「私人的禱告」）。[8] 他試圖將每篇詩篇都與某個特定的宗教場合聯繫起來。

---

[6] Kyu Nam Jung (1990) 對《詩篇》裏的禱告作了很不錯的的綜述，儘管他的分類比較寬泛。
[7] Gunkel 1967，頁 10–25；1998。
[8] Mowinckel 1962。

但是，克勞斯·韋斯特曼（Claus Westermann）[9]這位二十世紀最嚴謹、最具影響力的《詩篇》學者，在其1981年的著作《詩篇中的讚美與哀歌》（*Praise and Lament in the Psalms*）中，首要指出這種把焦點放在宗教節慶禮儀的做法極不可靠。他認為**從「敬拜神」的角度解讀《詩篇》更為可靠。**

後來，艾哈德·戈斯騰柏格（Erhard Gerstenberger）提出一個幾乎兩全其美的觀點。他認為詩篇最初的寫作和用途不是來自宗教禮儀或公開敬拜儀式，而是來自家庭生活的場景，然後這些「家庭詩歌」被祭司與利未人選用於公眾生活當中。[10]

在所有關於詩篇起源的爭論中，不管是針對個別詩篇的寫作環境，還是群體使用這合集的氛圍，我們都必須承認：**《詩篇》作為一個整體，為我們提供了最詳細和最持久的示範，告訴我們神的子民是可以、應該和必須如何呼求神。**如果禱告就是「求告耶和華的名」，那麼我們當然可以用詩篇來塑造（甚至是「決定」）聖經中的禱告觀。我認為《詩篇》這卷書在本質上就是一卷禱告集，對發展合乎聖經的禱告神學至關重要。[11]

---

[9] Westermann 1980, 1981。
[10] Gerstenberger 1988。
[11] 這並非全新的觀點，請參考亞他那修（Athanasius）的權威著作《致馬塞里努斯書》（*Letter to Marcellinus*）。這本書大概是關於如何閱讀《詩篇》用它禱告的最佳教導。

雖然詩篇內容的分析很複雜，[12] 但上述論點的證據極多、不容忽視。即便我們只粗略地閱讀，也不難發現，《詩篇》的主要內容都是直接向神說的話，或是鼓勵人直接尋求神。換言之，禱告在《詩篇》中佔主導的位置。然而，這便引發了袞克爾曾提出（接著有不少人來解答）的一個問題：到底是誰的禱告？我認為形式批判並非最好（或最具說服力）的解答方法。不過，出乎意料地，解答問題的幫助近在眼前。

誰的禱告？

迪特里希·朋霍費爾（Dietrich Bonhoeffer，德國認信教會牧師，曾參與行刺希特勒計劃，1945年因計劃失敗而被絞刑處決）在其影響深遠的精闢著作《詩篇：聖經的禱告書》（*Psalms:The Prayerbook of the Bible*）[13] 中指出：閱讀詩篇首先需要明白這些詩不是**我們的**詩，原先都是大衛的詩，其次是耶穌的詩。[14] 儘

感謝我的同工 Tony Pyles 提醒我按這部優秀著作所指出的方向來思考。參考 Gregg 1980，頁 101–129。

[12] 當代學者對分析《詩篇》中直接對神說話的部分甚感興趣，而這絕不是一件簡單的事。有關此領域的介紹請參考 Jacobson 2004（尤其是他第 17 頁中的參考書目）。

[13] 朋霍費爾，1974。

[14] 我還要感謝比利時聖經學院（Institut biblique belge）的院長 James Hely Hutchinson，以及悉尼摩爾神學院（Moore Theological College, Sydney）前院長 John Woodhouse，他

管朋霍費爾著作不多,而解經(和神學)作品更少,但他這觀點卻提出一個豐碩的聖經神學方法,解決了「如何閱讀詩篇」這個最基本(卻困擾《詩篇》的研究超過兩百年)的問題。

《詩篇》的前四十一篇中有三十七篇是「大衛的詩」。[15] 由此可見,不管大衛與《詩篇》之間的關聯究竟是什麼,[16] 他對這部詩集的影響是顯而易見的。

《詩篇》第一篇樹立了義人與惡人的典範(這也順帶提出了關於大衛王統治與遺業的問題)。[17] 第二篇介紹耶和華的君王、兒子並彌賽亞在戰勝世上邪惡勢力所擔負的角色。[18] 之後,第三篇是《詩篇》中第一個明顯的禱告。[19] 這首詩的主題和基調引入一個跑

們多年前第一個向我指出,《詩篇》在實質上是彌賽亞的禱告。

[15] 關於詩篇標題中「*lamed*」(希伯來拼音的第十二個字母)的重要性,長期以來備受爭議。我一直反對將該字母解讀為描述作者身份的觀點。然而,此處我要討論的並不是某一詩篇的作者身份。

[16] 見後文中「詩集中有預言嗎?」那一部分,其中較完整地討論了大衛詩歌編排的重要性。

[17] Jacobson 2004; 另見 deClaisseWalford 等 2014, 頁 64, 其中強調了這首詩後半部分與大衛家族的關聯, 但却沒有繼續研究大衛遺業的負面影響。

[18] 關於《詩篇》第 2 篇所談論的對象,許多人都做過討論。這首詩所談的是大衛嗎?是大衛後裔中的一位嗎?還是泛指大衛所有的後代?這個問題仍在熱烈爭論中。

[19] 正如我先前所述,不管第 3 篇「在形式上」是「禱告」還是別的什麼,都不重要。重要的是這首詩(不管是用來祈禱、誦讀或唱詠)包含了對禱告的清晰理解。

調的音符，我們所看到的主人公，從前面兩首詩中的「義人典範」和「得勝君王」，變成一個被敵人攻擊、掙扎求救的凡人大衛。

第三篇開頭的兩節（尤其配以「大衛逃避他兒子押沙龍的時候作的詩」這個標題來看）提出了一個重要的釋經學要點：

> 耶和華啊，我的敵人何其加增！有許多人
> 起來攻擊我；有許多人議論我說：「他得
> 不著神的幫助。」（詩3:1–2）

第一首「大衛詩歌」是從「受膏者」大衛面臨眾多敵人的攻擊開始。如此開頭，絕非偶然。這些仇敵不僅是政治性，更是**神學性**的。在某程度上，他們敵對的不單是大衛個人，而是**神揀選的那一位大衛**。這引出了一個釋經重點——顯而易見，我們既非神的受膏者，我們的仇敵也未必與神的仇敵同盟。[20] 由此我們強烈地意識到，大衛的禱告不可能是我們的禱告。固然有人會傾向狂妄自大，但沒有多少會聲稱自己是神在世上展開計劃的關鍵人物。從來無人直接從神得到應許說：「你的後裔中將有一位會永遠作王」。也無人能隨便地說：「我的敵人就是神的敵人。」[21]

---

[20] 感謝 Christopher Ash 為我指明這一點。
[21] 當然，不是說這個等式在任何情況下都不成立。在我寫書期間，每週都會有伊斯蘭國的武裝勢力搜查並屠殺基督徒。他們是否可以被稱為「神的敵人」？答案是肯定的。但是，除了這種明顯是「為福音受害」的情況，我們遇到的環境

這簡單的事實提醒我們，別假設這些詩篇的寫作目的（或《詩篇》反映出的禱告神學）是不證自明的。這篇第一首大衛的詩歌中，其基本假設和標題所指的特殊情況，都意味著其另有所指。

　　比如，鑒於第二篇中已預計有衝突發生，所以第三篇以及隨後的詩歌可以大致理解為「**受膏者大衛**」的遭遇，他雖然是受膏者，卻蒙召受苦；在重壓之下不斷求告耶和華，**求耶和華實現他的應許**（《撒母耳記》中神對大衛與大衛王朝的應許）。若果真如此，那就有力地證明我們之前的觀點。

　　不過，在繼續探討之前，必須解釋一下這個觀點的含義：若這些詩歌不再被視為「我們的」詩歌，那麼是否神的百姓就完全不能代入這些詩歌？答案是肯定的，也是否定的。更準確地說，這些詩歌（大部分）**最初**是大衛這位受膏者（彌賽亞）的禱告。後來，它們想必曾被「彌賽亞的百姓」（以色列民）所採納，用來禱告（或唱詠）。當我們在聖經神學的語境中，把這些「受苦的受膏者之禱告」解讀為耶穌「**這位彌賽亞的禱告**」時，就讀出了其中全部的意義。那麼，我們可否以基督徒的身份用它們來禱告呢？當然可以。就像耶穌讓我們分享他對天父的禱告一樣，[22] 他的死與復活使跟隨他腳蹤的人也可以仿效他作這些「彌賽

和衝突通常遠遠不能作如此截然分明的定論。
[22] 見第六章的討論。

亞式」的禱告。我們雖沒有**經歷**他的受苦，卻**在基督的受苦中有份**，這使我們完全可以呼應他的禱告。正如朋霍費爾所言：

> 大衛本人可能曾用這詩作歌禱告。若真如此，他是以被神膏立之君王身份禱告，因而受人逼迫，耶穌基督則從他的後裔而出。簡言之，他以基督的祖先身份禱告，而且基督自己也曾用這詩篇禱告、首次帶出其完整的意義。我們必須先與耶穌基督聯合，像那些曾與基督一同受苦的人一樣，才有資格用這首詩禱告。[23]

應該強調的倒是，這不是說我們可以把自己的際遇帶入《詩篇》中，然後把裏面所描述的種種人生挑戰，看成是自己的經歷。[24] 相反地，這聖經神學的視角，始於認知這些禱告絕對**不是我們的禱告**（至少起初不是），它們原先是彌賽亞的禱告，但在神的慈愛中，彌賽亞吸引人與他聯合，才成為彌賽亞百姓的禱告。因此，當我們用詩篇禱告時，務需非常謹慎。

---

[23] 朋霍費爾，1974，頁 36–37。這與新約中我們分享基督苦難的概念相呼應。

[24] 人們常藉著把《詩篇》描述為「聖經禱告手冊」來表達出這種觀點。這不僅發生在大眾層面，也發生在較學術性的層面，例如見 Schaefer 2001，尤其是「禱告學校」（'A School of Prayer', xxv–xxxi）這一部分。

但是，這個論點確實引出一個非常明顯的問題：很多詩篇不是與大衛王朝有關的，怎能說詩篇就是**彌賽亞的禱告**呢？

這個問題所涉及的研究範圍極廣，無法在這裏詳盡解答。不過，我在前面指出的幾首、明確標示為「祈禱/禱告」(tĕpillîm) 的詩，可以為我們提供一個有用的起點。[25] 這「五件組」包括三首大衛的詩（17，86 和 142）及兩首非大衛的詩（被描繪為「摩西的詩」的第 90 篇，和第 102 篇「困苦人的詩」）。我們接下來逐一地探討這每一首詩將大有裨益。首先，我們來看第十七篇：

> 大衛的祈禱。
>
> 耶和華啊，求你聽聞公義，側耳聽我的呼籲！求你留心聽我這不出於詭詐嘴唇的祈禱。願我的判語從你面前發出；願你的眼睛觀看公正。你已經試驗我的心，你在夜間鑒察我，你熬煉我，卻找不著什麼。我立志叫我口中沒有過失。論到人的行為，我藉著你嘴唇的言語自己謹守，不行強暴人的道路。我的腳踏定了你的路徑；我的

---

[25] 对《詩篇》作形式批判研究的專家很可能會高聲反對：「你不能這麼做！」我只請求他們暫且容忍我，看看我是否**能**做得到。

兩腳未曾滑跌。神啊，我曾求告你，因為你必應允我；求你向我側耳，聽我的言語！求你顯出你奇妙的慈愛來，你是那用右手拯救投靠你的，脫離起來攻擊他們的人。求你保護我，如同保護眼中的瞳人，[26] 將我隱藏在你翅膀的蔭下；使我脫離那欺壓我的惡人，就是圍困我要害我命的仇敵。他們的心被脂油包裹；他們用口說驕傲的話。他們圍困了我們的腳步；他們瞪著眼，要把我們推倒在地。[27] 他像獅子急要抓食，又像少壯獅子蹲伏在暗處。耶和華啊，求你起來，前去迎敵，將他打倒，用你的刀救護我命脫離惡人。耶和華啊，求你用手救我脫離世人，脫離那只在今生有福分的世人！你把你的財寶充滿他們的肚腹；他們因有兒女就心滿意足，將其餘的財物留給他們的嬰孩。至於我，我必在義中見你的面；我醒了的時候，得見你的形像（「見」或作「著」），就心滿意足了。

---

[26] 原文的字面翻譯是「你眼中的小人兒」，就是指瞳孔。
[27] 參考 G. H. Wilson 2002, 頁 324, 其中很好地探討了這節經文的翻譯問題。

在這首詩中，大衛的經歷顯然與我們的經歷略有不同。二十一世紀的基督徒讀這首詩，可能不會立刻得到安慰，反而會覺得不大自在。比如，大衛聲稱自己的嘴唇不詭詐（17:1）；他甚至宣稱，即使神鑒察他，也找不出什麼可責備的過失（17:3）；他視自己為「神眼中的瞳人」（17:8）；他描述敵人的強大之後，認為神一定會為他打倒敵人（儘管他們眼前很昌盛，17:13–14）。詩的最後表達了大衛深信耶和華的恩典與賜福，並盼望看見「神的形像」。

大衛的許多詩歌都公然宣稱自己「無罪」（至少是「無可指摘」），這尤其令人覺得不敢苟同。[28] 可是，事實不必如此。如果我們首先將這些詩歌視為彌賽亞的詩歌，所有問題就煙消雲散了。大衛所說的無罪、清潔和行為毫無瑕疵，都是就一個特定範圍而言的。他不是宣稱自己已到了無罪的完美境界，而是堅持他已經無可指摘地**履行了作為神的受膏者（彌賽亞）的職責**。因此，他求神幫他對付敵人，絕非出於私人恩怨，而是因為這些人反對神的受膏者（彌賽亞），也就是反對神的旨意。

說白了，這第一首的「祈禱詩」是懇求神成就他的聖約應許，按這應許為彌賽亞辯護。

---

[28] 如 G. H. Wilson（同上，頁 320）從 *mišpāṭ*（宣判）的律法特質來分析「義」：「詩人期待自己能夠在神的審查中倖存，因為神找不出他有什麼邪惡。」

此外，這個禱告最終的目的是大衛能見到耶和華的面（或形像），就像《民數記》十二章 8 節中描述的摩西一樣。以第一身祈求「得見神之面」這心願非常符合彌賽亞的身份，很可能暗示彌賽亞作為中保有能力將遠離耶和華的百姓帶回。因此，以彌賽亞的終極任務為背景來理解這五首「祈禱詩」中的第一首，最自然不過了。

同樣的視角出現在第二首「祈禱詩」中，即第八十六篇：

大衛的祈禱。

耶和華啊，求你側耳應允我，因我是困苦窮乏的。求你保存我的性命，因我是虔誠人。我的神啊，求你拯救這倚靠你的僕人。主啊，求你憐憫我，因我終日求告你。主啊，求你使僕人心裡歡喜，因為我的心仰望你。主啊，你本為良善，樂意饒恕人，有豐盛的慈愛，賜給凡求告你的人。耶和華啊，求你留心聽我的禱告，垂聽我懇求的聲音！我在患難之日要求告你，因為你必應允我。主啊，諸神之中沒有可比你的，你的作為也無可比。主啊，你所造的萬民都要來敬拜你，他們也要榮耀你的名。因你為大，且行奇妙的事，惟獨你是神。耶和華啊，求你將你的道指教

> 我，我要照你的真理行；求你使我專心敬
> 畏你的名。主我的神啊，我要一心稱讚
> 你，我要榮耀你的名，直到永遠！因為你
> 向我發的慈愛是大的，你救了我的靈魂，
> 免入極深的陰間。神啊，驕傲的人起來攻擊
> 我，又有一黨強橫的人尋索我的命，他們沒
> 有將你放在眼中。主啊，你是有憐憫、有恩
> 典的神，不輕易發怒，並有豐盛的慈愛和誠
> 實。求你向我轉臉，憐恤我，將你的力量賜
> 給僕人，救你婢女的兒子。求你向我顯出
> 恩待我的憑據，叫恨我的人看見便羞愧，
> 因為你耶和華幫助我，安慰我。

雖然這首詩有很多地方與第十七篇非常相似，[29] 但它與一般人的經驗有更高程度的共鳴。大衛稱自己是「困苦窮乏」的，表面看來，這比他自稱在神面前無可指摘更容易被我們認同。不過，我們很快就發現，這個禱告不止是關於大衛個人、內心的屬靈之旅。第 2 節中，大衛自稱為神的「僕人」，並明確宣告「你是我的神」（和合本譯為「我的神啊」），這些話應該被理解為君王大衛對神發出的效忠宣言，而非他個人

---

[29] Zenger（与 Hossfeld 合著，2005，页 369）認為，第 86 篇是對此前所有大衛詩歌的創新性總結，並與第 102 篇有重大聯繫，這更加說明這些「祈禱詩」之間是緊密關聯的。

的虔誠。[30] 繼續讀下去，我們發現在某程度上，詩人的命運與神的聖約旨意緊密相連。第 9–10 節讓我們看到，耶和華的能力何止是出手救助他的僕人，有一件比解救人脫險更重要的事，那就是聖約的最終結局（$telos$）。[31]

因此，我們就能理解 11–13 節中的祈求了。這幾節禱詞不單是祈求在神學知識或愛心的增長，而是應該理解為：一位君王正在禱告、向神祈求智慧，因他正面臨 14–17 節所描述敵對聖約的嚴峻壓迫。一旦認識到這一點，自然能理解大衛的祈求：他是在呼求耶和華按他聖約的信實採取行動，成就他對彌賽亞君王與百姓的應許。[32]

接著我們來看《詩篇》第九十篇——神人摩西的禱告。這首詩被列在「祈禱詩」中，有點令人費解。

> 神人摩西的祈禱
> 主啊，你世世代代作我們的居所。諸山未曾

---

[30] 當然，也不能排除這種可能。
[31] 請參考 Hossfeld 与 Zenger（2005，页 366）的評論。此外，P. D. Miller（1994，页 125）在討論《詩篇》時指出：「約的紐帶和他們與神互動的歷史，使他們完全有理由認為：他們與神的關係是他們存在的全部原因，也是神對他們所懷的特殊目的……在這些祈禱中，他們用各種方式提醒神，為的是獲得神當下的保護和幫助。」
[32] Kraus（1993b，页 182）完全不認同將這首詩視為彌賽亞的詩歌，然而他指出，詩人「在普世與末世之光中看到了耶和華的救贖大能」，這也就承認了這首詩所祈求的視野範圍涉及到彌賽亞的救贖。

生出，地與世界你未曾造成，從亙古到永遠，你是神！你使人歸於塵土，說：「你們世人要歸回。」在你看來，千年如已過的昨日，又如夜間的一更。你叫他們如水沖去，他們如睡一覺。早晨，他們如生長的草，早晨發芽生長，晚上割下枯乾。我們因你的怒氣而消滅，因你的忿怒而驚惶。你將我們的罪孽擺在你面前，將我們的隱惡擺在你面光之中。我們經過的日子都在你震怒之下；我們度盡的年歲好像一聲嘆息。我們一生的年日是七十歲，若是強壯可到八十歲；但其中所矜誇的不過是勞苦愁煩，轉眼成空，我們便如飛而去。誰曉得你怒氣的權勢？誰按著你該受的敬畏曉得你的忿怒呢？求你指教我們怎樣數算自己的日子，好叫我們得著智慧的心。耶和華啊，我們要等到幾時呢？求你轉回，為你的僕人後悔。求你使我們早早飽得你的慈愛，好叫我們一生一世歡呼喜樂。求你照著你使我們受苦的日子和我們遭難的年歲，叫我們喜樂。願你的作為向你僕人顯現；願你的榮耀向他們子孫顯明。願主我們神的榮美歸於我們身上。願你堅立我們手所做的工；我們手所做的工，願你堅立。

這個古老的禱告從神的先存性講起，並談及摩西五經好幾個關鍵的主題，[33] 它清楚地指出人類的絕望處境，以及整個民族最大的需要乃是神的介入（見 90:11）。不過，對我們的研究課題來說，詩歌的最後一部份更顯重要。求神指教我們「數算自己的日子」與從聖約的角度看待歷史有關，「第 12 節並不是懇求神教導人智慧，而是求自己能準確數完、得見神忿怒的日子完結」。[34]

呼求神「轉回」，唯一的解釋就是求神持守聖約應許。渴望神讓我們「早早飽得」他的「慈愛」，在本質上這渴求也是與聖約有關。在 15–17 節的禱告中，詩人不斷哀求神「願你的作為向你僕人顯現」，同時求神以他的恩寵「堅立我們手所做的工」，這都進一步証明摩西禱告的核心就是渴望神履行他的應許。

因此，總觀第九十篇的影響，就是從「大衛王朝」呼求神動工的語境脫穎而出，強調神的作為超越大衛。即使大衛失敗、大衛家族的盼望破滅，但神的憐憫能重燃盼望，因為他預備了比「偉大的大衛」更偉大的「大衛之子」。

我們甚至可以說：這些「祈禱詩」是被精心安插

---

[33] 留意 1–10 節中提到了創造、墮落與審判（洪水）。還可參考 Tanner（與 deClaisseWalford 等合著，2014，頁 690–691）關於《詩篇》中的「摩西特色」的評論。
[34] 同上，頁 694。Tanner 還指出此處與《出埃及記》32–34 章有平行內容。

在詩集中的，表明《詩篇》中的禱告觀與我們從舊約其它部分所看到的禱告觀完全吻合。但最後兩首「祈禱詩」是否也能證實這一點呢？我們先看第一〇二篇：

（困苦人發昏的時候，在耶和華面前吐露苦情的禱告。）

耶和華啊，求你聽我的禱告，容我的呼求達到你面前。我在急難的日子，求你向我側耳，不要向我掩面；我呼求的日子，求你快快應允我。因為我的年日如煙雲消滅；我的骨頭如火把燒著。我的心被傷，如草枯乾，甚至我忘記吃飯。因我唉哼的聲音，我的肉緊貼骨頭。我如同曠野的鵜鶘，我好像荒場的鴞鳥。我警醒不睡，我像房頂上孤單的麻雀。我的仇敵終日辱罵我，向我猖狂的人指著我賭咒。我吃過爐灰，如同吃飯；我所喝的與眼淚攙雜。這都因你的惱恨和忿怒；你把我拾起來，又把我摔下去。我的年日如日影偏斜；我也如草枯乾。惟你耶和華必存到永遠，你可記念的名也存到萬代。你必起來憐恤錫安，因現在是可憐他的時候，日期已經到了。你的僕人原來喜悅他的石頭，可憐他的塵土。列國要敬畏耶和華的名；世上諸

> 王都敬畏你的榮耀。因為耶和華建造了錫安，在他榮耀裏顯現。他垂聽窮人的禱告，並不藐視他們的祈求。這必為後代的人記下，將來受造的民要讚美耶和華，因為他從至高的聖所垂看。耶和華從天向地觀察，要垂聽被囚之人的歎息，要釋放將要死的人，使人在錫安傳揚耶和華的名，在耶路撒冷傳揚讚美他的話，就是在萬民和列國聚會事奉耶和華的時候。他使我的力量中道衰弱，使我的年日短少。我說：「我的神啊，不要使我中年去世；你的年數世世無窮。你起初立了地的根基，天也是你手所造的。天地都要滅沒，你卻要長存；天地都要如外衣漸漸舊了，你要將天地如裡衣更換，天地就都改變了。惟有你永不改變，你的年數沒有窮盡！你僕人的子孫要長存，他們的後裔要堅立在你面前。」

　　從多方面來看，這首詩對我們的論點（即《詩篇》的禱告觀與先前的舊約書卷一致）是一個巨大的考驗。這首詩雖與前文談到的第八十六篇有明顯的聯繫，但它與許多詩歌一樣，沒有明確提到大衛或任何其他的君王。[35]

---

[35] 但這本身並不排除此詩出自君王之口的可能性。請參考 Goldingay 2008，頁 149。

詩的標題似乎暗示這首詩的作者只是個普通人，並非在救贖歷史中有任何特別的角色。儘管他的痛苦極深（4–6 節），他的重要性只在於他有神子民的身份（14 和 17 節）。與大衛的「祈禱詩」不同，詩人沒有將自己的敵人直接等同於神的敵人。[36] 這是另類的禱告，明顯地見於詩人為自己所求的事，有異於他大體上求耶和華成就的事。

詩人為自己祈求時，首先懇請耶和華垂聽他的呼聲（1–2 節），隨後在 24 節中提出他唯一的具體要求：

> 我說：「我的神啊，不要使我中年去世；
> 你的年數世世無窮。」

令人吃驚的是，在這首神學內容非常豐富的詩中，詩人提出的唯一要求竟是非常普通的事 —— 求耶和華別讓他英年早逝。他為甚麼要這樣求？詩中其它的內容如何為這要求上色陪襯？我們再一次看到，理解這首詩的關鍵是要把詩人的呼聲放在一個基本的框架上，即禱告就是呼求耶和華成就他的聖約應許。[37]

詩人為自己發出有限的要求，卻把神在世上的作

---

[36] 令人驚奇的是，他的敵人明明是無故攻擊他，但他在呼求神直接起來對付敵人時，卻顯得言語寡少，他只是求神起來做他所應許的事。

[37] 詩人使用「我的神」這一稱呼，顯然說明這首詩應該從約的角度來看待（Hossfeld 與 Zenger 2011，页 26；又見 deClaisseWalford 等，2014，页 756）。

為繪形繪色地陳述得淋漓盡致。詩人在滿懷悲痛地描述自己的處境之後，突然在 12–13 節轉換鋪排：

> 惟你耶和華必存到永遠，你可記念的名也
> 存到萬代。你必起來憐恤錫安，因現在是
> 可憐他的時候，日期已經到了。

自二十世紀二十年代以來，以「耶和華作王」或「錫安神學」為特徵的詩篇備受關注。然而，在這首詩中，我們只需明白：詩人所關心的是所謂的「聖約之事」，超過自己的個人處境。也正是耶和華在世上工作的進程，賦予他看待自己遭遇的正確視角，也賦予他個人受苦的終極意義。這一點隨著詩的推進變得越發清晰。

詩人在 15 節作出末世宣告（亦出現在 86:9），之後他清楚地指出，他的個人祈求若蒙垂聽，那是因為耶和華要在地上榮耀他自己：

> 因為耶和華建造了錫安，在他榮耀裏顯
> 現。他垂聽窮人的禱告，並不藐視他們的
> 祈求。（詩102:16–17）

甚至連神應允禱告這件事，也必須放在「神對世界的計劃」這個更廣泛的背景中去理解（另見 18–22 節）。

這一切使詩人在 24 節中所提出的個人祈求變為相對性。他想繼續活下去嗎？當然想。但詩人慎重地將求生的慾望降服在一件更偉大的事情之下，甚至將它

歸入一個更偉大的禱告，就是耶和華的旨意在世上終究的實現。詩的高潮帶出一個信念，就是神的子民最終必得安穩、並清晰地體會到他們的禱告不應以自身的命運為中心，而是以成就神之聖約計劃為中心。

於是，令人驚訝的是連非受膏的隱名詩人的禱告也支持這論點：《詩篇》中的禱告本質上就是求告神實現他向彌賽亞或彌賽亞之民的應許，[38] 繼續在世上成全他的旨意。接下來，我們看《詩篇》中的最後一首「祈禱詩」——第一四二篇：

> （大衛在洞裡作的訓誨詩，乃是祈禱）
>
> 我發聲哀告耶和華，發聲懇求耶和華。我在他面前吐露我的苦情，陳說我的患難。我的靈在我裡面發昏的時候，你知道我的道路。在我行的路上，敵人為我暗設網羅。求你向我右邊觀看，因為沒有人認識我。我無處避難，也沒有人眷顧我。耶和華啊，我曾向你哀求，我說：「你是我的避難所，在活人之地，你是我的福分。」求你側耳聽我的呼求，因我落到極卑之

---

[38] 另見 Hossfeld（与 Zenger 合著, 2011, 頁 28）在 Erbel-eKuster 的研究基礎上所發展的觀點。他認為既然詩篇第 102 篇被安插在大衛詩歌（第 101 和 103 篇）之間，就可以從大衛詩歌的角度去研究 102 篇。

地;求你救我脫離逼迫我的人,因為他們比我強盛。求你領我出離被囚之地,我好稱讚你的名。義人必環繞我,因為你是用厚恩待我。

這最後一首「祈禱詩」相對比較直白,它被刻意放在後面,因《詩篇》的結尾部分越來越強調與大衛王朝相關的內容。[39] 詩的標題把我們直接帶回去大衛與掃羅爭戰的日子,那緊張局面涉及「誰才是耶和華真正的受膏者?」這個問題。當然,這首詩「發表」時,答案已經顯而易見。但是,對大衛來說,當時若要存活,神必需按照膏立他時的承諾來拯救他。這個禱告在本質上也是大衛為著王朝呼求耶和華按應許而行。請看霍斯菲爾德(Hossfeld)的精彩評論:

> 整個標題將聚光燈集中在大衛身上,是他用這大衛詩歌中的第五首來禱告。從歷史的角度它確認這就是《撒母耳記》中所描述的「歷史」人物大衛。標題中關於本詩體裁的術語,指明大衛的歷史原型是位具智慧的教師,也是困境中禱告的卑微人……[40]

對於「詩篇是誰的禱告」這個問題,顯然沒有一個簡單的答案。很多詩篇被歸在大衛名下,無論怎樣

---

[39] 請看下文中對《詩篇》結構的討論。
[40] Hossfeld 和 Zenger,2011,頁 565。

解釋，一個具說服力的事實是：這些禱告有很多都應被視為「彌賽亞的祈禱」，因為詩人在求告耶和華實現他的應許。在某程度上這也確認我們的論點，就是反映出《詩篇》與聖經其它地方相同的禱告觀——禱告乃是求告耶和華的名——但還有後話。

這五首「祈禱詩」呈現一個在本質上的連續性：先人的禱告（如第 90 篇中的摩西）、彌賽亞的禱告（大衛）和大衛之後、忠心的以色列民的禱告，一脈相承地切切等候**那位**彌賽亞。每個禱告的重點都聚焦於耶和華聖約計劃的進程，禱告就是單一地求神做他已經承諾的事。我們稍後再繼續討論這一點。

在此讓我們先來看看這個相對簡單的觀察如何影響其餘詩篇的解讀（尤其是如何解讀那些不符合把禱告狹義為「求告耶和華之名」的詩篇）。[41]

韋斯特曼等人認為，大多數詩篇都可歸入「感恩」、「頌讚」與「哀悼」這幾大類，這樣分類也是挺合理的。[42] 亦有人增加了一些其它的類別，如智慧詩與王室詩。[43] 擺在我們面前的問題是：這些體裁的類別（以及相關

---

[41] 當然，對本書這樣一般性的研究來說，即使稍微涉足《詩篇》文體類別研究這攤「渾水」，也是很冒險的。不過，儘管本書不能用大量篇幅來引述這個領域中的諸多著作，但若迴避談論這話題，也是不當的。

[42] 见 David M. Howard（2005，頁 23–40）對此爭論的精彩總結。

[43] 請參見論文集《詮釋詩篇》（*Interpreting the Psalms*, Johnston 与 Firth, 2005），其中對各類詩篇作了很好的總結。

的次類別）與「禱告」（即求神兌現諾言）這個特殊類別有何關係？

我們常常著力探究個別詩篇的原始寫作背景（或文學體裁），卻忽略了一個相當簡單的事實，就是以上所列出的每一類別都與禱告——向耶和華說話並求聖約之神採取行動——有一種內在的關聯。

感恩詩幾乎無一例外地都是感謝神成就了他所應許的事，感謝他拯救或保護了他的彌賽亞君王，或是感謝他讓百姓能屬於一位這樣的君王。例如，《詩篇》第九十五篇開頭籠統地號召人來感恩，然後必然地、基於以色列蒙神揀選，就帶出6–7節中的呼召：

> 來啊，我們要屈身敬拜，在造我們的耶和華面前跪下。因為他是我們的神，我們是他草場的羊，是他手下的民。惟願你們今天聽他的話。

對於頌讚詩，例如第十八篇，即使是速讀瀏覽一遍，也不難發現：「祈求耶和華按應許施行拯救」（他的受膏者）與「頌讚神成就了人祈求他做的事」（有些時候神甚至在人未求以先已採取行動）兩者之間的內在聯繫。感恩與頌讚往往不容易區別，詩篇中常見兩者兼備。但有一點是清楚的，就是感恩和頌讚都與禱告呼求神採取行動互相關聯。

同樣，哀悼詩也不例外，哀歎以色列民（有時是

個別的人或彌賽亞本身）眼前的光景與耶和華聖約承諾的祝福有出入。在這一點上，我們可以說，哀悼詩是我們看待禱告的「鏡像」——眼見神沒有行動，還是不求告他，反而選擇抱怨。[44] 因此第四十四篇通常被認為是《詩篇》中第一首集體哀悼詩，它是這樣開頭的：

> 神啊，你在古時，我們列祖的日子所行的事，我們親耳聽見了；我們的列祖也給我們述說過。你曾用手趕出外邦人，卻栽培了我們列祖；你苦待列邦，卻叫我們列祖發達。因為他們不是靠自己的刀劍得地土，也不是靠自己的膀臂得勝，乃是靠你的右手、你的膀臂和你臉上的亮光，因為你喜悅他們。（詩44:1-3）

有趣的是，在第四十四篇的結尾，這首哀悼詩完全變為我所說的那種禱告：主啊，求你睡醒，為何盡睡呢？求你興起，不要永遠丟棄我們。你為何掩面，不顧我們所遭的苦難和所受的欺壓？我們的性命伏於塵土；我們的肚腹緊貼地面。求你起來幫助我們，憑你的慈愛救贖我們！（詩 44:23-26）

智慧詩也有類似明顯的特徵。《詩篇》第三十七篇是大衛的智慧詩，我們讀這詩時會發現，「應許」

---

[44] Westermann 1987 仍是哀悼詩（哀歌）研究的經典著作。

與「救贖」這兩個主題越來越明顯（例如不斷提及「承受地土」，詩中的高潮強調得救）：

> 但義人得救，是由於耶和華。他在患難時作他們的營寨。耶和華幫助他們，解救他們；他解救他們脫離惡人，把他們救出來，因為他們投靠他。（詩37:39–40）

在這個例子中，禱告之前首先有真理的陳述，其邏輯是：正確認識真理會引導忠心的以色列人求告耶和華。

所以，證據表明，《詩篇》中的禱告比想像的更為鮮明。誠然，本章簡短的研究容易讓人誤解，以為禱告**只能被理解為**「求告主名、要他成就應許」。這樣是「簡化主義」。但無論如何，縱觀《詩篇》中的禱告（尤其是那些傾心吐意、私人的祈禱），求神向他的子民（集體和個人）成就應許的確是主調。

這一點可以透過《詩篇》中那些最著名、也最膾炙人口的禱告展現出來。

例一：《詩篇》第五十一篇

《詩篇》第五十一篇是大衛與拔示巴犯姦淫之後寫的，它「無疑是最了不起的懺悔詩」。[45] 這首詩極

---

[45] Kidner 1973, 頁 189。

其敏銳地洞察罪惡的本質，千百年來為悔罪的人提供一個給力的範本。這樣的詩如何受「禱告的本質就是求告主名、要他實現應許」這論點影響？

首先我們要注意，聖約的其中一個祝福就是以色列的神承諾給予赦罪的途徑，例如《利未記》在這方面有詳細的闡明。五十一篇的開頭就反映出這一點：

> 神啊，求你按你的慈愛憐恤我，按你豐盛的慈悲塗抹我的過犯！求你將我的罪孽洗除淨盡，並潔除我的罪！（詩51:1–2）

大衛的禱告既訴諸耶和華聖約之愛，也抓住他憐憫他子民的承諾。當然，若說禱告**僅限於求神兌現他的應許**，就是極大的誤導。這個禱告其餘豐富的內容顯示出還有其它可以而且必須向耶和華說的話，只不過整個禱告都被一個期望雕塑，那就是神是一位「許諾」和「守諾」的神：他必赦免。

大衛反思自己的罪行（3–4）和本性（5–6），繼而求神赦免（7–9），連帶 10–12 節中的驚人要求，都寫在這背景之中：

> 神啊，求你為我造清潔的心，使我裡面重新有正直（「正直」或作「堅定」）的靈。不要丟棄我，使我離開你的面；不要從我收回你的聖靈。求你使我仍得救恩之樂，賜我樂意的靈扶持我。（詩51:10–12）

從聖經神學（或正典）的層面來看，我們不難讀出這幾句詩對新約的期待，儘管我們無法確定這是否大衛的原意。大衛這位神所膏立的君王祈求神不要從他（像對待掃羅一樣）收回聖靈。後來將有一位大衛的子孫不但毫不擔心被收回聖靈，反而將會把聖靈傾倒下來，賜給凡有血氣的人。雖然第 12 節讓處於沮喪中掙扎的信徒共鳴，但它原先是君王大衛的禱文。第 13 節中「赦免」與「恢復教導之責」的聯繫強調了這一點。

在最後的哀求和重申神的赦罪條件（13–17 節）之後，這首詩的結尾再次超越了大衛（或與大衛共鳴的讀者）對個人的關注。

> 求你隨你的美意善待錫安，建造耶路撒冷的城牆。那時，你必喜愛公義的祭和燔祭並全牲的燔祭；那時，人必將公牛獻在你壇上。（詩51:18–19）

最終，這裏所關乎的不僅僅是一個人的罪，而是神的計劃得以進展。

根據到目前為止所有對禱告的觀察，以這種方式解讀《詩篇》並沒有把事情複雜化，也沒有扭曲那些歷世歷代以來被人用來禱告的詩篇，卻揭示了一個事實：禱告的核心是求告神動工、成就他曾承諾要做的事。

例二：《詩篇》第七十三篇

《詩篇》第七十三篇是亞薩的詩，所以顯然不屬於大衛詩歌、王室詩歌或彌賽亞詩歌之列。那麼，這首詩與我們所提出的禱告觀相符嗎？也許令人驚訝，答案是肯定的。

> 我們再次看到，詩歌的開頭強調聖約的背景：
>
> **神實在恩待以色列那些清心的人。**（詩 73:1）

這首詩描述詩人從**懷疑神對百姓的應許**到「回歸信仰」的歷程。不同尋常的是，詩中大部分的內容是關於亞薩過去的掙扎（2–16 節），尤其是他對狂傲人的錯誤態度。然而，當他進入「聖所」，情況就有了變化：

> 我思索怎能明白這事，眼看實係為難。等我進了神的聖所，思想他們的結局。（詩 73:16–17）

當詩人開始直接向神說話，他的禱告明顯地來自他領悟神的「言出必行」——當中他意識到惡人終會受到審判：

> 你實在把他們安在滑地，使他們掉在沉淪之中。他們轉眼之間成了何等的荒涼！他

> 們被驚恐滅盡了。人睡醒了，怎樣看夢，主啊，你醒了，也必照樣輕看他們的影像。因而我心裡發酸，肺腑被刺。我這樣愚昧無知，在你面前如畜類一般。然而我常與你同在，你攙著我的右手。你要以你的訓言引導我，以後必接我到榮耀裏。除你以外，在天上我有誰呢？除你以外，在地上我也沒有所愛慕的！我的肉體和我的心腸衰殘，但神是我心裡的力量，又是我的福分，直到永遠。遠離你的，必要死亡；凡離棄你行邪淫的，你都滅絕了。但我親近神是與我有益，我以主耶和華為我的避難所，好叫我述說你一切的作為。
>
> （詩73:18–28）

這顯然是個禱告，在這個禱告中，嚴格地說，亞薩並未「求告主名」。詩人雖沒有祈求神施行拯救，卻表達了他對神的堅定信心。這給我們一個很好的警惕，提醒我們對禱告的定義不能過於狹窄。但同樣清楚的是，禱告的基本概念與我們之前所看到的非常相似。

例三：《詩篇》第一二三篇

查考一首較短的詩歌也會有幫助。例如《詩篇》第一二三篇是一首上行之詩，顯然用於集體唱詠或祈禱：

> 坐在天上的主啊,我向你舉目。看哪,僕人的眼睛怎樣望主人的手,使女的眼睛怎樣望主母的手,我們的眼睛也照樣望耶和華我們的神,直到他憐憫我們。耶和華啊,求你憐憫我們,憐憫我們!因為我們被藐視,已到極處。我們被那些安逸人的譏誚和驕傲人的藐視,已到極處。

詩歌祈願的中心(從第 2 節下開始)十分簡單——神的百姓仰望他兌現他的諾言。當然,詩人的禱告是以極富情感與創意的言詞表達,但其中的神學前提仍與我們反覆觀察到的事實完全一致——禱告就是求告賜應許的神。這首詩,像第五十一篇一樣,專注於神曾應許憐憫他的百姓,並應許要審判惡人(與第 73 篇相同)。有意思的是,這禱告觀寬宏廣闊,同時容納耶和華所應許的憐憫和審判。

例四:《詩篇》第一三九篇

與第五十一篇一樣,第一三九篇也是一首大衛的詩,幾個世紀以來,詩中所表達的內容與情感深深地塑造基督教的虔誠。問題是:我們對禱告的理解是否與這首詩歌所表達的內容一致?

詩歌的主要內容是宣告耶和華是全能的,特別是他對詩人和他的一切瞭如指掌。例如:

> 耶和華啊，你已經鑒察我、認識我。我坐下，我起來，你都曉得，你從遠處知道我的意念；我行路，我躺臥，你都細察，你也深知我一切所行的。耶和華啊，我舌頭上的話，你沒有一句不知道的。我在暗中受造，在地的深處被聯絡，那時，我的形體並不向你隱藏。我未成形的體質，你的眼早已看見了。你所定的日子，我尚未度一日（或作「我被造的肢體尚未有其一」），你都寫在你的冊上了。（詩139:1–4，15–16）

然而，詩人這些話並非默想耶和華在他個人身上的作為，而是哀求他按照他的應許審判惡人（如第73篇）：

> 神啊，你的意念向我何等寶貴，其數何等眾多！我若數點，比海沙更多。我睡醒的時候，仍和你同在。神啊，你必要殺戮惡人，所以你們好流人血的，離開我去吧！因為他們說惡言頂撞你，你的仇敵也妄稱你的名。耶和華啊，恨惡你的，我豈不恨惡他們嗎？攻擊你的，我豈不憎嫌他們嗎？我切切地恨惡他們，以他們為仇敵。（詩139:17–22）

大衛立刻強調，他的敵人實際上也是耶和華的敵人（甚至可能**最初**是耶和華的敵人）。他所關心的不是自己能生活得更容易，而是能得著智慧和悟性，以榮耀神的方式來履行自己的職責：

> 神啊，求你鑒察我，知道我的心思；試煉我，知道我的意念，看在我裡面有什麼惡行沒有，引導我走永生的道路。（詩139:23–24）

事實證明，連第一三九篇也首先是君王的禱告，是君王大衛求神持守諾言，按他所宣布的計劃行事。的確，這首詩不僅是向神求助，沒錯，它也觸及人生在世的深層共鳴。但是，它與我們看過的其它例子一樣，仍是一個以神的應許為框架的禱告，這個應許就是神承諾為著自己的榮耀，在他的百姓中間行作萬事。

通過以上四個簡要的例證，我們再次看到，禱告的意義主要（雖然不僅僅）在於祈求耶和華持守他對君王和百姓的承諾。在此點上，《詩篇》中的禱告往往有過之而無不及。

一方面，上述這些例證是對《詩篇》中各類體裁做出極粗略的處理，另一方面，卻初步、強而有力地證明《詩篇》中的禱告觀**支持我們從摩西五經和前、後先知書中所得出的觀點**。有關《詩篇》結構的近期研究也認同這一點，接下來我們作簡略的探討。

《詩篇》中有信息嗎？

自從傑拉爾德·威爾遜（Gerald H. Wilson）的開創性著作《希伯來詩篇的編纂》（The *Editing of the Hebrew Psalter*）[46] 出版後，閱讀《詩篇》的方式產生了巨大的轉變。自教父時期以來，沒有人如此強調要把《詩篇》**作為一個整體**來閱讀。威爾遜在其導師布里瓦德·柴爾茲（Brevard Childs）的研究基礎上仔細地強調詩歌合集的「正典成型」（canonical shape）。他提出明確的證據，認為這部詩歌合輯並非順其自然地累積的收藏，而是故意、有目的地編排而成。雖然他的理論未得到普遍的接納，但卻改變了對《詩篇》之成型的討論性質。

在威爾遜之後，雖然詮釋者對《詩篇》的理解在某些方面有很大的分歧，但大都普遍認為這部詩歌合集呈現出以下幾個主要的結構特徵：

一、《詩篇》分為五卷：
卷一：第二 – 四十一篇
卷二：第四十二 – 七十二篇
卷三：第七十三 – 八十九篇
卷四：第九十 – 一〇六篇
卷五：第一〇七 – 一五〇篇

---

[46] G. H. Wilson 1985。

二、這五卷書以相似的頌歌作為劃分記號：

1. 第四十一篇 13 節：耶和華以色列的神是應當稱頌的，從亙古直到永遠。阿們！阿們！

2. 第七十二篇 19 節：他榮耀的名也當稱頌，直到永遠。願他的榮耀充滿全地。阿們！阿們！

3. 第八十九篇 52 節：耶和華是應當稱頌的，直到永遠。阿們！阿們！

4. 第一〇六篇 48 節：耶和華以色列的神是應當稱頌的，從亙古直到永遠。願眾民都說：「阿們！」。

5. 第一四六－一五〇篇均以「你們要讚美耶和華」開頭。

三、王室詩主要出現在五卷書之間的銜接處。

學者們在這一點上意見分歧。威爾遜認為，在一——三卷之間的銜接處以王室詩做標記，而在四——五卷之間，標記由智慧詩取代，因為失去了對大衛王朝的重視和寄望，結果用智慧取代當下對彌賽亞的盼望。但是，大衛·米切爾（David Mitchell）從非常不同的方向提出有力的論點。[47] 他認為，《詩篇》並不是看輕大衛家族的盼望，而是發展越來越強烈末世的盼望，這盼望的中心是在第四卷和第五卷中大衛王朝預表的彌賽亞身上。[48]

---

[47] Mitchell 1997。
[48] 在《詩篇》研究中，這一領域的內容極其豐富精彩，請

在某程度上，進一步參與這刺激的討論會引人入勝。然而，無論是威爾遜比較悲觀的看法正確，還是米切爾充滿盼望的彌賽亞末世論正確，對本書的研究課題來說，觀察到以下這一點就足夠：他們兩人的觀點都顯示《詩篇》**含有一個信息**，而且這個信息是關乎高層次的神學問題，不只是講述被擄時期和被擄歸回之後猶大人的日常敬虔之道那麼簡單。正是這認知為我們奠定基礎，以嶄新的方式來講述《詩篇》對合乎聖經的禱告神學之貢獻。

《詩篇》如何為合乎聖經的禱告神學作出貢獻？

《詩篇》常被形容為「聖經的禱告手冊」，可借用來向神作出各式各樣的表達（將自己最深切的情感帶到神面前，反正他應付得來）。當然，這說法有一定的道理，但在下此定論之前，我們必須先忠實地查考文本。

首先，《詩篇》是以彌賽亞詩歌為主導，其中包括祈禱詩、感恩詩、哀悼詩，甚至包括神所膏之君（一般、但非普遍，指大衛）的智慧詩。大衛詩歌中的祈

參考 Grant 2004 与 Hossfeld 和 Zenger 2005 的著作；也可參考我的同事 Doug Green 論詩篇之預言的文章，如 https://www.academia.edu/5130978/The_Lord_is_Christs_Shepherd._Psalm_23_as_Messianic_Prophecy，2015 年 5 月 31 日存取。

禱詩實際是他本人的禱告。仔細觀察，大衛的經歷，以及他對這些經歷的反應**都不是**一般世人的生活常態，而是作為神的彌賽亞激烈一生的寫照——那位曾在世間、於神計劃的中心，也因而成了神的仇敵攻擊的目標。若不認清這一點就拿《詩篇》來為自己禱告，未免太自負了！

此外，在《詩篇》裏，彌賽亞的禱告固然是焦點，但這焦點同時進展成為彌賽亞百姓的禱告，他們呼求神持守他曾向列祖和受膏之君王所承諾的應許，從這個意義來說，彌賽亞的禱告就成為彌賽亞百姓的禱告。這彷彿預兆出新約中屬他的子民能與彌賽亞耶穌聯合，靠著他的生命與作為，得著「兒子」的名份，呼求神為「阿爸，父」。[49] 這預先埋下的伏筆也支持米切爾的論點，就是《詩篇》本身展現著從大衛而出之彌賽亞將要帶來的末世盼望。

《詩篇》對禱告的「教導」比我們通常想像的更複雜，它與舊約其它書卷之禱告觀的整合性也遠超我們的想像。君王或彌賽亞的禱告方式反映出《詩篇》對禱告的基本理解，就是求告耶和華成就他的應許。這禱告觀也洋溢在彌賽亞百姓的禱告裏，他們不斷呼求神差遣大衛王朝的那位終極君王，來建立他的國度，吸引萬民歸向他。

《詩篇》中其它豐富的內容，包括感恩、讚美、

---

[49] 參考第六章的討論。

哀悼甚至智慧，都源於一個基本的理念，就是我們最迫切的需要乃是祈求神兌現他的承諾。那麼，在《詩篇》裏，禱告就是求告耶和華的名，《詩篇》填滿一個我們在舊約中已得出的結論。

第六章

耶穌與禱告：福音書中的禱告

在芸芸眾多關於禱告、極具價值的研究中，不論是直接探討聖經裏禱告的記載，還是側重探討有關禱告的神學和（或者）操練，都會用相當的篇幅來談論耶穌對禱告的教導與實踐。[1] 不過，鮮有將耶穌對禱告的態度和教導建立在合乎聖經的禱告神學基礎上。本章在這方面作出獨特的貢獻，下文也將同樣地處理新約的其它內容。

這章的宗旨有一定的限制，我不會根據第一世紀猶太教的虔誠模式[2]來探討耶穌的禱告習慣，也不可

---

[1] 其中最受人關注的是主禱文，這不足為奇。《路加福音》中的禱告也常有人探討，參考 O'Brien 1973 等著作。
[2] 關於第一世紀猶太人生活中的禱告，請參考 Finkel 2001，頁 43–65 與 David Crump（2013，頁 684–692）精彩的文章。Crump 不僅精簡地介紹了背景情況，而且概括了福音書中所有關於禱告的材料。

能為耶穌對禱告所有的教訓作詳盡的釋經。我會盡力在討論中指出耶穌對禱告的教導確實從舊約延伸出來。耶穌看禱告為回應耶和華的話語（和行動）、也是求神建立新的約（最終帶進新的創造）。換言之，我將闡明福音書如何呈現耶穌循著悠久的舊約傳統「求告耶和華的名」，同時轉化了禱告，邀請我們參與他這位永恆之子的禱告。[3]

我認為最簡單的處理方法是把福音書的內容分成幾個大主題。[4] 首先，我們會研究禱告在《馬太福音》和《路加福音》記載耶穌嬰孩時期中的角色，然後探討耶穌對禱告的明確教導，接著再分析有關禱告的比喻，最後評論一下耶穌本人的禱告生活。

禱告與耶穌的降生

禱告在《路加福音》中的重要性已廣為人知。[5] 從一開始，路加就描述神忠心的百姓仰望他實現他的

---

[3] 我以前在阿伯丁的老師 Max Turner 曾寫過一篇文章（Turner, 1990）談論福音書中的禱告（文中也談及《使徒行傳》），這篇文章至今仍是這方面的優秀之作。我對這些材料的理解很多是受他的影響。

[4] 人們通常把《約翰福音》作為「另類」福音書來處理，我的這種處理方法可能打破了這一慣例。但就本書的課題而言，材料本身的性質使我能夠採取這種方法。關於四福音對禱告的教導的詳細討論，請參考 Turner 1990, 頁 75–83。

[5] 同上，頁 58; O'Brien 1973, 頁 112–121。

應許。早在《路加福音》一章 10–11 節我們清楚看到當時神的百姓正禱告時，天使向撒迦利亞顯現——「燒香的時候，眾百姓在外面禱告。有主的使者站在香壇的右邊向他顯現。」

嚴格來說，馬利亞與撒迦利亞的「頌歌」並非禱告，[6] 但所流露出禱告的心態卻明顯地貫穿整卷福音書。馬利亞為神在她身上的作為發出讚美和感謝，她的話令人聯想起《撒母耳記上》第二章中哈拿的禱告，頌歌的焦點從神對她個別的恩寵轉為聖約的履行：

> 他憐憫敬畏他的人，直到世世代代。他用膀臂施展大能；那狂傲的人正心裏妄想就被他趕散了。他叫有權柄的失位，叫卑賤的升高；叫飢餓的得飽美食，叫富足的空手回去。他扶助了他的僕人以色列，為要記念亞伯拉罕和他的後裔，施憐憫直到永遠，正如從前對我們列祖所說的話。（路 1:50–55）

當神讓撒迦利亞重新開口說話時，他的「預言」同樣是以聖約為基本的框架：

---

[6] 正如我們已經看到，我們理當從聖經本身的用法出發去理解「何為禱告」。與此同時，我們也要明白不能總是對禱告作硬性和快捷的分類。

> 主以色列的神是應當稱頌的。因他眷顧他
> 的百姓，為他們施行救贖。在他僕人大衛
> 家中，為我們興起了拯救的角，（正如主
> 藉著從創世以來聖先知的口所說的話。）
> 拯救我們脫離仇敵和一切恨我們之人的
> 手，向我們列祖施憐憫，記念他的聖約，
> 就是他對我們祖宗亞伯拉罕所起的誓，叫
> 我們既從仇敵手中被救出來，就可以終身
> 在他面前，坦然無懼地用聖潔、公義事奉
> 他。（路1:68–75）

以這概念為框架，來看西面遇見聖嬰耶穌時的禱告，就不會大驚小怪了：

> 主啊！如今可以照你的話，釋放僕人安然
> 去世。因為我的眼睛已經看見你的救恩，
> 就是你在萬民面前所預備的，是照亮外邦
> 人的光，又是你民以色列的榮耀。（路
> 2:29–32）

西面識別出耶穌的真正身份，他是忠誠的以色列民之縮影，一直在「等候神的國」，對路加來說，這顯然意味著「求告耶和華的名來拯救他的百姓」。故事相應帶出年邁的女先知亞拿，並且首次提到「祈求」：

> 又有女先知，名叫亞拿，是亞設支派法內力的女兒，年紀已經老邁，從作童女出嫁的時候，同丈夫住了七年就寡居了，現在已經八十四歲（或作「就寡居了八十四年」），並不離開聖殿，禁食祈求，晝夜事奉神。正當那時，她進前來稱謝神，將孩子的事對一切盼望耶路撒冷得救贖的人講說。（路2:36–38）

同樣，從更廣的上下文看，二章37節最自然的解讀是：亞拿像西面一樣，也在等候**和祈求**神為他的百姓降臨，並記念他向亞伯拉罕、以撒與雅各所立的約。

於是，《路加福音》一開始就指出，耶穌的降生是聯於忠心的以色列人求告耶和華的名、祈求他持守諾言，現在因著耶穌的誕生應驗在他們眼前。然而，有意思的是，《馬太福音》敘述耶穌的降生時竟沒提及禱告。

這確實有點奇怪，因為這本福音書用了很多篇幅記述耶穌對禱告的教導，卻在敘述耶穌降生的故事中隻字不提禱告，是甚麼原因？[7] 著實難作定論，有可能是因為馬太在開頭幾章只想強調耶穌的身份是神所立

---

[7] 經文註釋有一個缺點，就是常常只回答文本中已有的內容所引發的問題，而不追問為何文本**沒有提到**某些內容。此處就是一例。

的拯救君王。這樣一來,馬太帶出的重點就比路加狹窄得多了,因為路加的目的可能是想表明耶穌的降臨在多個層面上都應驗了舊約的應許(包括對列祖的應許和有關聖靈的應許)。

耶穌的教導與禱告

耶穌對禱告的教導並不如想像中那麼廣泛。除了《馬太福音》中的「登山寶訓」(和《路加福音》中的「平原寶訓」),其它有關禱告的明確教導只見於幾處耶穌「隨口說出」的言論,以及《路加福音》中一連串的比喻。[8]

在《馬太福音》中,有關禱告最關鍵的兩段經文是六章5–15節與七章7–11節。對這兩段經文,我不可能在這裏完整地陳述那些內涵豐富的學術研究,也無意在這裏釋經,我只想問:這兩段經文是否(或如何)符合「禱告就是求告耶和華之名」這個在舊約中無處不在的禱告觀。

在登山寶訓中耶穌最著名的禱告(即主禱文)前面有一段引言,警告我們不要作浮誇、表裡不一的公禱:

> 你們禱告的時候,不可像那假冒為善的人,愛站在會堂裏和十字路口上禱告,故

---

[8] 我們在下一節中會看到,這些比喻乍看好像與禱告相關,但其實情況比較微妙,它們與禱告沒有那麼強的相關性。

> 意叫人看見。我實在告訴你們,他們已經得了他們的賞賜。你禱告的時候,要進你的內屋,關上門,禱告你在暗中的父,你父在暗中察看,必然報答你。你們禱告,不可像外邦人,用許多重複話,他們以為話多了必蒙垂聽。你們不可效法他們,因為你們沒有祈求以先,你們所需用的,你們的父早已知道了。(太6:5–8)

反思當時猶太人的禱告方式,耶穌或許受《傳道書》五章2節的啟發[9]而教訓門徒:簡潔私下的禱告才是最重要的,因為神是無所不知、慷慨的神。不過,若僅停於此,就錯過耶穌教導的[10]重點——他刻意將「禱告」與「賞賜」(misthos)聯繫起來。耶穌到底是甚麼意思?在登山寶訓的語境中,「賞賜」只能意味著一件事(見《馬太福音》五章12和46節,六章1–2節、4–6節、16和18節),那就是得享神所應許的聖約祝福,套用馬太最喜歡用的短語, 就是進入天國。

當我們恰當地認識到這一點,就會發現耶穌的教導與許多舊約的模式極相似。耶穌和以前的先知都一致認為,一個人可以作正統的禱告,但他生命中的「雜

---

[9] Bruner 2004,頁289。
[10] 顯然,探討這段經文的文獻汗牛充棟。欲簡要瞭解這段經文中一些問題的解釋和耶穌如此教導的原因,請參考卡森1995,页162–169与France 2007,页231–241。

音」有可能令他禱告的聲音不蒙垂聽（也因而得不到聖約之福）。

《馬太福音》六章 9-13 節提供的正面結論，立刻證實了耶穌的教導與舊約的連貫性：

> 所以，你們禱告要這樣說：「我們在天上的父，願人都尊你的名為聖。願你的國降臨。願你的旨意行在地上，如同行在天上。我們日用的飲食，今日賜給我們。免我們的債，如同我們免了人的債。不叫我們遇見試探。救我們脫離兇惡。」。

賴特（N. T. Wright）總結對這段經文的討論時，他把主禱文描述為「新約憲章的核心」。[11] 姑勿論他對主禱文的註釋是否全都正確，他這描述的確帶我們進入耶穌最關心的事。使用「父」這稱呼不僅獨特，而且表明一種新的親密關係，這關係只有在類似《耶利米書》三十一章 31-34 節所預言的那「新約」中才能得到；[12] 要像以西結般執著耶和華之名的榮耀、來強調「尊他的名為聖」[13]。

---

[11] Wright 2001, 页 147。有關這段禱告的精彩概覽，請參考 Crump 2006, 页 95-157。

[12] 見卡森 1995, 页 169-170 簡潔而精彩的討論。當然，這樣說不是簡單地基於耶穌的用詞，而是基於耶穌教導中關於「兒子身份」這更廣闊的內容（見 Crump 2013）。Marshall（2001, 页 129）指出，這個國中的君王就是父。

[13] 《以西結書》36 章 21-23 节和 39 章 7 節。Wright（2001,

耶穌接著教導門徒禱告：

> 願你的國降臨。願你的旨意行在地上，如同行在天上。

禱告預期神終末統治的來臨，[14] 這可以理解為神之應許與創造目的的終極實現。換言之，祈求「神的國降臨」就是「求告耶和華之名」的終極延伸。

> 這三個祈求其實是求一件事，就是求神果斷地施行審判與拯救，來彰顯他的榮耀，從而讓萬有都看見他的確是那位聖潔、全能的君王。因此，這是一個為末日結局的禱告，祈求神國度的實現、祈求新天新地的來臨。[15]

有人也認為其餘的祈求 —— 賜我們日用的飲食、免我們的債、使我們在試探中站立得穩以及（最終）戰勝邪惡 —— 同樣是末世性的。「日用的飲食」（*ton epiousion dos hēmin* sēmeron）是個棘手的短語，它可以被理解為「在**那日**我們將要領受的餅」（也就是參與彌賽亞終末的筵席）。同樣，「免我們的債」可理解為末日的赦免。有關「試探」的那一句，可能是求神

頁 140–141）認為這段經文的背景是《出埃及記》3 章 13–16 節，但這個觀點不具說服力。

[14] 见 O'Donnell 2013, 页 168。另見 Wright 1997, 页 24–25。

[15] Turner 1990, 頁 65。

賜下力量能以忠心到底、直到那天，又或是，如賴特[16]所言，求他保守、以免有「試探神」的行為。（對賴特而言，這些想法反映新的出埃及模式，這模式塑造了整個禱告。）這種解讀可以進一步印證本書的論點，但解經家對此意見不一，總的來說，最好還是以側重字面意義的方式來解讀這個禱告。[17]

隨後在《馬太福音》七章7-11節中，耶穌又回到「祈求」這話題。[18] 雖然經文沒有直接說耶穌在談論禱告，但「禱告」是這段教訓的最好解讀：

> 你們祈求，就給你們；尋找，就尋見；叩門，就給你們開門。因為凡祈求的，就得著；尋找的，就尋見；叩門的，就給他開門。你們中間誰有兒子求餅，反給他石頭呢？求魚，反給他蛇呢？你們雖然不好，尚且知道拿好東西給兒女，何況你們在天上的父，豈不更把好東西給求他的人嗎？

這一段最棘手的解經問題是：耶穌的門徒應當求些**甚麼**？這與第六章中應許的「獎賞」一樣令人費解。不過上下文再次幫助我們找到答案。

七章6節提到踐踏真理的「豬」與「狗」乃是基

---

[16] Wright 2001, 頁145。
[17] 參見 France（2007, 241–254）睿智的評論。
[18] 《路加福音》11章中的平行經文也明確顯出與禱告的關聯。

於七章 7–11 節的教訓，這個教訓是登山寶訓中最重要的教導，就是耶穌的門徒應當選擇主的道路，而非「假冒為善者」的路。（這教導在後面繼續展開，直到本章尾，談到在兩種「門」、兩種「果子」、兩種「根基」之間應如何抉擇。）因此，從這段教導來看「祈求」，最自然的理解就是：求神將他所應許的**透過耶穌**傾倒下來。我們可以將其總結為：祈求神接納我們進入神的國、有份於新約的祝福。至此，似乎已看出耶穌對禱告的教導與我們之前的禱告觀顯出強而有力的連續性。

雖然登山寶訓之後沒有太多論到禱告的經文，但在《馬太福音》結束之前還有幾處簡短（卻重要）的經文，記載了耶穌論到禱告這個話題。第一處經文是常常被人引用、耶穌應許與聚集一起禱告的人同在：

> 我又告訴你們：若是你們中間有兩個人在地上同心合意的求甚麼事，我在天上的父必為他們成全。因為無論在那裏，有兩三個人奉我的名聚會，那裏就有我在他們中間。（太18:19–20）

有人認為這兩節經文與之前的經文銜接不上，[19] 但

---

[19] Leon Morris（1992，頁 469）十分肯定地認為，這是一個全新的段落，與前文毫無聯繫。但總的來看，最好將耶穌此處所說的話視為對之前那些所謂「教會紀律」的延伸；另見 O'Donnell 2013，頁 509–519；France 1985，頁 274–276。

我們若以 15-18 節中建議採取的行動為背景，就較容易接受這兩節經文原來與禱告有關。也就是說，這兩節經文不是說耶穌會參與小組的禱告，而是向那些肩負「處分」責任的人保證，他們祈求智慧的禱告必蒙耶和華垂聽和應允。此話怎講呢？就是說，基於「無論在那裏，有兩三個人奉我的名聚會，那裏就有我在他們中間」這應許，他們可以充滿信心地祈求。而主耶穌似乎在強調，「聚會」（就是他的教會）中他不但在場、更會參與所執行合宜的懲戒。

在一方面，這似乎意味著耶穌並非評論禱告會的價值、或安慰那幾個堅持參加祈禱會的人不要因為人少而灰心；但另一方面，耶穌在說，在關鍵時刻為教會的益處求告耶和華的人應該禱告、並深知確信神必應允，因為神已清楚承諾要保護他的百姓，使他們成長。

這就引出第二處耶穌論及禱告的經文，重複著相同的觀點：

> 早晨回城的時候，他餓了，看見路旁有一棵無花果樹，就走到跟前，在樹上找不著甚麼，不過有葉子，就對樹說：「從今以後，你永不結果子！」那無花果樹就立刻枯乾了。門徒看見了，便希奇說：「無花果樹怎麼立刻枯乾了呢？耶穌回答說：「我實在告訴你們：你們若有信心，不疑

惑，不但能行無花果樹上所行的事，就是對這座山說：『你挪開此地，投在海裏！』也必成就。你們禱告，無論求甚麼，只要信，就必得著。（太21:18–22）

這是《馬太福音》中最被爭議的經文之一。例如，甚至沒有定論說明第 21 節到底僅僅是繪形繪色地借用「移山」這普遍的短語，抑或直接引用舊約文本中的內容（通常認為是《撒迦利亞書》14 章 4 節）。[20] 不過這問題無需轉移我們的注意力，因為第 21 節的重點和隨後在第 22 節的陳述都相當清楚。耶穌似乎在這個象徵性的舉動中借鑑《彌迦書》第七章的內容，指出神的選民以色列選擇走咒詛之路，放棄祝福之道。然而，當下天國已經降臨，門徒與耶穌這位天國之君的聯合意味著：他們將要成為神在世上實現其應許的一部分、參與施行祝福和咒詛。所以，耶穌在這裏繼續有同樣關於禱告的教導（雖然並非這部份的重點）。馬太筆下的禱告是與「神在繼續完成對他子民和整個宇宙的計劃」連在一起的。[21]

---

[20] 见 Crump（2006，页 31–33）的討論。
[21] 《馬太福音》中另一處提到禱告的地方是 24 章預言聖殿被毀的那段話，24 章 15–20 節說：「你們看見先知但以理所說的『那行毀壞可憎的』站在聖地（讀這經的人須要會意），那時，在猶太的，應當逃到山上；在房上的，不要下來拿家裏的東西；在田裏的，也不要回去取衣裳。當那些日子，

安德列·林肯（Andrew Lincoln）幫助我們對耶穌關於禱告的教導重點作出總結：

> 禱告就是參與他在地上使命的主要方式之一。你的祈求若支持耶穌的禱告重點，就必蒙神應允，因為這些祈求符合神的旨意，而他的旨意就是要世界藉著耶穌認識他的聖名。[22]

耶穌關於禱告的教導雖有創新之處，卻與我所強調的基本舊約框架有相通之處，并且建基於其上。

其他福音書是否也支持這論點呢？答案是肯定的。《馬可福音》中對禱告的教導十分有限，但唯一的一處經文恰與我們的理解相符。經文的背景是：耶穌的門徒無法從一個男孩身上趕出污鬼，孩子的父親喊出一句令人難忘的宣布：「我信，但我信不足，求主幫助！」（可 9:24）故事的高潮出現在《馬可福音》九章 28–29 節：耶穌進了屋子，門徒就暗暗地問他說：「我們為甚麼不能趕出他去呢？」耶穌說：「**非用禱告，這一**

懷孕的和奶孩子的有禍了。**你們應當祈求，叫你們逃走的時候，不遇見冬天或是安息日。**」這裏談的是在災難中求平安的禱告，因此有點不同尋常。但即使如此，這裏涉及的背景仍是救贖歷史的某個關鍵時刻，這就給經文所談的絕望處境中的禱告注入了某種神學意義。我與大多數解經家看法一致，認為《馬太福音》17 章 14–21 節的原始版本並沒有提到禱告。

[22] Lincoln 2001，頁 177。

類的鬼總不能出來。」[23] 有關這句話，已有無數種可能的解釋。[24]

有人認為這個問題很簡單：這件事證明門徒的驅魔不力。於是，耶穌的指示是一個斥責（鬼）就夠，將來遇到這種特別難對付的污鬼，就要祈禱（不幸地暗示著趕普通的鬼，門徒只需用新近領受的權柄就夠。）但是，在《馬可福音》或聖經中任何地方，都找不到任何暗示說有些「工作」是門徒可以「獨自」執行，而另一些「工作」則需從耶和華而來的額外幫助。儘管有人不同意，但看來理解這段經文的關鍵的確在於「這一類」（touto to genos）這個詞。「這一類」污鬼唯一的特色是使孩子又聾又啞。根據《以賽亞書》三十五章 1–6 節等類似的經文，我們可以推斷，耶穌識破這類特殊的污鬼正在向彌賽亞使命發起直接攻擊及其重要意義。[25] 若真如此，就可以完全理解為何（甚至是預計）這裏提到禱告，因為從一開始，神在世上旨意之實現與他百姓在禱告中求告他是相連的。

《路加福音》記載耶穌的話也顯出類似的想法：「只是我告訴你們這聽道的人，你們的仇敵，要愛他！恨你們的，要待他好！咒詛你們的，要為他祝福！凌辱

---

[23] 關於這節經文的幾種可能的解釋，可參考 Gundry 1993, 頁 492–493。
[24] 见 Crump 2006, 页 40–53。
[25] 必須承認，這一觀點在文獻中幾乎找不到支援。

你們的，要為他禱告！」(路 6:27–28)「祝福」與「咒詛」的語言和禱告息息相關（此處是為仇敵禱告），勉勵跟隨耶穌的人用禱告的行動來「贏得」敵對他們的人，最好就是能引導他們體驗與神國有份的祝福，而非被排除在天國門外的咒詛。所以，為辱罵我們的人禱告，也是求告主名的一個範例。

《路加福音》中的主禱文比《馬太福音》中的版本稍為短些，但所強調的重點並沒有明顯的差異。[26] 不過，耶穌對禱告的基本原則所作的解釋，《路加福音》十一章比《馬太福音》七章 7–11 節的記載長得多，結尾也帶出完全不同的確據：

> 耶穌又說：「你們中間誰有一個朋友半夜到他那裏去說：『朋友，請借給我三個餅；因為我有一個朋友行路，來到我這裏，我沒有甚麼給他擺上。』那人在裏面回答說：『不要攪擾我，門已經關閉，孩子們也同我在床上了，我不能起來給你。』我告訴你們：雖不因他是朋友起來給他，但因他情詞迫切的直求，就必起來照他所需用的給他。我又告訴你們：你們祈求，就給你們；尋找，就尋見；叩門，就給你們開門。因為，凡祈求的，就

---

[26] 见 Crump 2013, 页 687–689。

得著;尋找的,就尋見;叩門的,就給他開門。你們中間作父親的,誰有兒子求餅,反給他石頭呢?求魚,反拿蛇當魚給他呢?求雞蛋,反給他蠍子呢?你們雖然不好,尚且知道拿好東西給兒女,何況天父,豈不更將聖靈給求他的人嗎?」(路11:5–13)

儘管這個「不甘願的朋友」[27]多年來引起許多迷亂,也出現不少離奇的解釋,[28] 故事的內容卻是直截了當的。第一世紀的社會習俗要求鄰舍迅速起床為朋友提供所需要的幫助。故事中幽默的地方在於這個朋友不願意起床。到底耶穌想說的重點是甚麼?**如果一個這樣糟糕的朋友最終都回應鄰舍的需求,那麼當我們向神祈求時,豈不更可以期待他樂意地應允我們?**[29] 當然,這引發一個問題:我們當向神求甚麼?耶穌在《路加福音》中所給的答案十分簡單,我們要向天父**求聖靈**。這顯然是一種新約式的禱告,證實耶穌在《路加福音》中談及禱告

---

[27] 這個故事究竟是不是比喻,人們對此有一些討論。Lenski(1946,頁 625)稱之為「例證」,但並未詳加說明;Marshall(1978,頁 465)則提到了兩個「諺語」。由於這個故事缺少《路加福音》中的比喻所具有的許多形式特徵,因此最好將它只當做一個描繪生動的敘述性例證。
[28] 參見 Metzger 2010,頁 33–57。
[29] Crump(2006,頁 64–76)對此內容做了平衡而不偏頗的探討。

時，其本質是求告耶和華的名。耶穌講到有關禱告的比喻就證實了這一點，我們稍後會加以探討。

在繼續探討之前，我們還需考察一下使徒約翰如何看待耶穌關於禱告的教導。

有人可能會料到，在約翰的記載中，耶穌教導禱告的重點與其它地方略有不同，這些內容見於耶穌離世前的「告別訓誨」中。我們要考察的第一段經文是《約翰福音》十四章 8–14 節：

> 腓力對他說：「求主將父顯給我們看，我們就知足了。」耶穌對他說：「腓力，我與你們同在這樣長久，你還不認識我嗎？人看見了我，就是看見了父，你怎麼說『將父顯給我們看』呢？我在父裏面，父在我裏面，你不信嗎？我對你們所說的話，不是憑著自己說的，乃是住在我裏面的父做他自己的事。你們當信我，我在父裏面，父在我裏面；即或不信，也當因我所做的事信我。我實實在在地告訴你們：我所做的事，信我的人也要做；並且要做比這更大的事，因為我往父那裏去。你們奉我的名無論求甚麼，我必成就，叫父因兒子得榮耀。你們若奉我的名求甚麼，我必成就。」

經文兩次保證，**無論奉耶穌的名求甚麼**，都必成就。這頗不尋常。[30] 關於這個保證的內容，上下文已經作了明確的界定。耶穌與腓力討論的是「耶穌彰顯父神」（根據《耶利米書》三十一章34節，這是新約的祝福之關鍵部分）。腓力被耶穌溫和地責備，因為他沒能領會耶穌來到世上的目的，當時也不明白耶穌傳道的目標。儘管如此，耶穌仍直接發出宣告：凡信他的人也要做他所做的事，並且要做更大的事；為此，人需要奉他的名祈求，任何事情。

那麼，是甚麼「事」呢？[31] 從《約翰福音》的開頭，耶穌就已清楚表明：「我的食物就是遵行差我來者的旨意，做成他的工。」（約4:34）這「工」不折不扣地是要完成舊約中神已經承諾要做的「事」，也就是實現《創世記》三章15節中的應許。徒弟要做大過師父所做的事是甚麼意思？或許，這是指門徒將能站在一個回望的位置，向世人指出耶穌藉著他的死和復活所成就的，以致他們將能做「更大的事」。[32]

這就引出了一個極妙的觀點：似乎「奉耶穌的名

---

[30] 儘管這與《馬太福音》中論禱告的許多內容有明顯的相似之處。

[31] 見《約翰福音》4章34節，5章17節，10章25和37節，14章10節，15章24節。

[32] Barrett 1978，頁460；卡森1991，頁496；Köstenberger 2004，頁433。Bruce（1983，頁300）和Morris（1995，頁574）認為「更大之事」是指耶穌的門徒在人數與地域上有更大的影響。

禱告」就是新約的「求告主名」。在這兩種情況下，禱告都被解釋為求神履行他的應許 —— 在舊約裏是求神差派彌賽亞，建立他的國度；在新約裏是不斷建立主耶穌基督的教會，直到他再來。[33]

這個觀點在《約翰福音》接下來的一章中得到證實：

> 不是你們揀選了我，是我揀選了你們；並且分派你們去結果子，叫你們的果子常存，使你們奉我的名，無論向父求甚麼，他就賜給你們。（約15:16）

根據《約翰福音》十五章的上下文，這裏預期的「果子」是指將會加入神的聖約大家庭的人。耶穌的門徒要「奉耶穌之名」祈求父神做他已曾應許的事。他們求告主名，帶來驚人的發現，他們現在知道原來主的名是「耶穌基督」。

同樣，在十六章中，耶穌確認當他論到禱告時，他是從「祈求神在墮落的世界中持守他的承諾」的角度講起的：

> 到那日，你們甚麼也就不問我了。我實實在在地告訴你們：你們若向父求甚麼，他必因我的名賜給你們。向來你們沒有奉我

---

[33] 評論家一般很少關注此觀點的舊約背景。與之相反，Crump（2006，頁 164–169）的精彩討論值得參考。

> 的名求甚麼,如今你們求就必得著,叫你
> 們的喜樂可以滿足。這些事,我是用比喻
> 對你們說的;時候將到,我不再用比喻對
> 你們說,乃要將父明明地告訴你們。到那
> 日,你們要奉我的名祈求;我並不對你們
> 說,我要為你們求父。父自己愛你們,因
> 為你們已經愛我,又信我是從父出來的。

(約16:23–27)

對耶穌來說,奉他(耶穌)的名禱告就是求父神成就他(耶穌)所應許的(16章24節裏的應許就是耶穌自己在15章11節所說的話)。

四福音中有關禱告最重要的經文——就是耶穌在《約翰福音》十七章裏的長篇禱告,上述的思想脈絡所蘊涵的豐富神學貫穿整個禱告之中。雖然這個禱告與四福音中的其它的禱告顯著不同,但其神學基礎卻是相同的。[34]

在這被稱為「大祭司的禱告」的第一部分中,耶穌禱告的焦點牢牢地集中在他的使命之目與完成。這個使命由父神計劃和發動,而且終必讓神得榮耀。

---

[34] 由於這個禱告就是耶穌自己作的禱告,而不是教別人如何禱告(如主禱文),它可以放在後面「耶穌的生活與禱告」這一節來討論。但鑒於這個禱告的特殊性,以及它在《約翰福音》中的教導作用,我們也可以將它放在「耶穌的教導與禱告」這一節來探討。

> 耶穌說了這話,就舉目望天說:「父啊,時候到了,願你榮耀你的兒子,使兒子也榮耀你;正如你曾賜給他權柄,管理凡有血氣的,叫他將永生賜給你所賜給他的人。認識你獨一的真神,並且認識你所差來的耶穌基督,這就是永生。我在地上已經榮耀你,你所託付我的事,我已成全了。父啊,現在求你使我同你享榮耀,就是未有世界以先,我同你所有的榮耀。」
>
> (約17:1–5)

雖然這裏描述耶穌的工作所用的詞彙與其它地方的用辭有異,但在神學來說,耶穌不過是在許多前人的根基上更上一層樓、做他在福音書中多次做的事——求告父神完成他已經開展的工作,在這裏,救贖的工作是從神的角度來看的。

禱告的下一部分繼續強調聖子的工作就是履行父神的應許與旨意:

> 你從世上賜給我的人,我已將你的名顯明與他們。他們本是你的,你將他們賜給我,他們也遵守了你的道。如今他們知道,凡你所賜給我的,都是從你那裏來的;因為你所賜給我的道,我已經賜給他們。他們也領受了,又確實知道,我是

從你出來的,並且信你差了我來。(約17:6–8)

然而,當耶穌開始特別為「屬於他的人」禱告時,無可否認的是:他關注的重點是神為他們、並在他們中間,成就他的旨意:

> 我為他們祈求,不為世人祈求,卻為你所賜給我的人祈求,因他們本是你的……聖父啊,求你因你所賜給我的名保守他們,叫他們合而為一,像我們一樣。我與他們同在的時候,因你所賜給我的名保守了他們,我也護衛了他們;其中除了那滅亡之子,沒有一個滅亡的,好叫經上的話得應驗。現在我往你那裏去,我還在世上說這話,是叫他們心裏充滿我的喜樂……求你用真理使他們成聖,你的道就是真理。你怎樣差我到世上,我也照樣差他們到世上。(約17:9,11–13,17–18)[35]

若要解開這段禱告的全部含義,顯然還需作更多的研究。[36] 不過,就本書的課題而言,只需強調一個

---

[35] 有關這幾節經文完整而精細的解析,請參考 Köstenberger 2008,頁 166–179。
[36] 即使按非專業水平的標準,也需要好幾本書才能把這一章經文講清楚(見鍾馬田 2000; Boice 1975)。

事實就夠，那就是耶穌的禱告與其它福音書並舊約所呈現的禱告重心有完美的融合。耶穌這段篇幅最長、內涵最豐富的禱告是以「福音的工作」為焦點的，這非常合理，也與我們已經看到的一致。耶穌的呼求完全以救贖的歷史為動機，這禱告通過耶穌之口而求告父神繼續成就他的旨意。

若我們需要確認這一點，可見於禱告的最後幾節經文。在《約翰福音》十七章 20–23 節，耶穌為偉大的聖約之工得以延續來禱告，為此他為那些將來會歸信的人祈求：

> 我不但為這些人祈求，也為那些因他們的話信我的人祈求，使他們都合而為一。正如你父在我裏面，我在你裏面，使他們也在我們裏面，叫世人可以信你差了我來。你所賜給我的榮耀，我已賜給他們，使他們合而為一，像我們合而為一。我在他們裏面，你在我裏面，使他們完完全全地合而為一，叫世人知道你差了我來，也知道你愛他們如同愛我一樣。（約17:20–23）

此處耶穌關注的不在「合一」本身，而是那些將來聽到使徒的話而趕上加入神全面工作的人，這工作的完成，並不在於達成地上有形的合一，而在於神和「與

他和好的子民」在將來被更新的宇宙中完美地合一。[37]

接下來的最後三節強調了這一點:

> 父啊,我在那裏,願你所賜給我的人也同我在那裏,叫他們看見你所賜給我的榮耀。因為創立世界以前,你已經愛我了。公義的父啊,世人未曾認識你,我卻認識你,這些人也知道你差了我來。我已將你的名指示他們,還要指示他們,使你所愛我的愛在他們裏面,我也在他們裏面。
>
> (約17:24–26)

《約翰福音》常常強調那「名」,此處也不例外。我已在前面提出,這與舊約求告主名的傳統有牢固的聯繫。這意味著耶穌既是求告耶和華之名的榜樣,他也同時重新設定禱告的格局,那就是聖子像他的父一樣,垂聽眾聖徒的禱告,使神的百姓能夠藉著耶穌的死與復活,以一種以前想像不到的方式來認識那位聖約之神。

縱觀福音書中耶穌對禱告的明確教導,我們不會錯過聖經所見證的一致性。對耶穌來說,無論是在他自己的長篇禱告,抑或與門徒的交流之中,禱告與神在地上的工作是密不可分的。禱告的核心就是求告神成就他的應許。

---

[37] 见 Köstenberger 2004,頁 497–498; Barrett 1978,页 512; 卡森 1991,页 568。

然而，這並不是說耶穌單單承傳舊法，墨守成規。相反地，他鼓勵門徒禱告時稱神為「阿爸」，像他一樣以兒女的身份向神說話，耶穌這種「新約」的禱告模式，比起以前任何的設想親密得多。耶穌甚至大膽地邀請他的門徒「奉他的名」禱告（不僅是「求告耶和華的名」）。這是一個不可思議的發展，它幫助第一批門徒邁出重要的一步，從此認識到耶穌基督就是道成肉身的神。

耶穌的比喻與禱告

在此，讓我們來簡要地查考一下在《路加福音》的比喻裏，耶穌有些甚麼關於禱告（或涉及禱告）的教導。

常言道路加對禱告特別感興趣，他記載的比喻會說明這一點。[38] 但仔細觀察，我們發現明顯以禱告為主題的比喻其實非常少。有人可能會認為，《路加福音》十五章中兩個兒子的比喻暗示了我們可用的禱告方式（尤其是悔改的禱告）。但**在這個比喻中並沒有人禱告**。同樣，財主和拉撒路的比喻也沒有談及合乎聖經的禱告本質和方法，倒是其中假設「死後」的對話經常引

---

[38] Turner（1990，頁 58）指出，《馬太福音》中還有三處有關禱告的比喻是《路加福音》中沒有的。另見 O'Brien 1973，頁 118–119。

發各種神學的問題。《路加福音》中只有兩個比喻是與禱告有關，毗連出現在第十八章中。

在「不義的法官與切求的寡婦」這個比喻中，路加特別加添了一句明確的評論：「耶穌設一個比喻，是要人常常禱告，不可灰心」（路 18:1）。路加的措辭十分有趣 —— 耶穌顯然是用這個比喻來促使人堅持以某種方式、長期地禱告。但他們應如何禱告呢？比喻是這樣說的：

> （耶穌）說：「某城裏有一個官，不懼怕神，也不尊重世人。那城裏有個寡婦，常到他那裏，說：『我有一個對頭，求你給我伸冤。』他多日不准。後來心裏說：『我雖不懼怕神，也不尊重世人，只因這寡婦煩擾我，我就給她伸冤吧，免得她常來纏磨我！』」主說：「你們聽這不義之官所說的話。神的選民晝夜呼籲他，他縱然為他們忍了多時，豈不終久給他們伸冤嗎？我告訴你們：要快快地給他們伸冤了。然而，人子來的時候，遇得見世上有信德嗎？」（路18:2–8）

耶穌在「不義的官」與「獨一的神」之間作了個簡單的對比，不義的官之所以為寡婦伸冤不過是因為他厭煩寡婦的哀求；獨一的神卻是迅速地在適當的時

候為他的百姓伸冤。這個比喻的重點是甚麼？就是說：**應當不斷呼求神，要求他按照他自己的承諾行事。**本質上，這個比喻是對舊約禱告觀的闡釋。

十八章中的第二個比喻雖不是以禱告為焦點，卻提供一些洞見，幫助我們深入瞭解耶穌如何看待真正的禱告。在這比喻中，耶穌闡明「求告主名」的含義：

> 耶穌向那些仗著自己是義人，藐視別人的，設一個比喻，說：「有兩個人上殿裏去禱告：一個是法利賽人，一個是稅吏。法利賽人站著，自言自語地禱告說：『神啊，我感謝你，我不像別人勒索、不義、姦淫，也不像這個稅吏。我一個禮拜禁食兩次，凡我所得的都捐上十分之一。』那稅吏遠遠地站著，連舉目望天也不敢，只捶著胸說：『神啊，開恩可憐我這個罪人！』我告訴你們：這人回家去比那人倒算為義了。因為凡自高的，必降為卑；自卑的，必升為高。」（路18:9-14）

耶穌的論點並不複雜：**禱告**就是接受我們無法自救的事實，沒有可自誇的，也別無指望，只能求告主名，他是那位應許會施憐憫的神。只有這種禱告才蒙垂聽。

《路加福音》十八章表明，耶穌所教導的禱告觀，是完全以舊約為基礎的。耶穌特別用法利賽人來比喻

以色列民，說明他們的禱告不蒙垂聽是因為他們的驕傲和自以為是。耶穌鼓勵當時的人要不斷禱告，要相信神會堅守諾言，為他的子民伸冤。這就是禱告對耶穌和對舊約而言的意義。

耶穌的生活與禱告

談到福音書中的禱告觀，最後的一塊「拼圖」就是耶穌自己對禱告的委身。對耶穌和福音書的作者而言，禱告不僅是作為虔誠的猶太人所遵循的虔誠操練而已，禱告是耶穌履行使命一個至關重要的部分，**因為耶穌自己也「求告耶和華的名」。**

經文顯示，耶穌經常騰出時間來禱告，而且通常是獨自禱告。[39] 有時，禱告似乎是他在大事發生之後「恢復」屬靈力量的機會。例如，剛開展傳道使命（可 1:35，路 4:42）、餵飽五千人（太 14:23，可 6:46，路 9:18）與首次差遣「七十二人」（路 10:1）之後，耶穌都去禱告。《路加福音》五章 15–16 節對耶穌這習慣作出總結：「但耶穌的名聲越發傳揚出去。有極多的人聚集來聽道，也指望醫治他們的病。耶穌卻退到曠野去禱告。」

---

[39] 见 Turner 1990，页 60–64。

福音書清楚地強調一個事實，那就是耶穌**在他傳道使命的關鍵時刻都會禱告**，但這一點不常見被評論。

在耶穌受洗時，聖父認證耶穌的使命，路加記載當耶穌禱告的時候有聲音從天上來：

> 眾百姓都受了洗，耶穌也受了洗。正禱告的時候，天就開了，聖靈降臨在他身上，形狀彷彿鴿子；又有聲音從天上來，說：「你是我的愛子，我喜悅你。」（路3:21-22）

在揀選門徒的前夕，耶穌整夜禱告：

> 「那時，耶穌出去，上山禱告，整夜禱告神。到了天亮，叫他的門徒來，就從他們中間挑選十二個人，稱他們為使徒。」（路6:12-23）

同樣，在登山變像時，耶穌也是在禱告時顯現自己的真像：

> 「說了這話以後約有八天，耶穌帶著彼得、約翰、雅各上山去禱告。正禱告的時候，他的面貌就改變了，衣服潔白放光。」（路9:28-29）[40]

---

[40] 《馬太福音》與《馬可福音》都沒有說耶穌此時正在禱告。

有意思的是，在耶穌的「告別訓誨」之前，約翰只記載了一次耶穌的禱告：

> 耶穌舉目望天說：「父啊，我感謝你，因為你已經聽我；我也知道你常聽我。但我說這話，是為周圍站著的眾人，叫他們信是你差了我來。」說了這話，就大聲呼叫說：「拉撒路出來！」那死人就出來了，手腳裹著布，臉上包著手巾。耶穌對他們說：「解開，叫他走！」（約11:41–44）

耶穌在施行他最大的神蹟的同時，也在準備我們迎接最終極的神蹟，就是他的死和復活，約翰故意把耶穌這個禱告（事先呼求神擊敗死亡）與他將作的行動繫在一起。

對耶穌來說，使命的完成與禱告之間似乎是個二合為一的整體。在每次事工的轉捩點，他都需要禱告、求父作工。這不單是個虔誠的榜樣，更是讓我們看到福音的工作是從「求告主名」開始的。

幾乎所有關於耶穌禱告的記載（不包括簡單提及他去禱告的報導）都發生在他事工進程中的重要時刻，這絕非偶然。記載門徒開始加入耶穌宣講天國福音的行列的同時，也記載了耶穌為他的門徒（以及其他將加入的人）禱告：

> 他看見許多的人,就憐憫他們,因為他們困苦流離,如同羊沒有牧人一般。於是對門徒說:「要收的莊稼多,做工的人少。所以,你們當求莊稼的主,打發工人出去收他的莊稼。」(太9:36–38)

當有人領悟天國的信息時,耶穌也禱告感恩:

> 那時,耶穌說:「父啊,天地的主,我感謝你!因為你將這些事向聰明通達人就藏起來,向嬰孩就顯出來。父啊,是的,因為你的美意本是如此。」(太11:25–26,另見路10:21)

不過,耶穌的使命與禱告之間的聯繫,最難錯過的莫過於耶穌被釘的前夕。

四本福音書都強調在他面對整個受難、受死的過程之前,耶穌的迫切禱告:

> 耶穌同門徒來到一個地方,名叫客西馬尼,就對他們說:「你們坐在這裏,等我到那邊去禱告。」於是帶著彼得和西庇太的兩個兒子同去,就憂愁起來,極其難過,便對他們說:「我心裏甚是憂傷,幾乎要死;你們在這裏等候,和我一同警醒。」他就稍往前走,俯伏在地禱告

說：「我父啊，倘若可行，求你叫這杯離開我；然而，不要照我的意思，只要照你的意思。」來到門徒那裏，見他們睡著了，就對彼得說：「怎麼樣，你們不能同我警醒片時嗎？總要警醒禱告，免得入了迷惑。你們心靈固然願意，肉體卻軟弱了。」第二次又去禱告說：「我父啊，這杯若不能離開我，必要我喝，就願你的意旨成全。」又來見他們睡著了，因為他們的眼睛困倦。耶穌又離開他們去了。第三次禱告，說的話還是與先前一樣。於是來到門徒那裏，對他們說：「現在你們仍然睡覺安歇吧（「吧」或作「嗎」）？時候到了，人子被賣在罪人手裏了。來，我們走吧！看哪，賣我的人近了！」（太26:36–46；另見可14:32–42）

耶穌出來，照常往橄欖山去，門徒也跟隨他。到了那地方，就對他們說：「你們要禱告，免得入了迷惑。」於是離開他們約有扔一塊石頭那麼遠，跪下禱告，說：「父啊！你若願意，就把這杯撤去；然而，不要成就我的意思，只要成就你的意思。」有一位天使從天上顯現，加添他的力量。耶穌極其傷痛，禱告更加懇

切，汗珠如大血點滴在地上。禱告完了，
就起來，到門徒那裏，見他們因為憂愁都
睡著了，就對他們說：「你們為甚麼睡覺
呢？起來禱告，免得入了迷惑！」（路
22:39-46）

雖然馬太和馬可的敘述與路加的版本在某些細節上略有不同，但耶穌禱告的內容只是在措辭上有些微的差異而已。耶穌禱告的焦點完全集中在履行舊約所賦予的使命（順便一提，這個禱告大大增加了我對主禱文的解讀 —— 主禱文就是求神建立新約）。耶穌知道他馬上要藉自己代贖之死，來滅絕神憤怒之杯。他的禱告是向神祈求，求父使他能夠執行擺在他面前的艱鉅任務，**讓神的應許可以實現**。[41]

耶穌在《約翰福音》十二章 27-28 節中的禱告也反映出完全相同的觀點：

> 「我現在心裏憂愁，我說甚麼才好呢？父
> 啊，救我脫離這時候，但我原是為這時候
> 來的。父啊，願你榮耀你的名。」當時就
> 有聲音從天上來說：「我已經榮耀了我的
> 名，還要再榮耀。」

---

[41] 這種觀點也塑造了耶穌在《路加福音》22 章 31-32 節為西門彼得禱告的方式：「西門！西門！撒但想要得著你們，好篩你們像篩麥子一樣；但我已經為你祈求，叫你不至於失了信心。你回頭以後，要堅固你的弟兄。」

這個較早前的禱告，用不同的詞彙描述了同樣的事實。耶穌求父神（求告耶和華的名）通過實施他的計劃來榮耀他自己的名。這是耶穌預備受死之前的禱告重心，甚至在十字架上受刑時，他的禱告重點依然一樣。

三卷對觀（符類）福音書都記載了耶穌在十字架上的禱告：

> 約在申初，耶穌大聲喊著說：「以利！以利！拉馬撒巴各大尼？」就是說：「我的神！我的神！為甚麼離棄我？」……耶穌又大聲喊叫，氣就斷了。（太27:46, 50;另見可15:34, 37）

> 到了一個地方，名叫髑髏地，就在那裏把耶穌釘在十字架上，又釘了兩個犯人:一個在左邊，一個在右邊。當下耶穌說：「父啊，赦免他們！因為他們所做的，他們不曉得。」……耶穌大聲喊著說：「父啊！我將我的靈魂交在你手裏。」說了這話，氣就斷了。（路23:33–34, 46）

耶穌的禱告——無論是引用《詩篇》第二十二篇，還是呼求憐憫的神來赦免人的罪，抑或那句大無畏的「我將我的靈魂交在你手裏」，甚至《馬太福音》二十七章50節那個甚麼也說不出的「大喊」——都有一個共同點：專注於他的使命。耶穌的禱告不是為自

己而求。直到生命的最後一刻，他仍在求告神的名，卻不是求神搭救他，而是要神藉他自己來達成神的計劃。在本書中，我一直追尋合乎聖經的禱告神學，而耶穌的禱告提供了生動又感人的例子。

第七章
禱告的教會：《使徒行傳》中的禱告

我們在福音書中已經看到，耶穌肯定了舊約的禱告觀乃是求告耶和華來成就他聖約的應許。新約伊始，耶穌更要改變禱告，因著聖子的降臨，舊約聖徒的禱告有些部份已蒙應允，現在聖子耶穌邀請我們**奉他的名**禱告，與他一同呼叫「阿爸父」。因此，福音書敦促我們奉耶穌的名祈求父神建立他的國。但這是否整部新約對禱告的主要理解呢？有否體現在初代的教會生活當中？讓我們先來看看《使徒行傳》。[1]

耶路撒冷的禱告

在耶穌受死和復活之後，禱告馬上成為跟隨耶穌的群體當中的主要活動之一。路加在《使徒行傳》第

---

[1] Peter O'Brien（1973）對此話題做了一個極好的簡要概述。

一章如此描述耶穌升天後的場景:

> 有一座山,名叫橄欖山,離耶路撒冷不遠,約有安息日可走的路程。當下,門徒從那裏回耶路撒冷去,進了城,就上了所住的一間樓房。在那裏有彼得、約翰、雅各、安得烈、腓力、多馬、巴多羅買、馬太、亞勒腓的兒子雅各、奮銳黨的西門和雅各的兒子(或作「兄弟」)猶大。這些人同著幾個婦人和耶穌的母親馬利亞,並耶穌的弟兄,都同心合意地恆切禱告。
>
> (徒1:12–14)

這段記載的重點容易被人忽略,以為它不過在描述一個新興宗教群體日常的虔誠生活,但其實它包含更深的意義。正如我們先前在《路加福音》中看見,禱告不單只是籠統地表達對神的依賴,而是求告神實施他的計劃、兌現他的應許;這肯定是上述經文的意思,門徒的行動和路加的文筆均證明這一點。

這群第一世紀的猶太信徒因著耶穌的死與復活確信彌賽亞已來臨,他們親耳聽見耶穌宣告神的國已經降臨;無可置疑地,神正在他的遺民中建立「新以色列」。[2]

---

[2] 這樣的說法立即引發一些重大的神學問題。比如,第一批基督徒是否將自己看作替代以色列民族的「新以色列」?新以色列是針對所有人而言的,還是單單針對猶太人而言的?我非常懷疑在經文所敘述的這個時期,這些門徒自己

這就解釋了為甚麼他們一定要填補猶大空出的使徒位份——因為只有十二個人同列, 才能象徵新以色列。[3]

他們從見證耶穌受死與復活的人中選出了兩位合適的候選人, 路加寫道:

> 眾人就禱告說:「主啊, 你知道萬人的心, 求你從這兩個人中, 指明你所揀選的是誰, 叫他得這使徒的位份。這位份猶大已經丟棄, 往自己的地方去了。」於是眾人為他們搖籤, 搖出馬提亞來;他就和十一個使徒同列。(徒1:24–26)

從一開始, 耶路撒冷的初代教會每逢關鍵時刻, 使徒都會像耶穌一樣, 迫切禱告、求神幫助。

《使徒行傳》二章 42 節總結五旬節後的教會情況時, 反映出這一點:「(門徒) 都恆心遵守使徒的教訓, 彼此交接, 擘餅, **祈禱**。」[4] 此處說的「祈禱」有可能是指聖殿的固定禱告時間, [5] 也有可能是指日常對禱告

都還沒弄清楚這個問題, 所以我們沒有必要在此處花許多精力來試圖解決它。

[3] 這在一定程度上解釋了為什麼馬提亞只出場了一次就再也沒被提及, 以及為什麼用「搖籤」的方式來決定人選——他們「隨機」選擇是因為:(1) 兩個候選人沒有差別, 任選一人都可以;(2) 选一人替補的主要目的是為了完成數位上的**象徵意義**, 而不是為了重視某個人。不管選誰, 關鍵是要把「十二」這個數位儘快填滿。

[4] 原文用詞是 *kai tais proseuchais*。

[5] 這在 3 章 1 節可以找到一點证据 (但不是決定性的)。見 Peterson 2009, 页 162。

的委身。⁶ 若是後者，就有可能與第一章提到的情況相似，路加所說的祈禱是與神的國在耶穌基督裏降臨有關。第一次記載耶路撒冷教會的禱告會，在某程度上亦證明這一點。

彼得與約翰在聖殿門口治好瘸腿的人，被公會抓去審問，他們被釋放之後，路加記錄以下這段教會同心合意的禱告：

> 主啊，你是造天、地、海和其中萬物的，你曾藉著聖靈托你僕人——我們祖宗大衛的口說：「外邦為甚麼爭鬧？萬民為甚麼謀算虛妄的事？世上的君王一齊起來，臣宰也聚集，要敵擋主，並主的受膏者（或作「基督」）。」希律和本丟彼拉多、外邦人和以色列民果然在這城裏聚集，要攻打你所膏的聖僕耶穌（「僕」或作「子」），成就你手和你意旨所預定必有的事。（徒4:24–28）

從這段話我們看到，耶路撒冷教會最初的禱告是專注於**神親自成就他的計劃**。⁷ 初代教會是透過《詩篇》第二篇來理解這次有關猶太當局的事件。因此，他們的禱告是以一個堅定的信念為基礎，他們堅信這些圍

---

⁶ Keener 2012, 頁 1011; Schnabel 2012, 頁 180。
⁷ 如 Crump 2006, 頁 183。

繞耶穌的死與復活所發生的事都是神親自命定的。因而意味著他們禱告祈求的，都要完全以神能持續成就他的旨意為大前提。這一點在《使徒行傳》四章29–30節就越發清楚了：

> 他們恐嚇我們，現在求主鑒察。一面叫你僕人大放膽量，講你的道；一面伸出你的手來醫治疾病，並且使神蹟奇事因著你聖僕耶穌的名行出來。

在這個禱告中，初代教會繼續「求告主名」，求神施展大能，通過使徒這些目擊證人的講道揭示耶穌。有意思的是，他們沒有直接為自己的安全或保障祈求——他們所關心的乃是福音的傳播。神清楚地應允他們的禱告，四章31節說：「禱告完了，聚會的地方震動，他們就都被聖靈充滿，放膽講論神的道。」

耶路撒冷教會對禱告的理解與舊約有重要的連續性。喬爾·格林（Joel Green）甚至說：

> 《使徒行傳》稱耶穌的門徒為「求告主名的人」（9:14，21）。從解經的基礎上看，《使徒行傳》二章21節引用《約珥書》二章32節，用「求告主名的人」來形容那些「相信耶穌之名」的人……路加如此稱呼跟隨耶穌的人，顯示出禱告對基督徒的經歷有多麼重要，因為它標誌著一個

人融入彌賽亞群體的起點，同時也指定這個群體表達忠心的其中一個實踐和習慣。[8]

我們禱告的重心應該是神應許的實現，也就是神透過他的話語（道）成就他的工作，這一點在整本《聖經》中觸目皆是，如今神的話語（道）就刻寫在這些新約信徒的心版上。

在《使徒行傳》第六章的開頭，我們看到「禱告」與「神的道」再次相提並論：

> 那時，門徒增多，有說希利尼話的猶太人向希伯來人發怨言，因為在天天的供給上忽略了他們的寡婦。十二使徒叫眾門徒來，對他們說：「我們撇下神的道去管理飯食，原是不合宜的。所以，弟兄們，當從你們中間選出七個有好名聲、被聖靈充滿、智慧充足的人，我們就派他們管理這事。但我們要專心**以祈禱傳道**為事。」
>
> （徒6:1–4）

我們必須曉得，在這裏「祈禱」和「傳道」並非兩件完全獨立的活動。經文沒說使徒要騰出時間，分別用來做這兩件同等重要、卻互不相關的事。

使徒在這裏特別提出「祈禱」是何用意呢？這個

---

[8] Green 2001, 頁 194–195。

問題非常重要，正如我們在前面好幾處經文也問過類似的問題。我們太容易把這節經文應用在教會領袖身上，要求並鼓勵他們要為所牧養的會眾、為世界的宣教與大事祈禱，但我認為使徒另有所指。到目前為止，我們在《使徒行傳》中所看到的禱告只有一種，那就是祈求神藉著復活並掌權的耶穌，擴展他的國度。因此，這節經文裏的「祈禱」**只可能是祈求神實現他的應許、透過所傳的道來奠定新約**。正如大衛·彼得森（David Peterson）所言：

> 禱告是「傳道」不或缺的和聲伴奏，因為禱告表達出對主的依靠，給予傳講的膽量，護佑傳道的人，並提供機會讓人聆聽和信服所傳之道。[9]

因此，使徒專心以「祈禱傳道」為事、為傳道的果效禱告，為「傳道」而「祈禱」。禱告（即求告神來成就他的聖約應許）與福音（此處是指神的道）之間的聯繫是牢不可破的。

《使徒行傳》開篇盡都是講述耶路撒冷城中發生的事，這部分中最後提及禱告的經文出現在第七章末尾，就是司提反被石頭打死的時候，他在臨終前禱告的內容，有意無意地，呼應著主耶穌的禱告：

---

[9] Peterson 2009，页 234。

> 他們正用石頭打的時候，司提反呼籲主說：「求主耶穌接收我的靈魂！」又跪下大聲喊著說：「主啊，不要將這罪歸於他們！」說了這話，就睡了。掃羅也喜悅他被害。（徒7:59–60）

我們再次看見，即使在臨死的一刻，作為神子民的一員，司提反的禱告主題仍然是罪得赦免，以及求神收納。

猶太與撒瑪利亞之地的禱告

正如《使徒行傳》一章 8 節所預言，福音從耶路撒冷向外傳開。我們發現禱告依然是擴展神的作為一貫強調之要素。福音傳到撒瑪利亞時，出現撒瑪利亞人「是否已經領受聖靈」的問題，從耶路撒冷來的使徒「求告主名」，他們就領受了聖靈。

> 使徒在耶路撒冷聽見撒瑪利亞人領受了神的道，就打發彼得、約翰往他們那裏去。兩個人到了，就為他們禱告（「求告主名」），要叫他們受聖靈。因為聖靈還沒有降在他們一個人身上，他們只奉主耶穌的名受了洗。於是使徒按手在他們頭上，他們就受了聖靈。（徒8:14–17）

對我們的研究來說，此故事精彩之處在於「奉主耶穌的名受洗」似乎不足夠。然而，當彼得與約翰到他們那裏「求告主名」，奉主耶穌的名祈求父神傾出聖靈時，他們才領受聖靈。而這新「運動」的合一得以跨越種族界限而維持。

接下來的記載讓我們看見一個有趣的對比，就是「源于耶穌的使命、以福音為中心的禱告」與「異教中一般的禱告觀」兩者的差異。有一位當地著名的術士或巫師，看到並識別真正的能力，於是向使徒提出一個他以為肯定成交的要約：

> 西門看見使徒按手，便有聖靈賜下，就拿錢給使徒，說：「把這權柄也給我，叫我手按著誰，誰就可以受聖靈。」彼得說：「你的銀子和你一同滅亡吧！因你想神的恩賜是可以用錢買的。你在這道上無分無關，因為在神面前，你的心不正。你當懊悔你這罪惡，祈求主，或者你心裏的意念可得赦免。我看出你正在苦膽之中，被罪惡捆綁。」西門說：「願你們為我求主，叫你們所說的，沒有一樣臨到我身上。」
>
> （徒8:18–24）

與舊約一樣（例如《約珥書》2章32節），此處提到的禱告，是為著所面對明顯的罪咎特別「求告主名」，求神憐憫。

類似的情況也出現在《使徒行傳》第九章掃羅歸主的記載中。當神吩咐亞拿尼亞去栽培掃羅這位初信者時，他告訴亞拿尼亞，這個生命被翻轉的人的記認就是「他正禱告」：「主對他說：『起來！往直街去，在猶大的家裏，訪問一個大數人，名叫掃羅，他正禱告』」（徒9:11）從上下文我們知道這並不是形容掃羅例行的宗教活動（當然，作為一個虔誠的猶太人，祈禱是他多年來生活的一部分），而一定是指他正在「求告主名」，為著他最近逼迫教會的行動和他一生的驕傲求主憐憫。

　　與此同時，猶太地發生的事也表明神正在繼續展開他的計劃。在耶路撒冷城外的約帕地，神藉著彼得的禱告使一個女門徒從死裏復活，就像神曾經藉著以利亞和以利沙（並在《約翰福音》11章裏藉著耶穌）的禱告使死人復活一樣。[10]

　　可見，《使徒行傳》中的禱告模式與其它書卷的模式類似，禱告在本質上就是「求告神按他的應許行事」。耶穌降臨之後，禱告可以更加具體地理解為「求神成就他在福音中所應許的事」，這包括我們因著耶穌罪得赦免，也包括我們藉著聖靈與聖道的能力建立他的國度。隨著福音不斷向外邦世界廣傳出去，這種禱告模式重復出現。

---

[10] 《使徒行傳》9章40节：「彼得叫她們都出去，就跪下禱告，轉身對著死人說：『大比大，起來！』她就睜開眼睛，見了彼得，便坐起來。」

哥尼流的故事讓我們看到，導致彼得迎接敬畏神的外邦人加入剛起步的屬靈群體，是從哥尼流（在家中）和彼得（在硝皮匠西門家中）分別的禱告開始的：

> 在該撒利亞有一個人，名叫哥尼流，是義大利營的百夫長。他是個虔誠人，他和全家都敬畏神，多多周濟百姓，**常常禱告神**。有一天，約在申初，他在異象中明明看見神的一個使者進去，到他那裏，說：「哥尼流。」哥尼流定睛看他，驚怕說：「主啊，什麼事呢？」天使說：「**你的禱告和你的周濟達到神面前，已蒙記念了**。現在你當打發人往約帕去，請那稱呼彼得的西門來⋯⋯第二天，他們行路將近那城，彼得約在午正上房頂去**禱告**。（徒10:1-5，9）

在救贖歷史的另一個關鍵時刻，一個外邦人（雖然也是虔誠的「圈內人」）領受福音與聖靈的「催化劑」是禱告，就是當哥尼流和彼得兩人不約而同都在「求告主名」的時刻。

在第十二章中，故事的焦點又回到耶路撒冷。在那裏，新的希律王正試圖鎮壓剛剛成立的教會。教會怎樣回應，以確保福音事工在艱難的日子裏繼續循軌道前進呢？他們禱告：「於是彼得被囚在監裏；教會

卻為他切切地禱告神。」（徒 12:5）當彼得跟著天使走出監獄之後，就去找其餘的信徒：「想了一想，就往那稱呼馬可的約翰他母親馬利亞家去，在那裏有好些人聚集禱告。」（徒 12:12）聚集的人絲毫不曉得他們的禱告已蒙應允 —— 神必繼續建立他的教會。

從第十三章開始，向外邦人傳福音的事工加快了步伐，此時路加告訴我們，在差派新的工人出去傳福音時，教會在禱告（和禁食）：

> 在安提阿的教會中有幾位先知和教師，就是巴拿巴和稱呼尼結的西面，古利奈人路求，與分封之王希律同養的馬念，並掃羅。他們事奉主，禁食的時候，聖靈說：「要為我分派巴拿巴和掃羅，去做我召他們所做的工。」於是禁食禱告，按手在他們頭上，就打發他們去了。（徒13:1–3）

類似的經文還有：「二人在各教會中選立了長老，又禁食禱告，就把他們交託所信的主」（徒 14:23）。

隨著教會的擴展，經文越發強調禱告才是神施行福音工作並繼續建立教會的方法。在腓立比發生的事就是個活生生的例子：

> 約在半夜，保羅和西拉禱告唱詩讚美神，眾囚犯也側耳而聽。忽然地大震動，甚至監牢的地基都搖動了，監門立刻全開，眾囚犯的鎖鏈也都鬆開了。（徒16:25–26）

正如神在第十二章中營救彼得，現在他也營救保羅和西拉，讓他們可以繼續向外邦人傳福音，這就帶進《使徒行傳》的最後樂章。

地極之處的禱告

保羅刻意並策略地前往羅馬，初步應驗使徒行傳一章8節的話。[11] 在好幾個階段都記載說教會在禱告（尤其在保羅離開以弗所時，見 20–21 章）：

> 保羅說完了這話，就跪下同眾人禱告。眾人痛哭，抱著保羅的頸項和他親嘴。叫他們最傷心的，就是他說「以後不能再見我的面」那句話，於是送他上船去了。（徒20:36–38）過了這幾天，我們就起身前行，他們眾人同妻子兒女送我們到城外。我們都跪在岸上禱告，彼此辭別；我們上了船，他們就回家去了。（徒21:5–6）

為了強調福音的重要意義，路加特別告訴我們，保羅向小亞細亞的信徒告別時，他們在一起禱告。此時福音正在巴勒斯坦以外的地方傳播，一如以往，這些主要的福音運動總是有禱告伴隨。

---

[11] 參 Keener 2012，頁 703。。

當保羅在馬爾他島短暫停留時，我們看到《使徒行傳》中最後一次的禱告：當時，部百流的父親患熱病和痢疾躺著。保羅進去為他禱告，按手在他身上，治好了他。（徒 28:8）如同之前神使用彼得一樣，神藉著保羅的禱告（用神蹟）證實他所傳的道，也就是耶穌基督的福音。

《使徒行傳》以福音被傳到當時世界的中心[12]來結束，神也繼續垂聽他百姓的呼求：祈求他兌現他在福音中的應許。

結語

禱告的理念與實踐雖不是《使徒行傳》的中心內容，卻佔相當的篇幅。禱告像一條不顯眼、卻無處不在的線索（不難找到卻又容易被忽略），貫穿整卷書。當仔細觀察時，便會發現《使徒行傳》提供了基督教初期教會在禱告的精彩快拍。那麼，我們從《使徒行傳》中看到教會是怎樣禱告的呢？我們看到：在某種程度上，教會的禱告既與耶穌的生命和傳道事工相融合，也與在耶穌之前、數個世紀以來舊約對禱告的教導相合。

---

[12] 譯者注：保羅前往羅馬是為了把福音傳到「地極」，因羅馬是當時羅馬帝國的首都，故此作者用「世界的中心」指代羅馬城。

《使徒行傳》中的禱告是以福音為中心，也被福音塑造。禱告明顯的重點是福音得以按照主的應許而進展，禱告是祈求神藉著他的聖靈、透過耶穌的福音繼續成全他的工作。

第八章
植堂與禱告：保羅書信中的禱告

新約中堪稱「禱告神學家」的作者，使徒保羅當之無愧。保羅在他的書信中，比任何人更多談及自己的禱告；他鼓勵讀者要多禱告，並留下最多的禱告文本。保羅在率領橫跨地中海的植堂運動之同時，也獨一無二地為主耶穌的教會之禱告神學與實踐定型。[1]

對保羅而言，福音塑造教會的禱告。本章將著重分析在保羅許多的書信中[2]如何體現這一點，包括他自己怎樣為新成立的教會禱告、他對禱告的教導與指令。我們來逐一查考。

---

[1] 關於本章所探討的經文材料，多年來已有大量研究文獻出爐。即使只討論保羅的禱告觀，也是一個極大的挑戰。考慮到本書的限制，本章必須把焦點集中在追溯保羅材料與先前內容的連續性。若想從更一般性的起點出發來了解保羅書信，可參考其它著作對保羅書信的介紹，例如 Peterson 1990b。

[2] 我認為傳統上被劃歸為「保羅書信」的所有信件，其作者都是保羅本人。

與保羅一起為人代禱

也許出乎所料，保羅書信中有關禱告的記載大多是他為人代禱的具體內容，又或是關於代禱的報導。這是聖經資料的一個新發展——在此之前，大量代禱的因由都是那些抵擋神工作的人，甚少記錄為神的百姓代禱，現在情況改變了。

保羅在《羅馬書》的引言中，語重心長地道出他對羅馬教會的代禱關懷。儘管他的代禱有點另類（那時他還未去過羅馬），但內容卻包含著保羅為人代禱的要素：[3]

> 第一，我靠著耶穌基督，為你們眾人感謝我的神，因你們的信德傳遍了天下。我在他兒子福音上，用心靈所事奉的神，可以見證我怎樣不住地提到你們。在禱告之間常常懇求，或者照神的旨意，終能得平坦的道路往你們那裏去。因為我切切地想見你們，要把些屬靈的恩賜分給你們，使你們可以堅固。這樣，我在你們中間，因你與我彼此的信心，就可以同得安慰。弟兄們，我不願意你們不知道，我屢次定意往

---

[3] 當然，對這些禱告還有許多更具體、更嚴謹的分析，最著名的是 O'Brien 1982，另見卡森 1993。

你們那裏去,要在你們中間得些果子,如同在其餘的外邦人中一樣;只是到如今仍有阻隔。無論是希利尼人、化外人、聰明人、愚拙人,我都欠他們的債。(羅1:8–14)

雖然嚴格來說,感恩並不算是禱告,但保羅在禱告的語境中以感謝神開始。無論如何,我們應當留意的是:保羅感恩的內容總是與禱告一致的。在這個例子中,保羅為他們的「信德」(*pistis*)傳遍天下而感謝神。這也是《羅馬書》的背景,保羅最關心羅馬教會並為他們祈求的,就是他們能**信靠**神,因為神已藉福音向他們啟示自己。

同樣,保羅渴想去羅馬的心願也是為了福音的緣故——他切望把「屬靈的恩賜」分給羅馬教會,去激勵、堅固他們。在這語境中,恩賜並非指聖靈灌注的一種本領,保羅的意思似乎是:當福音被闡明,教會就能透過神的道、藉著聖靈得力。[4] 另外,保羅也想在他們中間「得些果子」。這句話最自然的解釋就是:他想去羅馬做傳福音的工作,並看見人因他傳的道而認識基督。這種「福音心腸」在他論到猶太人的命運時表露無遺。他激動地說:「弟兄們,我心裏所願的,向神所求的,是要以色列人得救。」(羅10:1)

可以說,當保羅寫信給地中海一帶的教會、為他

---

[4] 见 Schreiner 1998, 页 52–53 与 Moo 1996, 页 59–60 的讨论。

們禱告時，他最關心的就是他們能信奉福音，活出福音並宣揚福音。這是保羅為人代禱的主要內容。通讀保羅其餘的書信，我們就會發現這鐵一般的事實。[5]

關於保羅禱告的內容及其背後的動力，《以弗所書》提供的證據最多。不尋常的是，在這書信的引言與主體部份，保羅花了很長的篇幅陳述自己如何為以弗所教會禱告，這是《聖經》中內涵最為豐富的禱告之一。第一段是在《以弗所書》一章15–23節：

> 因此，我既聽見你們信從主耶穌，親愛眾聖徒，就為你們不住地感謝神，禱告的時候，常提到你們，求我們主耶穌基督的神，榮耀的父，將那賜人智慧和啟示的靈賞給你們，使你們真知道他。並且照明你們心中的眼睛，使你們知道他的恩召有何等指望；他在聖徒中得的基業有何等豐盛的榮耀；並知道他向我們這信的人所顯的能力是何等浩大，就是照他在基督身上所運行的大能大力，使他從死裏復活，叫他

---

[5] 幾個例外是《加拉太書》、《提摩太前書》和《提多書》（寫給哥林多的書信也有小部份例外）。但是在這些書信中，保羅都有另一件更迫切需要處理的事，所以才跳過了報告禱告情況的部份。在《哥林多前書》中，保羅表達了感恩，但之後沒有轉入禱告。同樣，在《哥林多後書》第1章裏，保羅很快進入為自己的「辯護」，而沒有報告為他們禱告的情況。

> 在天上坐在自己的右邊,遠超過一切執政的、掌權的、有能的、主治的和一切有名的,不但是今世的,連來世的也都超過了。又將萬有服在他的腳下,使他為教會作萬有之首。教會是他的身體,是那充滿萬有者所充滿的。

保羅首先為以弗所教會的**信心**而感謝神,這與《羅馬書》的開頭十分相似。不過,接下來的內容在《聖經》中就可謂無與倫比了。保羅禱告的核心是祈求神「使你們知道他的恩召有何等指望;他在聖徒中得的基業有何等豐盛的榮耀;並知道他向我們這信的人所顯的能力是何等浩大」。保羅的心願是以弗所的信徒曉得福音帶來的指望,明白福音的驚人果效(為神創造「新人類」),並瞭解福音的大能。這指望、果效和大能彰顯於耶穌的死與復活,並展現在被吸引歸向耶穌的「新人類」當中。[6] 換句話說,保羅的禱告是深深地從福音成形的。這禱告將會如何實現呢?保羅知道,唯有透過聖靈的工作,使我們更加認識神才能實現——這位神就是在舊約中並透過福音所啟示的榮耀之神,他也是主耶穌的父。

有意思的是,保羅在禱告的末尾加了兩句話:「又

---

[6] 參見 Lincoln(1990,頁 78–79)与 O'Brien(1999)頗有幫助的解釋,其中談到「指望」是這個禱告的中心思想。與此相反的是 Arnold(2010,页 98–99),他指出這個禱告的末尾提到的是「能力」。

將萬有服在他的腳下，使他為教會作萬有之首。教會是他的身體，是那充滿萬有者所充滿的。」（弗 1:22–23）「教會」是指所有神的子民在天上的聚集，地上教會的每個聚集都是在預表、期待著這天上的聚集。但請注意保羅這話中驚人的兩點：

- 復活並掌管萬有的基督被賜**給教會**。
- 復活並掌管萬有的基督**充滿教會**。

這兩點的含義深奧，不過從本書研究的角度來說，最重要的是：耶穌基督所完成的工作（福音）足以令保羅所祈求的一切成為可能，保羅要做的只是祈求神藉這福音履行他的承諾 —— 去求告主名。

《以弗所書》三章 14–21 節的禱告以同樣的觀點，說明神已經在基督裏為我們成就了一切，並藉著福音將這一切顯明：

> 因此，我在父面前屈膝——天上地上的各（或作「全」）家，都是從他得名——求他按著他豐盛的榮耀，藉著他的靈，叫你們心裏的力量剛強起來。使基督因你們的信，住在你們心裏，叫你們的愛心有根有基，能以和眾聖徒一同明白基督的愛是何等長闊高深！並知道這愛是過於人所能測度的，便叫神一切所充滿的，充滿了你

們。神能照著運行在我們心裏的大力，充充足足地成就一切，超過我們所求所想的。但願他在教會中，並在基督耶穌裏，得著榮耀，直到世世代代，永永遠遠。阿們。

此處的句子結構比較複雜，[7]有點像《以弗所書》第一章裏的禱告，不過，還是可以觀察到以下幾點保羅的禱告神學基礎：

1) 保羅禱告的對象是創造萬有的神，但藉著耶穌，我們現在能稱他為「父」。
2) 保羅求神按著他豐盛的榮耀賜我們能力。也就是說，保羅的祈求是出於他明白神已經藉著福音為我們所成就的一切。
3) 禱告中第一個主要祈求，是以弗所教會能「藉著他的靈，叫你們心裏的力量剛強起來。使基督因你們的信，住在你們心裏」。保羅求神藉著聖靈動工、幫助信徒明白福音、從而信靠他。
4) 然後他繼續提出第二個祈求，求神使以弗所教會能充份明白神在主耶穌基督裏向我們顯明的大愛。[8]
5) 在禱告的最後一句中，他補充了一個懇求：

---

[7] 参见 O'Brien（1999，页 252–253）对语法的討論。
[8] 第 18–19 節在修辭上如擊鼓一般——「我祈求你們能明白基督的愛是何等長闊高深！並知道這愛是過於人所能測度的。」

「叫神一切所充滿的,充滿了你們」。[9] 保羅所求的是**基督徒的成熟度**。他在前面一章23節裏提到,作為基督的身體,教會中的一員,**我們已經被那充滿萬有的基督所充滿**。他求神賜下能力,可以活出敬虔,明白基督的愛,好叫我們「成為」與「身份」相稱的人,也就是鍾馬田(Martyn Lloyd Jones)所說的:成為神希望我們成為的樣子:**靈裏成熟**的人。

當然,《以弗所書》這一章的經文還有許多可談論的內容,但在此足以指出:**保羅所求的每一件事,都是在福音裏已經為我們成就和施予**。在他豐碩的禱告中,保羅求神做他已經為我們成就的,並在福音中堅固我們。這在保羅的書信中一次又一次反映出來。

在《腓立比書》中有同樣的模式:

> 我每逢想念你們,就感謝我的神;(每逢為你們眾人祈求的時候,常是歡歡喜喜地祈求。)因為從頭一天直到如今,你們是同心合意地興旺福音。**我深信那在你們心裏動了善工的,必成全這工,直到耶穌基**

---

[9] O'Brien(1999,頁253)指出:這「被視為第三點祈求,也是祈求的高潮部份,或者說是對實現前兩點祈求所做的總結性祈求」。卡森(1993,頁195)認為,這隻是在解說第二點祈求。不過,這些語法問題對我的討論沒有實質性影響。

> 督的日子……我所禱告的，就是要你們的愛心，在知識和各樣見識上多而又多，使你們能分別是非（或作「喜愛那美好的事」），作誠實無過的人，直到基督的日子；並靠著耶穌基督結滿了仁義的果子，叫榮耀稱讚歸與神。（腓1:3–6，9–11）

保羅深信神必會透過福音成全他在信徒身上的工作，這是保羅代禱的基礎。他的禱告無非是求神做他已經承諾要做的事。保羅在腓立比書一9–11節中重申這一點，說他所祈求的就是信徒的愛心增多，求神使他們用基督的眼光看待和思考事物，變得更像基督。不過，在保羅其它的書信中，他指出神早已承諾要在信徒的生命中作這一切。[10]

這禱告模式在《歌羅西書》中更為明顯：禱告就是求神成就他早已透過主耶穌、藉著聖靈承諾要做的事：

> 我們感謝神——我們主耶穌基督的父，常常為你們禱告，因聽見你們在基督耶穌裏的信心，並向眾聖徒的愛心，是為那給你們存在天上的盼望……
>
> 因此，我們自從聽見的日子，也就為你們

---

[10] 參見《以弗所書》1章22–23節。O'Brien（1991，頁72–83）的討論幫助甚大。

> 不住地禱告祈求，願你們在一切屬靈的智慧悟性上，滿心知道神的旨意，好叫你們行事為人對得起主，凡事蒙他喜悅，在一切善事上結果子，漸漸地多知道神；照他榮耀的權能，得以在各樣的力上加力，好叫你們凡事歡歡喜喜地忍耐寬容；又感謝父，叫我們能與眾聖徒在光明中同得基業。他救了我們脫離黑暗的權勢，把我們遷到他愛子的國裏；我們在愛子裏得蒙救贖，罪過得以赦免。（西1:3-5，9-14）

在《歌羅西書》的開頭，保羅按照慣例，為他們在基督裏的信心（並向歌羅西信徒的愛心）感謝神。接著，保羅明確地指出，他這樣禱告是基於「那給你們存在天上的盼望」、知道神在福音中對他們的承諾；禱告的末尾在13-14節保羅更清楚地說明，他們現在成為何等樣的人是因為基督所作的一切：他們已被拯救、遷移、得蒙救贖、罪得赦免。所以，9-12節的禱告可以簡單地理解為福音的延伸——他們所相信的福音將要繼續滲透他們的心思意念，以致他們曉得如何在凡事上順服神，不斷多結果子、多認識神。保羅再次祈求神賜下他所應許的能力，好叫他們可以為基督活得堅穩、心存喜樂和充滿感恩。我們在這裏再次看到：保

羅始終如一地求告神實現他在福音中的承諾。[11]

保羅寫給帖撒羅尼迦教會的信也不離他的常規。在《帖撒羅尼迦前書》中，他首先為他們的信心而感謝神，同時也為他們因信靠耶穌而存的愛心與盼望（顯然是福音帶來的結果）而感謝神：「我們為你們眾人常常感謝神，禱告的時候提到你們，在神我們的父面前，不住地記念你們因信心所做的工夫，因愛心所受的勞苦，因盼望我們主耶穌基督所存的忍耐。」（帖前1:2–3）隨後他為帖撒羅尼迦教會具體地禱告，保羅求神使用他（和他的團隊？），堅固他們在基督裏的信心（有點像他為羅馬教會的禱告）。他的禱告依然聚焦於福音在信徒生命中的影響。

《帖撒羅尼迦後書》也證實了這一點：

> 因此，我們常為你們禱告，願我們的神看你們配得過所蒙的召，又用大能成就你們一切所羨慕的良善和一切因信心所做的工夫；叫我們主耶穌的名在你們身上得榮耀，你們也在他身上得榮耀，都照著我們的神並主耶穌基督的恩。（帖後1:11–12）

保羅在為他所建立的教會（或他希望拜訪的羅馬教會）禱告時，他最關心的就是福音在信徒生命中的

---

[11] 參見 Moo（2008，頁 100–101）的評論，裡面提到「保羅要表達的意思很清楚：父神已親自預備了罪人所需的，使他們配得成為神的百姓」。

工作——求神成全他在福音中的承諾、在他子民的生命中彰顯耶穌的死與復活帶來的影響和改變。對保羅來說，禱告就是求神藉著他和眾信徒的生命來「作福音的工」。這顯然是從舊約中「求告主名」的禱告觀推進，這是自然的發展，而非基礎的改變。

保羅寫給個別信徒的書信——尤其是《提摩太》與《腓利門》——也進一步證實這個發展。在這兩封書信中，保羅為著神在兩位收信人生命中的作為而感恩。他更特別為腓利門可以「作福音的工」，並透過福音更多認識基督而禱告：[12]

> 我禱告的時候提到你，常為你感謝我的神，因聽說你的愛心並你向主耶穌和眾聖徒的信心（或作「因聽說你向主耶穌和眾聖徒有愛心、有信心」）。願你與人所同有的信心顯出功效，使人知道你們各樣善事都是為基督做的。（門4-6）[13]

現在讓我們來看其中一處保羅談及他為自己的禱告。保羅面臨一些沒指明、卻劇烈的痛苦。他祈求減輕痛苦，但這禱告的框架是他最關切的事：福音能在他身上、也通過他的生命繼續進展。

---

[12] 《提摩太後書》1章3節：「我感謝神，就是我接續祖先用清潔的良心所事奉的神。祈禱的時候，不住地想念你。」
[13] 參見 O'Brien 1982, 页 47-58 對這幾節經文更加完整的討論。

> 又恐怕我因所得的啟示甚大，就過於自高，所以有一根刺加在我肉體上，就是撒但的差役，要攻擊我，免得我過於自高。為這事，我三次求過主，叫這刺離開我。他對我說：「我的恩典夠你用的，因為我的能力是在人的軟弱上顯得完全。」所以我更喜歡誇自己的軟弱，好叫基督的能力覆庇我。我為基督的緣故，就以軟弱、凌辱、急難、逼迫、困苦為可喜樂的，因我甚麼時候軟弱，甚麼時候就剛強了！（林後12:7–10）

總之，不管保羅是為個別信徒，還是為教會，甚至為他自己禱告，他都是求神藉著聖靈、透過福音在信徒的生命中工作。他求神把耶穌的死與復活所帶來的恩惠施展在信徒的生命中，不斷成全他們，直到萬物都歸服基督之下的那日。保羅的禱告是以福音為動力、以福音為中心的。

保羅對禱告的教導

研讀保羅為人代禱的同時，我們也需看看保羅對禱告的教導。有趣的是，除了前文討論過的禱告，甚少關於禱告的討論。《羅馬書》是保羅書信中最不具「私

人性」的一卷，其中倒有些少談及禱告的內容。其餘有關禱告的「教導」，主要是提到為他和其他傳福音與植堂同工代禱的重要性。

保羅在《羅馬書》中發表了一些與我們的討論有關的評論：

> 你們所受的不是奴僕的心，仍舊害怕；所受的乃是兒子的心，因此我們呼叫：「阿爸，父！」……況且，我們的軟弱有聖靈幫助，我們本不曉得當怎樣禱告，只是聖靈親自用說不出來的歎息替我們禱告。
>
> （羅8:15，26）[14]

保羅引用耶穌的教導，強調是聖靈的恩賜牽引我們進入耶穌自己與父的關係當中，使我們也能像他一樣、向他的父禱告，稱呼他的父為我們的父「阿爸」。對保羅來說，是福音使我們有可能並懂得禱告。容我暫且建議「呼叫」這詞，是呼應舊約中「求告耶和華之名」的命令，但如今聖靈給我們權柄，藉著主耶穌，並與他一同呼叫「父」來求告神。

不過，《羅馬書》八章26節耐人尋味，保羅說在面對破碎、苦難與失望，甚至不知如何禱告時，我們

---

[14] 《羅馬書》第8章中插入的材料與傳統意義上的禱告並無直接聯繫，而是與聖靈的作用有關。這超過了我們的討論範圍。

可以因著聖靈繼續替我們禱告而心得安慰。但這裡需要注意的是，23–25 節清楚地表明保羅所說的話是有個特定的情況：

> 不但如此，就是我們這有聖靈初結果子的，也是自己心裏歎息，等候得著兒子的名份，乃是我們的身體得贖。我們得救是在乎盼望；只是所見的盼望不是盼望，誰還盼望他所見的呢？（有古卷作「人所看見的何必再盼望呢？」）但我們若盼望那所不見的，就必忍耐等候。（羅8:23–25）

這裏說的憂愁是「福音的憂愁」，不只是在我們亂七八糟的世界裏掙扎要理解人生的意義。保羅逆料到：我們現在的光景與將來的模樣兩者之間的張力會令我們感到撐不下去（或者，至少欲語無言）。[15] 在此，他急忙向我們保證：聖靈不僅在我們身上啓動了福音的工作，他也要幫助我們禱告，像「給車輪上油」般推動這工作前行。

除了這段經文，保羅在《羅馬書》中提到禱告的另一段經文見於第十二章，反映出保羅對禱告（在一連串「基督徒須知」之中）的態度：

---

[15] 參見 Schreiner 1998，页 442–447，其中細緻入微地闡述了保羅的觀點。

> 愛人不可虛假;惡要厭惡,善要親近。愛
> 弟兄,要彼此親熱;恭敬人,要彼此推
> 讓。殷勤不可懶惰。要心裏火熱,常常服
> 事主。在指望中要喜樂,在患難中要忍
> 耐;禱告要恆切。聖徒缺乏要幫補,客要
> 一味地款待。(羅12:9–13)

其他兩段必需關注的經文極具爭議性,不過爭議的重點與禱告無關。第一段經文見於《提摩太前書》第二章,保羅敦促提摩太要把禱告放在首位:

> 我勸你第一要為萬人懇求、禱告、代求、
> 祝謝,為君王和一切在位的,也該如此,
> 使我們可以敬虔、端正,平安無事地度
> 日。這是好的,在神我們救主面前可蒙
> 悅納。他願意萬人得救,明白真道……
> 我願男人無忿怒,無爭論(爭論或作「疑
> 惑」),舉起聖潔的手,隨處禱告。(提
> 前2:1–4,8)[16]

保羅在此勸勉的邏輯至關重要:他禱告的重點不是在於我們可以過自由平靜的生活,管好自己的事務,

---

[16] 這段經文其餘部份並未直接涉及禱告事宜,因此我未加討論。若讀者對其餘部份感興趣,可以參考 Köstenberger 与 Schreiner 2005 的論述(還可參考 Towner 2006 的不同觀點)。

而是特意把禱告與神「願意萬人得救，明白真道」的旨意聯繫起來。換句話說，第 3 節中的禱告是為了帶來福音的增長（第 4 節）而發的。同樣，他勸誡男人不要爭權、反要禱告，無疑也是為福音而下的命令。[17]

保羅書信中涉及禱告、需要討論的其餘一段經文見於《哥林多前書》，同樣這段經文中帶有些問題：

> 我願意你們知道，基督是各人的頭，男人是女人的頭，神是基督的頭。凡男人禱告或是講道（「講道」或作「說預言」。下同），若蒙著頭，就羞辱自己的頭。凡女人禱告或是講道，若不蒙著頭，就羞辱自己的頭，因為這就如同剃了頭髮一樣。女人若不蒙著頭，就該剪了頭髮；女人若以剪髮剃髮為羞愧，就該蒙著頭。男人本不該蒙著頭，因為他是神的形像和榮耀，但女人是男人的榮耀。起初，男人不是由女人而出，女人乃是由男人而出。並且男人不是為女人造的，女人乃是為男人造的。因此，女人為天使的緣故，應當在頭上有服權柄的記號。然而照主的安排，女也不是無男，男也不是無女。因為女人原是由

---

[17] 參見 Towner（2006, 页 202–203），他認為使用「隨處」這個詞可能暗示了保羅關注神對全世界的旨意。

> 男人而出，男人也是由女人而出；但萬有
> 都是出乎神。你們自己審察，女人禱告
> 神，不蒙著頭是合宜的嗎？你們的本性
> 不也指示你們，男人若有長頭髮，便是他
> 的羞辱嗎？但女人有長頭髮，乃是她的榮
> 耀，因為這頭髮是給她作蓋頭的。若有人
> 想要辯駁，我們卻沒有這樣的規矩，神的
> 眾教會也是沒有的。（林前11:3–16）

這裏關鍵的問題是：這段話在甚麼程度上影響保羅對禱告的理解？[18]

事實是論及女人「禱告」和「講道」（或「說預言」）的條件是她們應當蒙頭，意味着這裏的問題並非保羅對禱告的理解。哥林多教會明顯被教外的人羞辱，而這些人對合乎聖經的禱告神學（或講道）一知半解，甚至一無所知。故此問題不在於「是甚麼禱告導致哥林多教會受辱」，而在於「是甚麼行為導致哥林多教會蒙受恥辱」。溫特（Winter）認為，問題的答案就是：哥林多教會的婦女選擇用一種不合體統的方式來表現她們的自由，拖累福音陷於聲名狼藉。這個問題最終是關乎婚姻（和婚姻中的權柄問題），而不是關於禱告本身。[19]

---

[18] 請參考 Winter（2001，頁 121–140）對這個問題的討論。
[19] 關於這一章經文所談問題的詳盡解釋，請參考 Thiselton 2001，页 799–848。

總的來說，保羅書信中有關禱告的直接教材少得出奇。在禱告這件事上，這位使徒似乎寧願多做，少說（或少寫）。

保羅勸勉我們要禱告

相對來說，保羅對禱告的明確教導極少，卻一再勸勉他人**要禱告**，這些勸勉分為兩類：（1）呼籲為保羅本人和他的傳道使命代禱；（2）普遍地勉勵人禱告（在書信的背景中，主要還是說要為福音的傳播而禱告）。

保羅格外經常地要求眾人為他的植堂事工而禱告。即使面對生命的危險或失去自由時，保羅的代禱事項始終仍是為了要興旺福音：

> 弟兄們，我藉著我們主耶穌基督，又藉著聖靈的愛，勸你們與我一同竭力，為我祈求神，叫我脫離在猶太不順從的人；也叫我為耶路撒冷所辦的捐項可蒙聖徒悅納；並叫我順著神的旨意，歡歡喜喜地到你們那裏，與你們同得安息。願賜平安的神常和你們眾人同在。阿們！（羅15:30–33）

> 你們以祈禱幫助我們，好叫許多人為我們謝恩，就是為我們因許多人所得的恩。（林後1:11）

> 靠著聖靈，隨時多方禱告祈求，並要在此警醒不倦，為眾聖徒祈求，也為我祈求，使我得著口才，能以放膽開口講明福音的奧秘，（我為這福音的奧秘作了帶鎖鏈的使者）並使我照著當盡的本份放膽講論。（弗6:18-20）

> 也要為我們禱告，求神給我們開傳道的門，能以講基督的奧秘（我為此被捆鎖），叫我按著所該說的話將這奧秘發明出來。（西4:3-4）

> 弟兄們，我還有話說：請你們為我們禱告，好叫主的道理快快行開，得著榮耀，正如在你們中間一樣；也叫我們脫離無理之惡人的手，因為人不都是有信心。（帖后3:1-2）

具有指導意義的是：使徒保羅堅持說他福音事工的進展是需要有人為他禱告。因此，我們有理由認為，他經常要求人為他代禱也是源于他對福音的委身。當保羅敦促人要禱告時，他不單是說要默想或多作反思，而是鼓勵人向神呼求，求神透過福音、和主耶穌的死與復活成就他的應許。這一點在查考上下文中保羅的一般性勸勉時，便一目了然。

保羅在《以弗所書》第六章勸人要「靠著聖靈，

隨時多方禱告祈求」，這個總體指令涵蓋著上文「神的全副軍裝」的所有陳述。

> 所以要站穩了，用真理當作帶子束腰，用公義當作護心鏡遮胸，又用平安的福音當作預備走路的鞋穿在腳上。此外，又拿著信德當作藤牌，可以滅盡那惡者一切的火箭。並戴上救恩的頭盔，拿著聖靈的寶劍，就是神的道。靠著聖靈，隨時多方禱告祈求。（弗6:14–18）

這副軍裝出自《以賽亞書》十一章4–5節和五十九章17節中「僕人的軍裝」，但保羅分明在福音的亮光中把它重新設計。「公義」、「預備」（明確地源自福音）、「信德」、「救恩」與「神的道」都與保羅所宣揚的福音有內在的聯繫。於此，禱告能作的唯一祈求就是求在激烈的屬靈爭戰當中，能繼續活出並傳講福音。在此再一次看到禱告與宣揚福音兩者的內在聯繫。

同樣地，在《腓立比書》第四章關於「如何面對憂慮」的經典段落中，對禱告的呼籲也離不開「福音」的背景。

> 你們要靠主常常喜樂！我再說，你們要喜樂！當叫眾人知道你們謙讓的心。主已經近了。應當一無掛慮，只要凡事藉著禱告、祈求和感謝，將你們所要的告訴神。神所賜出人意外的平安，必在基督耶穌裏，保守你們的心懷意念。（腓4:4–7）

保羅兩次呼籲「要喜樂」，這是新約常用的手法，它幾乎總是關聯著神在主耶穌基督裏已經和將要為我們成就的事。[20] 正是這個基礎使我們能理智而謙讓。「主已經近了」可以指主的「臨近」或「將要再來」，[21] 無論哪一個意思，都是我們能繼續將一切交托給他的原因，因為知道他已承諾要在我們裏面，也要藉著我們成就福音的工作。再一次看到，禱告就等於「求告主名、成就福音之工」。

這段我在前面提過的經文裏，保羅也把一般性的禱告與具體的代禱聯繫起來，為他在植堂與教導的服事禱告：

> 你們要恆切禱告，在此警醒感恩；也要為我們禱告，求神給我們開傳道的門，能以講基督的奧秘（我為此被捆鎖），叫我按著所該說的話將這奧秘發明出來。（西4:2–4）

保羅這番話背後的預設是，他們的一般性禱告（大概是為他們自己和自己的教會）與他們為保羅的福音事工禱告是有連續性的。

---

[20] 例如《羅馬書》5章2和11節，12章12節；《哥林多前書》7章30節；《哥林多後書》6章10節；《加拉太書》4章27；《腓立比書》1章18節，2章17節；《歌羅西書》1章24節。
[21] 有關這兩種解釋的論證，請參考 O'Brien 1991，頁488–489。

後來在同一段經文中誇讚以巴弗時，保羅表示這就是他對禱告的默認理解：「有你們那裏的人，作基督耶穌僕人的以巴弗問你們安。他在禱告之間，常為你們竭力地祈求，願你們在神一切的旨意上得以完全，信心充足，能站立得穩」（西 4:12）。從這書信（尤其是第 4 章）的上下文來看，以巴弗肯定是祈求他們能更深入地明白福音的真理，以致他們能繼續在歌羅西忠心地活出並宣揚福音。

　　最後，在《帖撒羅尼迦前書》五章 16–18 節中，保羅有類似的話：「要常常喜樂，不住地禱告，凡事謝恩，因為這是神在基督耶穌裏向你們所定的旨意」。這裏的思維模式也一樣，福音是我們喜樂與感恩的基礎，福音體現了神在我們身上的旨意。對保羅來說，福音就是我們禱告的內容與操練的基礎。

題外話：保羅與集體的禱告？

　　以上的材料有一方面挺耐人尋味，就是所有的書信（除了三封教牧書信與《腓利門書》之外）都是寫給信徒團體的，而所有指令亦是寫給**眾教會**的。《使徒行傳》中記載的禱告大都是教會集體的禱告，而保羅在書信中鼓勵禱告的對象亦似乎是教會的群體，然而，目前大部份的禱告操練只降到私人的領域，這似乎是與新約的做法相違。[22]

---

[22] 「後記」部份將會對此作進一步解說。

結語

無論保羅在呼籲人為他代禱,還是對禱告的指令,在他談及禱告的材料中最顯著的特徵是一個幾乎普世性的禱告焦點:祈求福音透過他的服事和教會的事工在眾人的生命中紮根。這顯然是從先前論及禱告之聖經材料的一個發展,但這個發展是建立在前面教導的基礎上,而非從根本上重新解釋對先知、耶穌與初代教會的理解。在保羅看來,禱告仍是求告主名,求他履行他的承諾。但是,保羅對合乎聖經的禱告神學所作的巨大貢獻是:從主耶穌基督的福音闡明神的應許。

第九章
禱告的結束：新約後期的禱告

新約中最後的幾卷書，是耶穌基督的教會面臨挑戰的精彩見證。那個曾親眼見證耶穌復活，並創立教會的使徒時代，讓位給「使徒時代後」的教會領袖們；基督信仰的未來正踏上設定的軌跡。這些書信的禱告神學與實踐有改變嗎？這個關鍵性的問題是這最後一章的要領。[1]

禱告與《希伯來書》

考慮到《希伯來書》的主題與及收信人，可能會讓人以為這卷書會有豐富的「禱告」材料。可是，《希伯來書》中禱告所佔的篇幅相對並不多，可能因為這

---

[1] Peterson 1990a 对此問題提供了一個有用的概述。

卷書的重點是在於「人可以通過耶穌我們的大祭司和他的代贖**來到神面前**」。

雖然《希伯來書》一章 10–12 節引用了舊約的一個禱告，但直到第四章，才出現第一處可能與禱告相關的經文。這節的措辭很有意思：「所以我們只管坦然無懼地來到施恩的寶座前，為要得憐恤，蒙恩惠，作隨時的幫助」（來 4:16）。「施恩的寶座」是個獨特的短語，儘管幾乎可以肯定是源于舊約的意象。[2]「來到施恩的寶座前」是「禱告」的委婉描述嗎？多年來，可能是受七章 25 節的影響（見下文），大都是這樣解釋。[3] 但這可能未必是最明顯的解釋，理由如下：首先，這書信到此還沒提到禱告。這個短語本身似乎也未在前面出現過，而且第 1–4 章亦沒有任何內容指向這個說法，要讀者把這句話與禱告聯繫起來，未免跳得太遠。其次，把「坦然無懼」與「禱告」並為一談也是太不尋常（不是沒可能，卻非通用的詞彙）。另外，通常禱告也不會被視為獲得「憐恤與恩惠」的途徑。當然，這些理由都不是決定性的。從某種意義上看，若這裏

---

[2] O'Brien（2010，页 184–186）對寶座的背景進行了詳細的解釋，認為寶座是神掌權並賜下恩典的地方。不過，他沒有解釋為什麼此處不提任何與禱告相關的詞彙。總的來說，Ellingworth（1993，页 269–271）對這節經文的處理更細緻，也更受人歡迎。

[3] 例如 Peterson（1990a，页 105–106）雖然沿用了上述觀點，但他在題為「基督徒的禱告」這個部分作出了自己的論證。

是指禱告，那就進一步印證了我先前所說的——禱告在本質上就是求神按應許而行（而他確曾向那些求告他的人應許要施予憐憫和恩惠）。不過儘管如此，有鑒於《希伯來書》的主旨，似乎更大的可能是：作者並非具體談論禱告，而是想指出，現在我們可以自由地來到為我們開路的神面前。

然而，當我們來到《希伯來書》五章7節，就不含糊了：「基督在肉體的時候既大聲哀哭，流淚禱告，懇求那能救他免死的主，就因他的虔誠蒙了應允。」作者以上下文來證明耶穌是真正的人（同時也是神），因此有足夠的能力成為終極的中保。不過，這樣的論證也肯定了我在本書第六章中論到耶穌與禱告的觀點。一方面，耶穌與舊約的先輩一樣，認為禱告（我將此句中的「禱告」與「懇求」視為同義詞[4]）就是向那位承諾拯救他百姓的耶和華呼求。另一方面，這節經文是另一個例子，看到「先知」如何理解神最終會拒聽那些不知悔改的人。因此這節經文提供了重要的證據，就是《希伯來書》的作者與其他聖經作者有相似的禱告觀。

下一處可能與禱告相關的經文是七章23–25節，焦點是耶穌的「祈求」工作。但再一次，經文沒有明說作者的重點是「禱告」：

---

[4] 請參考 O'Brien（2010，页198），他提到了這個詞的傳統背景。

> 那些成為祭司的,數目本來多,是因為有死阻隔,不能長久。這位既是永遠常存的,他祭司的職任就長久不更換。凡靠著他進到神面前的人,他都能拯救到底,因為他是長遠活著,替他們祈求。(來 7:23–25)

這裏有兩個獨立的問題:(1)作者提到耶穌「祈求」時是指甚麼?(2)作者用「進到」(*proserchomai*)這個詞來描述甚麼?這兩個問題都沒有明確的解釋。

儘管耶穌「**替他們祈求**」**有可能**(至少在某種程度上)是**代求的禱告**,但這裏的文本和《希伯來書》其他地方的經文都沒有這樣明說。作為大祭司,代求是耶穌工作的基要部分——耶穌要把我們**帶到父神面前**,而非代表我們向父說話。[5] 無論如何,由於我談到的是耶穌升天後的工作,故此很難看出「替他們祈求」等同「禱告」。不過,第二個問題對我們的討論更加重要:這裏所說的「進到」神面前,是指禱告嗎?從這個詞的語義範圍來說,唯一的解釋就是在關係上「更靠近」神。若真如此,這段經文對合乎聖經的禱告神學就沒有甚麼貢獻了。

---

[5] 這個詞很可能指的是「代表我們與父說話」,這似乎與我們的想法不符。但即使如此,它也是指耶穌提醒父神他已經為我們付出了什麼,而不是為我們代禱。

《希伯來書》中最後提到禱告的地方是在書信的結尾。作者（可能是亞波羅[6]）以非常像保羅的口吻，請求收信人為他和他的團隊代禱，好叫他們以敬虔的方式行事，得以快些回到弟兄們那裏去：「請你們為我們禱告，因我們自覺良心無虧，願意凡事按正道而行。我更求你們為我禱告，使我快些回到你們那裏去」（來13:18–19）。

雖然《希伯來書》的主題獨特，但信中沒有跡象顯示作者偏離了保羅對禱告的理解。但是，耶穌同母異父的兄弟雅各，是否也一樣呢？雅各快人快語，對事情的表達方式畢竟是明顯地與保羅截然不同。

禱告與雅各

儘管《雅各書》相對簡潔，談及禱告的篇幅也不多，但雅各提到禱告的幾處經文，是整本聖經中最引人注目的論述。

雅各在他的開場白之一提出了一項重要、持久、卻也常被人誤解的原則：

> 你們中間若有缺少智慧的，應當求那厚賜與眾人、也不斥責人的神，主就必賜給他。只要憑著信心求，一點不疑惑；因為

---

[6] 我發現 Witherington 2007 對該書作者的推論頗具說服力。

> 那疑惑的人,就像海中的波浪,被風吹動翻騰。這樣的人不要想從主那裏得甚麼。心懷二意的人,在他一切所行的路上都沒有定見。(雅1:5–8)

首先要注意的是,這是一個特定的應許。第6節的條件並不是一個適用於所有禱告的普遍原則。[7] 經文並不是保證我們只要「使勁地求」,任何的願望都能成真。事實上,這裏唯一的應許是「智慧」。顯然地,雅各深受智慧文學的影響,也必想過很多「耶穌基督就是我們的智慧」的意義,耶穌體現敬畏耶和華的真諦,也使我們藉著福音明白並過敬虔的生活。如今我們若要獲得基督的智慧,只需一如過往:禱告(求告主名)。

有意思的是,雅各堅稱任何祈求都要憑著「信心」求。很難想像雅各對信心的理解與其他使徒有何不同——信心就是信靠耶穌,相信福音(尤其在《雅各書》第2章雅各表明他對信心的強烈意見:信心必有行動的表現)。這也就意味著,導致第7節的問題,以及第8節強烈譴責之原因不僅僅是信心不足。這段經文裏所說的「疑惑」是對福音本身的質疑。**正如舊約無數次提到的一樣,當人不信靠耶和華時,禱告遲早不蒙垂聽。**《雅各書》所講的肯定也是這個情況。禱告時,

---

[7] Davids(1982,頁72–73)認為,這個應許只是針對人經歷考驗的情況而言的。Martin(1988,頁19)也持此觀點。

我們是求神將他早已在耶穌基督裏為我們悉心選備並要賜給我們的東西。我們若不祈求，或在祈求時懷疑是否真能得到（這裏是指得到智慧），那就不只是信心不足的小問題，而是拒絕相信福音的大問題。

雅各在這書信中還處理一些激動的情緒。事實上，當他在第四章回到禱告這個主題時，他所針對的情況是收信的眾教會群體已支離破碎。即使雅各可能有些誇張，但情況肯定相當嚴重：「你們貪戀，還是得不著；你們殺害嫉妒，又鬥毆爭戰，也不能得。你們得不著，是因為你們不求；你們求也得不著，是因為你們妄求，要浪費在你們的宴樂中。你們這些淫亂的人哪（『淫亂的人』原文作『淫婦』）！」（雅 4:2–4）雅各刻意將這間（或數間）教會的情況與舊約中神百姓的光景相提並論，因為他們共通的核心問題都在於依靠自己——拒絕求告主名，祈求神為他們做他們自己辦不到的事。或者，更準確地說，他們像以色列民一般，在錯誤的時間，以錯誤的方式向神要求錯誤的東西！這導致雅各呼籲神的百姓要謙卑自己，要趁早、趕緊回到神面前（雅四 7–10）。我們見到前幾頁中浮現出禱告神學的驚人連續性。

接著就帶我們來看《雅各書》中最長、也是最具爭議的一段經文，出現在第五章。在進入解讀第五章之雷區前，值得完整地把經文引述如下：

> 你們中間有受苦的呢，他就該禱告；有喜樂的呢，他就該歌頌。你們中間有病了的呢，他就該請教會的長老來，他們可以奉主的名用油抹他，為他禱告。出於信心的祈禱要救那病人，主必叫他起來；他若犯了罪，也必蒙赦免。所以你們要彼此認罪，互相代求，使你們可以得醫治。義人祈禱所發的力量是大有功效的。以利亞與我們是一樣性情的人，他懇切禱告，求不要下雨，雨就三年零六個月不下在地上。他又禱告，天就降下雨來，地也生出土產。（雅5:13–18）

這部分第一個耐人尋味的短語，不出所料，就是第一個短語。它是解開整個部分的鑰匙。「**你們中間有受苦的呢，他就該禱告**（*proseuchomai*）」。「受苦」（*kakopathō*）是個不尋常的詞，根據上下文（在5章10節用來形容先知受苦）來判斷，它在這裏有一個特定的語境，是指有人因為別人或自己的錯誤行為導致他遭受「邪惡」之苦。[8] 這就解釋了為甚麼我們收到這不尋常的指示：該禱告。[9] 我們原來已處於不尋常的處

---

[8] 我們可以在《提摩太後書》2章9節看到這個詞的模糊性，在這節經文中，保羅「像犯人一樣」受苦，也就是說，他受苦似乎是因為他犯了罪。但是保羅並沒有犯罪，在這種情況下受苦是不應當的。

[9] 這也許不難理解，但這並不改變一個事實，即聖經沒有

境，某些非同尋常（與司法有關？）的邪惡已經臨到這人身上，因此他必須求告主名，盼望神施拯救。

這段經文的邏輯是：受苦就禱告，喜樂就歌頌，「有病」就請長老來。中間一組的詞語配搭（喜樂就歌頌）的邏輯不言而喻，那麼前、後每組的配搭都應有類似的常態和明顯性。但問題卻是，兩組的配搭並不明顯。受苦的時候就禱告？好吧，也許講得通。但「有病」時就請長老來？似乎有點奇怪，其實另有乾坤。雖然「有病」（astheneō）這詞可以指「身體生病」（例如《路加福音》4 章 40 節），但它也可以指「信心軟弱」（例如《羅馬書》14 章 1 節）。根據《雅各書》五章 15 節，有充分理據傾向於後者的翻譯。[10]

一般認為這裏「信心的祈禱」是指帶著極大確信的禱告（有點像雅各在第 1 章所說的那種禱告的「加強版」），結果是這樣禱告的人會對病人產生巨大的影響。[11] 不過，這節經文有另外一個更自然而直接的解讀方式：假如那人並不是身體有病，而是「信心軟弱」（甚至信仰薄弱），以致犯了嚴重的罪行，他就很可能陷入極度絕望的崩潰狀態。若是這樣，他最需要的

常常把受苦與禱告聯繫在一起。
[10] 反對這種觀點的人有 Davids（1982，頁 192），他承認這個詞可以表示「軟弱」，但隨即又通過上下文論證這個詞只能表示「得病」。他的論點似乎是在兜圈子。
[11] Davids（同上）也討論了與這個短語相關的希臘文背景，但並不具有說服力。

是甚麼呢？這樣的人最需要的是被提醒：福音的內容、在基督裏罪得赦免的保證、聖靈的內住以及在基督裏的堅固保障。他們需要有人去鼓勵他們悔改，重新回到基督面前，品嘗主恩的美善。這會是《雅各書》五章 15 節所描述的嗎？「出於信心的祈禱要救那病人，主必叫他起來；他若犯了罪，也必蒙赦免。」

《雅各書》五章 16 節可以證明這一點：「所以你們要彼此認罪，互相代求，使你們可以得醫治。」這裏說的並非慶祝身體的得醫治，雅各似乎在勉勵讀者要認罪悔改，好讓我們經歷從福音而來的醫治。如此解讀《雅各書》第五章就解決了好幾個釋經的難題，同時也顯示出雅各的禱告觀與我們先前的觀點完全吻合，甚至還解釋了經文結尾為何要提到以利亞的故事。

雅各在五章 16 節繼續說：「義人祈禱所發的力量是大有功效的。」乍看雅各似乎提出了一種全新的、特效的禱告範疇，若照這觀點，這些「大能的禱告勇士」的禱告有效是因為他們是「義人」。然而，這樣來理解文本帶有濃厚、揮之不去「因行為稱義」的氣味。但如果把此處的「義人」簡單地理解為「因信稱義」的人，那麼雅各的意思就很直白了 —— 那些搖擺不定的人應該去尋找那些信靠基督的人，請求他們的幫助，因為他們不僅會為搖擺不定的人禱告，還會陪伴他們一同禱告，也曉得帶領浪子悔改的重要性。[12]

---

[12] 參見 Tim Chester 的精彩討論（2003，頁 82–83，与 Steve Timmis 合作），該討論呈現了大致相同的解讀。

經文結尾提到以利亞的例子，證明我的解釋應該是正確的。關鍵不是叫我們去另尋其他的中保，因為「以利亞與我們是一樣性情的人」（5:17），只不過他禱告，並深知得罪神的嚴重後果。在《列王紀上》的故事中，以利亞宣告旱災是耶和華降下的，是約所帶來的咒詛，降在悖逆的以色列人身上。不過，當以利亞在迦密山與巴力眾先知對峙之後，百姓（不情願地）承認「耶和華是神」，約的咒詛便解除了。現在雅各所針對的情況是：有人似乎因犯罪而招致神暫時性的審判，經歷神的不悅與管教時，應該怎麼辦？我們只需要找一個已被稱義的人（「義人」）帶領他重新悔改，因為神已經在福音裏清楚地告訴我們：神要饒恕那些投奔他的人。這在《雅各書》五章 19–20 節裏講得更加清楚。

繼續研讀新約後期的書卷，我們還會看到一系列關於禱告的精彩教導，它們豐富並塑造我們先前對禱告的理解，始終保持著明顯的連續性——禱告就是求告神成就他在福音裏所應許的事，也就是以一種更新的方式求告耶和華的名。

禱告與彼得

為了完整起見，在討論約翰書信[13]之前，讓我先講講彼得和猶大的書信，雖然兩者在信中只是略略提及禱告。

---

[13] 假設約翰書信與《啟示錄》是同一位約翰（很有可能就是耶穌所愛的門徒約翰）所寫。

《彼得前書》中，在論到丈夫與妻子的角色時（尤其是只有一方是歸信的情況），彼得提醒讀者一個舊約的原則，就是違背神的命令而活的人會使他的禱告不蒙垂聽。他以此原則來教導那些粗暴的丈夫：

> 你們作丈夫的也要按情理和妻子同住（「情理」原文作「知識」），因她比你軟弱（「比你軟弱」原文作「是軟弱的器皿」），與你一同承受生命之恩的，所以要敬重她。這樣，便叫你們的禱告沒有阻礙。（彼前3:7）

隨後在 12 節中，彼得直接引用了舊約經文：

> 因為主的眼看顧義人，主的耳聽他們的祈禱；惟有行惡的人，主向他們變臉。（彼前3:12）[14]

類似的教導也在《彼得前書》第四章出現，彼得堅稱，最要緊的是按照神的旨意，因著基督已經並將要成就的一切而活，這取向會塑造我們的人生，進而得力、盡己所能去參與神在世上的工作；等候神在歷史的終局果斷地介入之同時，讓福音來塑造我們的禱告：「萬物的結局近了，所以你們要謹慎自守，儆醒禱告。」（彼前 4:7）

---

[14] 參見《詩篇》第 34 篇 13–17 節。

禱告與猶大

《猶大書》唯一提及禱告的經文是：「親愛的弟兄啊，你們卻要在至聖的真道上造就自己，在聖靈裏禱告，保守自己常在神的愛中，仰望我們主耶穌基督的憐憫，直到永生」（猶 20–21）。猶大與彼得一樣，保持對未來的關注，但表達方式有所不同，他提出「在聖靈裏禱告」。當然，這個短語有各種各樣的解釋，[15] 但猶大很可能只是想用這短語簡潔地表達「是有聖靈內住、被聖靈引導、使用並改變的人」，而不是想製造吸引人去追求的經歷，或鼓吹某些狂喜的禱告。[16]

不過，與約翰書信相比，《猶大書》對禱告的片言隻字就顯得微不足道了。約翰書信中的材料是我們這個正典以及神學之旅的最後一站。

禱告與約翰

《約翰壹書》裏有兩段重要的經文，建基於、也發展了合乎聖經的禱告神學，並為聖經所見證的特定部分帶來了新的清晰度，經文是在一章 8–10 節與五章

---

[15] 參見包衡 1983，页 113–114 与 Davids 2006，页 94–95 的多種解釋。
[16] 關於這個問題，Chester（2003，页 62–73）对「何為在聖靈裏禱告」作了精彩的討論，令人受益匪淺。

13–17節,為「赦罪的禱告」帶來了嶄新的概念。第一段經文如下:

> 我們若說自己無罪,便是自欺,真理不在我們心裏了;我們若認自己的罪,神是信實的,是公義的,必要赦免我們的罪,洗淨我們一切的不義;我們若說自己沒有犯過罪,便是以神為說謊的,他的道也不在我們心裏了。(約壹1:8–10) [17]

第二段經文如下:

> 將這些話寫給你們信奉神兒子之名的人,要叫你們知道自己有永生。我們若照他的旨意求甚麼,他就聽我們,這是我們向他所存坦然無懼的心。既然知道他聽我們一切所求的,就知道我們所求於他的,無不得著。人若看見弟兄犯了不至於死的罪,就當為他祈求,神必將生命賜給他;有至於死的罪,我不說當為這罪祈求。凡不義的事都是罪,也有不至於死的罪。(約壹5:13–17)

---

[17] 像其它一些關鍵的新約經文一樣,這幾節經文也沒有明確提及禱告。然而,此處顯然是在談如何對神說話,我們沒有理由將它排除在關於聖經禱告的材料之外。

使徒約翰特別以《約翰福音》中耶穌的教導為基礎（見本書第六章），清楚地告訴我們：因著主耶穌基督的福音，「赦免」那些投靠耶穌的人現已成為神的義務，這是個關乎公義的問題（約壹 1:9[18]）。因此，「赦免」是《約翰壹書》五章 13–17 節談論的主題之一。第 14 節說：「我們若照他的旨意求甚麼，他就聽我們」。當然，「照他的旨意求」的事，就是神早在福音裏為我們成就的事。有趣的是，除非他們棄絕福音（這是我對「至於死的罪」之解讀），[19] 神應許「就聽我們」為弟兄姐妹的代求。

這種蘊涵著福音的觀點，大概也隱藏在《約翰叄書》中使徒約翰對該猶簡單的肯定：

> 作長老的，寫信給親愛的該猶，就是我誠心所愛的。親愛的兄弟啊，我願你凡事興盛，身體健壯，正如你的靈魂興盛一樣。有弟兄來證明你心裏存的真理，正如你按真理而行，我就甚喜樂。我聽見我的兒女們按真理而行，我的喜樂就沒有比這個大的。（約三 1–4）

再一次，一個合乎聖經的禱告是以終極首要的事來結束：那就是活出並宣揚真理。這一點非常重要，

---

[18] 原著誤植為約壹 5:9。
[19] 參見 Jobes（2014，页 232–237）出色的探討。

而且在聖經最後的一卷書強而有力地展現出來，這卷書把我們引進那個不再需要禱告的地方。

在《啟示錄》中約翰所看到的異象穿插著許多禱告的場面：既有在天上的，也有在地上的，既有現在的人，也有將來的人，在耶穌基督福音的亮光中禱告。[20]

我們首先看到的是五章8–10節中「眾聖徒的祈禱」：

> 他既拿了書卷，四活物和二十四位長老就俯伏在羔羊面前，各拿著琴和盛滿了香的金爐；這香就是眾聖徒的祈禱。他們唱新歌，說：「你配拿書卷，配揭開七印。因為你曾被殺，用自己的血從各族、各方、各民、各國中買了人來，叫他們歸於神，又叫他們成為國民，作祭司，歸於神，在地上執掌王權。」

眾聖徒的祈禱填滿了香爐。從二十四長老與眾活物的歌聲中，我們清楚聽出眾聖徒的祈禱只關注一件事，那就是福音在地上的廣傳。[21] 這是福音性的禱告，焦點是神在地上的救贖與審判工作。第六章中「殉道者的祈禱」印證這一點：

> 揭開第五印的時候，我看見在祭壇底下，

---

[20] 參見 Ng（1990，頁 119–135）頗有說明的概述。
[21] 尤其是對不敬虔之人的公義審判。見 Beale 1998，頁 357；Mounce 1997，頁 34。

> 有為神的道並為作見證被殺之人的靈魂，
> 大聲喊著說：「聖潔真實的主啊！你不審
> 判住在地上的人給我們伸流血的冤，要等
> 到幾時呢？」於是有白衣賜給他們各人，
> 又有話對他們說：「還要安息片時，等著
> 一同作僕人的和他們的弟兄，也像他們被
> 殺，滿足了數目。」（啟6:9–11）

坦白說，聖徒（包括安息主懷、為主殉道）只為一件事祈禱，那就是福音的廣傳，這是有目共睹的。他們專注於神的得勝，以及戰程中的最終戰果。包衡（Bauckham）如此評論：

> 《啟示錄》中所有的禱告完全都是末世性
> 的，也就是說，所祈求的是：神國的降
> 臨、神在他的創造中成全他的旨意、實現
> 他所有的應許，在將來成就一切；最終，
> 求神親自臨到他的創造之中，以自己的同
> 在使一切完美，貫穿永恒。[22]

《啟示錄》第八章重申這一點：

> 另有一位天使拿著金香爐，來站在祭壇旁
> 邊。有許多香賜給他，要和眾聖徒的祈禱

---

[22] 包衡 2001，页 252–253。

> 一同獻在寶座前的金壇上。那香的煙和眾聖徒的祈禱,從天使的手中一同升到神面前。天使拿著香爐,盛滿了壇上的火,倒在地上,隨有雷轟、大聲、閃電、地震。
>
> (啟8:3–5)

毫無疑問,神正在垂聽這些禱告,聖徒的禱告,他們為審判與救恩的禱告必蒙應允。隨著救贖歷史的偉大進程臨近尾聲,不變的是,明顯地,以福音為中心的禱告越來越激烈。從開始,禱告在本質上就是關乎救恩——歷史性的,也就是求告神履行他的承諾、推進他在地上的計劃。

那些分享神得勝的人所唱的摩西和羔羊之「歌」成為旁證:

> 主神,全能者啊,你的作為大哉,奇哉!萬世之王啊(「世」或作「國」),你的道途義哉,誠哉!主啊,誰敢不敬畏你,不將榮耀歸與你的名呢?因為獨有你是聖的,萬民都要來在你面前敬拜,因你公義的作為已經顯出來了。(啟15:3–4)

對於「主啊,誰敢不敬畏你,不將榮耀歸與你的名呢?」這個反問,答案當然是「無人!」,因為神已經斷然施行了拯救與審判,原告哀哭的禱告已被得勝和沈冤得雪之歌所取代。

當約翰的異象、《啟示錄》乃至整本《聖經》的正典臨近尾聲時，禱告似乎亦被歌聲取代。聖徒的祈禱既都蒙應允，除了歡慶，再無別求了。所以《啟示錄》十九至二十二章裏有許多「呼喊」（見啟 19:1-3, 6-8），但這並不是求告主名去行動，而是齊聲高唱「哈利路亞！」，因為他們一切的禱告都得到了最終、決定性的應允，留下的就只有無止盡的喜樂、敬拜，以及對神無限壯麗的榮耀之驚歎！

總結

新約後面部分為合乎聖經的禱告神學作出豐富的貢獻。雅各堅稱只要祈求就必獲得智慧；約翰直言不諱地指出，信靠神的人若祈求赦免，神必定垂聽和應允。這些教導都加深了先前我們對禱告的理解，沒有絲毫偏離聖經其餘部分的禱告觀，禱告在本質上仍是求告神的名，求他成就在主耶穌基督裏的應許。

這就是我在開始時提到，聖經的結尾顯然也是禱告終止之時的原因。禱告是為墮落的世界而設計的。有一天將不再需要「求告耶和華之名」，因為神已經滿足我們每一樣的需要，而且在他豐滿的榮美中，他就在我們身旁，與我們同在。在《啟示錄》二十一至二十二章裏，這一點在約翰所描述一系列異象的高潮中變得越發明顯：

> 我未見城內有殿,因主神全能者和羔羊為城的殿。那城內又不用日月光照,因有神的榮耀光照,又有羔羊為城的燈。列國要在城的光裏行走,地上的君王必將自己的榮耀歸與那城。城門白晝總不關閉,在那裏原沒有黑夜。(啟21:22–25)

> 以後再沒有咒詛。在城裏有神和羔羊的寶座,他的僕人都要事奉他,也要見他的面。他的名字必寫在他們的額上。不再有黑夜,他們也不用燈光、日光,因為主神要光照他們。他們要作王,直到永永遠遠。(啟22:3–5)

到那時還有需要呼求神去成就甚麼應許嗎?一切都完成了,我們將在那終末的伊甸園裏永遠享受神的同在。[23]

但是,在等候結局來臨的時段中,我們該做甚麼?我們要禱告。《啟示錄》最後的話把這趟貫通新舊約聖經的神學之旅中所看到的一切,濃縮為一個字——「來」!在這時段裏,我們呼求神藉著聖靈、通過福音在我們的世界上完成他的工,我們求告他的名,祈求他按應許而行。約翰抓住了以下這個禱告核心的基本行動:

---

[23] 用 Chester(2003,页 38)的話說,「禱告不是最後一步,而是倒數第二步。」

聖靈和新婦都說：「來！」聽見的人也該說：「來！」（啟22:17）

證明這事的說：「是了，我必快來！」阿們！主耶穌啊，我願你來！（啟22:20）

這就是合乎聖經的禱告核心。

後記：為何要（重新）學習認真禱告

引言

本書屬於「合乎聖經的神學」系列，關注面相對狹窄，但本書的主題是「禱告」，若不把所得的論據應用在教會的生活當中，難免怠慢。我們所處身的歷史時刻比以前任何時代都更難禱告，亦更少禱告（至少在講英語的地區），卻更需要禱告。

禱告對基督徒而言向來是苦差。我曾聽聞斯托得（John Stott）說禱告是他信仰生活中最大的掙扎。侯士庭（James Houston）在 1989 年寫道：「為何還要寫另一本關於禱告的書？答案很簡單，因為缺乏禱告是當今世界的一大特徵。」[1] 一位十九世紀的英國主教寫道：「我得出的結論是，絕大多數自稱基督徒的人壓根兒不

---

[1] 侯士庭 1989，頁 11。

禱告。」[2] 這情況持續不斷，[3] 故此我們（作為主耶穌基督的教會）面臨的挑戰絕非獨特。只不過，在某種意義上，我認為**當今的世代確實比以前的人更難禱告**。而我擔心福音派教會正在慢慢且確實地放棄禱告。

首先，我想提出福音派的信徒比從前更少禱告；然後，我想分享一些分析出來的原因。最後，我要指出**本書的觀察應該如何重塑我們的禱告方式和內容**。

剖析：福音派與禱告出了甚麼狀況？

在我有生之年（今年四十八歲），福音派信徒的禱告方式起了變化。當年我在北愛爾蘭的貝爾法斯特、與蘇格蘭的阿伯丁求學時，禱告會是基督徒學生聯會的標誌性特徵之一。學生福音團契小組每週有兩次主要的聚會，一次以學習聖經為主，另一次則完全用來禱告。在貝爾法斯特，大約一半的團友參加禱告，在亞伯丁約有八成。普遍而言，聚在一起禱告是屬靈成熟與委身的一個可靠指標。對大多數學生來說，他們參加的當地教會也有相仿的模式，就是除了主日的教導，週間還會有某類形的禱告聚會。活力儘有不同，但大家都明白：要進入教會生活的核心，就得委身參

---

[2] Ryle 1998, 頁 68。
[3] 这至少可以追溯到第三世紀的「沙漠教父」。面對當時的教會日益世俗化，他們退到曠野裡去尋求神。

與禱告。可惜此情不再，[4] 與改革宗福音派過去（至少自十七世紀以來）的做法大相徑庭。然而，這種趨勢也不全是新興。

理查德·洛夫萊斯（Richard Lovelace）在他極有幫助的著作《屬靈生命的動力》（*The Dynamics of Spiritual Life*）中寫道：

> 若問福音派信徒何為復興必不可少的條件，他們最有可能的答案會是「禱告」。但是，在二十世紀大部分的教會生活中，不管是福音派還是非福音派，禱告的位置已變得模糊、幾乎絕跡。教會裏面的橫向交流（規劃、爭論與解釋）的比例大大超過縱向交流（敬拜、感恩、認罪與代禱）。委員會在召開事關重要的會議時，僅僅例行公事地以禱告開始和結束，盡儀式上的義務、而非真實地表達對神的仰賴。因此，一旦出現問題與爭論，甚少會以更深入的禱告來解決，而是在唇槍舌劍中爭吵不休。[5]

---

[4] 比如，雖然澳大利亞大部分學校仍有校園禱告會，但澳大利亞基督徒學生福音團契（Australian Fellowship of Evangelical Students）的同工說，這些禱告會的規模通常非常小，也多少被排除在校園「主要活動」之外。據我所知，很少有教會仍保留專門的集體禱告會。
[5] Lovelace 1979, 页 153。

洛夫萊斯這番話寫於 1979 年。接下來的年日，情況不但沒有好轉，反而變得更糟。團體的禱告從教會的日程進一步滑落；而個人的禱告生活，我懷疑是福音派信徒當中最愧疚的秘密。重要的問題是：「為甚麼」？

診斷：為甚麼教會越來越少禱告？

我認為在講英語的福音派教會中，至少有六個因素導致目前禱告的弱點。

生活舒適

當今的生活相對來說比較舒適。儘管受到全球金融危機的影響，但西方經濟仍在繼續蓬勃發展，重大的衝突已經平息。比如，作為一個北愛爾蘭人，我生長在一個小國家，當地的人曾經以槍械炸彈互相廝殺，處身的歐洲大陸也曾有核毀滅的危機。但現在，我們已經迎來和平，那些威脅我們安全的事似乎離我們很遠。這一切帶來甚麼影響呢？當我們可以說，而且相信是「無憂無慮」時，反而更難去禱告。

通訊革命

這一代人面對的挑戰之一，是要應付和適應資訊科技之發展對我們的生活方式所帶來根本的改變。全

球信息交流的即時性令人震驚。在綫上與跨多個時區的同事面對面開會，對我已是家常便飯；只要醒著，我就預期即時收到短信的回覆；每天充滿著與家人、朋友、甚至銷售廣告以各種撲朔迷離的通訊方式交流。與手機分離是對現代人的一種特別酷刑，能夠隨時隨地網上衝浪、閱讀、玩遊戲、發信息，已成為不可剝奪的人權！而這一切都讓禱告變得越發困難。以前禱告也不容易，也有令人分心的事，所不同的是只要從衣兜裏掏出手機，我們就能讓自己分心了。如果臺上的講道乏味或禱告太長，我們再也不用看著教堂牆壁數磚塊，只要手機裏裝個「消消樂」就夠了。

查經小組興起

禱告（尤其是團體祈禱）不受教會重視的第三個原因有點不同，那就是查經小組的興起。這些小組在不同的地方有不同的名稱，連小組的焦點也可能略有不同。「家（庭小）組」在我有生的年日中，已成為福音派教會的一個普世特徵。我認為這是很棒的事。我相信在讀經與應用經文於現實生活方面，教會在整體上比上一代著實優秀得多。但這收穫卻不是沒有代價。

跟我來觀察鄰近的查經小組，我猜他們晚上聚會時的情況大概是這樣：有些組員會在聚會開始後姍姍來遲（有人總因交通堵塞、伺候小孩、或接聽遇難題的電話而遲到）；然後開始研讀那些內容優秀、要求

又高的查經材料。大家免不了花太多時間討論，然後發現有點晚了。這時組長會說類似的話：「我們該到此為止了，我知道某某馬上就要離開，我們應該禱告了。大家有甚麼需要代禱的事嗎？」然後，視小組的情況而異，要麼大家毫無反應（因為大家都知道時間不夠了），要麼有一兩個人提及他們鄰居的朋友的阿姨最近收到的壞消息。這樣，我們就盡上諸般的義，以禱告散會。[6] 年常日久，這種做法逐漸削弱了禱告的重要性和禱告在教會中的位置。

優秀的教導唾手可得

第四個原因似乎更奇怪了。我認為現在我們更難禱告，是因為實在有太多好的教導資源。四十歲以下的人可能很難想像，但不是很久以前，若要聽到其它地方優秀講員的講道，唯一的方法（除非講員親自來到你的城市，但這種情況極少）就是聽錄音磁帶。由於這些磁帶既昂貴又不容易獲取，它們通常都被借來借去，反覆使用，甚至濫用（實際上，我至今還想聽聽鍾馬田講《羅馬書》11章的磁帶，它的末尾被人錄入 ABBA 樂隊的精選歌曲）。在「糟糕的過去」，基

---

[6] 這些年我參加過的家庭小組我都很喜歡，然而，小組一起查經似乎總是比一起禱告要容易得多，除了 2001–2007 年在我家聚會的豪斯家庭小組是個令人驕傲的例外。

督徒只能靠自己教會的牧師得到教導。我知道這聽起來有點不可思議，但卻是事實：這種情況促使人去禱告，有時甚至是熱切地禱告！

當我們指望自己的牧師教導我們時，我們明白神必須親自工作，我們才能聽到他的話。我們每週都見到自己的牧師，瞭解他的軟弱，曉得他甚麼時候累倒，有時同一週要主持三場葬禮，有時孩子生病——這一切都促使我們去禱告。但如果我們領受的教導大部分來自播客，那情況就不一樣了：講員雖然優秀，我們卻不認識他；他講道的地點我們未曾去過，他的會眾與我們素未謀面。坦率地說，錄音的時候，神有否透過他的話語向會眾顯現並說話，與我們無關；那間教會是甚麼狀況，那位講員怎樣生活，都無關重要。唯一重要的就是講員「交了貨」，這是我們唯一的期待，如此而已。我們無需禱告，只需按一下播放鍵就行了。我們的禱告與所講的道之間的聯繫就這樣被切斷，一旦發生，就難以修復。

實用主義盛行

今天的教會有許多我喜愛的地方。比如，在澳大利亞，我們看見合乎聖經的講道、植堂事工、策略思維和合乎聖經的輔導都有成長。我們為這一切向神感恩。但禱告呢？就大大不同了，原因可能是我們最安於以技能為基礎的氛圍：透過閱讀、談論、參加營會

都能得著解決問題的技能，我們本能地務實。現今，我們比以往任何年代都更能掌控自己的生活，意味著我們更少去禱告，還有一個我們更少祈禱的因素。

犬儒主義帶來禱告真空

我為人憤世嫉俗。但是今天像我這樣的人最大的問題就是，在我周圍還有其他數以百萬計、與我一模一樣的人，遍佈澳大利亞和全世界。我們所呼吸的空氣瀰漫著憤世嫉俗的氣息，我們身邊的人都愛冷嘲熱諷。我們面對的壓力是：甚麼都不能相信，這意味著我很難去禱告。哦，我清楚在禱告時我不會做的事——我非常清楚禱告絕對辦不到的事。所以我就不禱告。洛夫萊斯曾說：

> 我們不得不說：不完善的禱告形式帶來令人不舒服的經歷，產生一種心理上的反感，這是導致教會缺少禱告的原因之一。另一個原因是某些基督徒生活的模範要求超人般的禱告才算合格、可被接受的神聖程度。[7]

我們不禱告，是因為我們看到和聽到很多錯誤或荒謬地不切實際的東西，我們許多人被燙傷——我們

---

[7] Lovelace 1979, 页 154。

不禱告，因為有人曾說禱告可以解決一切，可事實並非如此。所以我們就放棄。我們少禱告。那麼我們該怎麼辦呢？

重新學習禱告

根據合乎聖經的禱告神學重新調整我們禱告的方式
因認識我們最大的需求而禱告

一旦我們意識到神對我們的計劃是要使我們變得更像耶穌，他熱衷於使我們能夠一生、每一天、整天都全心全意地為他而活，我們禱告的需要和內容就顯而易見了。如果我們被邀請去講道、教主日學、帶領家庭小組、與他人一起禱告、探訪病人，我們能做到嗎？是的，我們能。我們可以剪裁工藝，預備教材，閱讀經文，泡好咖啡，開車去醫院。這些事情我們遊刃有餘，根本用不著恐慌。但我們能在自己或別人的生命中做神的工作嗎？別開玩笑！保羅・米勒（Paul Miller）說得好：「知道絕望是禱告生活的核心。」[8] 這絕望來自於看見神對我們和我們的世界的宏偉計劃；看見我們無能力做些甚麼來影響我們自己或我們的世界；當我們從現在、今天、明天發生的事情轉移目光去看見神過去曾

---

[8] P. E. Miller 2009, 页 114。

為我們和世界成就了甚麼，並在我們和世界當中**將要做的**；當我們看見我們是多麼需要神藉他的靈來改變我們自己和他人的生命；當我們看見這一切時，我們就會開始禱告，並且繼續禱告。如果我們明白這一點，我們禱告的方式必會產生根本的轉變。神在我們以及他人生命中的工作將逐漸成為我們禱告的重心。

因此，在人生的每個階段，我們將會持續不斷地這樣禱告：

「主啊，求你幫助我看見，這是你在我生命中和這個世界上偉大工作的一部分。」

「主啊，求你使用這個際遇，讓我變得更像主耶穌，並帶領他人認識耶穌。」

「主啊，求你堅固我，使我今天能幫助他人仰望耶穌，鼓勵他們看見你在他們生命中的旨意。」

「主啊，求你使用我通過福音推進你在我的朋友、家人的生命中，以及我們的世界的計劃。」

因認識禱告永遠是件難事而禱告

有個普遍受落的神話，就是如果我們是那種屬靈的人，又正確地禱告，那麼禱告就是件輕而易舉的事。這不是甚麼新想法，且一直存在。問題是，這是個錯誤的想法！保羅告訴歌羅西人，以巴弗這位在新約中被奉為跟隨耶穌的典範，「在禱告之間，**常為你們**竭力地祈求」（西 4:12）。禱告乃是艱苦的工作！看看《馬太福音》

二十六章中耶穌在客西馬尼園的禱告，我們毫無疑問地發現禱告不是常常像在公園裏散步那麼容易。所以，我們若覺得禱告很困難，別以為是出了甚麼問題，因為禱告本來就是困難的。禱告之所以困難，是因為我們活在一個墮落的世界裏；但這困難也是因為禱告與神改變我們生命這終身工作有著錯綜複雜的聯繫。那麼，你覺得禱告好難嗎？那就好了，說明你在正確的軌道上。

耐心祈求（期待神一步一步地成就我們所求的大事）

我們未必看見神在我們生命中的作為就正是我們自己和其他人所有的禱告之答案。我們不會在某天早上醒來時，驚奇地發現自己已經變得很像主耶穌，也不會在某天晚上躺在床上時，突然發現自己知曉關於神的一切。有許多禱告是我們不會看到答案。有些時候，神因著他的恩慈，會讓我們瞥見他在我們身上的作為、充滿著恩典；但更多時候，我們需要等待。我們都知道：如果我們換了車，突然間發現路上原來有那麼多以前沒注意到的紅色豐田汽車。禱告也是類此的經歷，我們需要學習去留意那些已經存在的東西。我定時為女兒禱告，願她們更愛耶穌——但有時我看不出接下來所發生的事就是神回應著我的禱告：信仰的提問，看到女兒自己在房間裏讀經，出於恩典的無私行動，這週在教會毫無怨言地忠心服事，她們在房間裏促膝長談，有機會向朋友傳福音——這一切都是神應允了我的禱告，

只是我常常忽視。因此，我們發出耐心、堅持、由福音塑造的禱告。接下來，讓我們更具體地談談這一點。

用合乎聖經的禱告神學重新調整禱告的內容

我們禱告的內容應該讓福音來主導。聖經中，神一次又一次地告訴我們要祈求，因為他樂意給予。聖經中有關「禱告」的所有詞彙都有一個相同的意思——就是「**求**」，這絕非偶然。這與福音完美契合，難道不是嗎？**福音的核心就是我們本來一無所有，毫無功勞，無任何東西帶來給神——我們得救是單靠恩典和信心——「求」——單靠求。福音使禱告成為可能，福音也塑造禱告，因此，進行禱告就是福音的進行，並不奇怪。**福音告訴我們，是神給我們，不是我們給他，因此我們需要「求」。神已經對我們說話，我們回應他，就是「求」的意思——求他幫助我們：明白他已為我們成就的事，按照他為我們所成就的而活，堅守他為我們所成就的，並向世人展現他為我們所成就的。

在某種意義上，我們對「求甚麼」無需過於緊張。《路加福音》十一章有一段十分精彩的經文，經文裏耶穌清楚地說，我們可以自由地向天父祈求任何東西，因為我們知道，若所求的東西對我們或神的國有害（或太愚蠢），天父就不會給我們。所以，我們應當怎麼做呢？應當繼續祈求！關於這一點，我從最幼的女兒麗貝卡學到很多。麗貝卡的要求可以是完全荒謬，而

她亦可以是完全滿足於我說「不」的回應。

「爸爸，我可以有自己的車嗎？」

「不可以，麗貝卡。」

「好吧，爸爸，那我能養一隻袋獾嗎？」

「不可以，麗貝卡。」

「好的，爸爸，那我可以把姐姐心愛的東西都拿走嗎？」

「不可以，麗貝卡。」

「好的，爸爸。」

我想，耶穌說我們要像小孩子一樣，大概就是這個意思吧。小孩子會毫不猶豫地求，也完全相信父母只會把對他們好的東西給他們。

但這並不是新約關於禱告的重點。新約明確告訴我們：禱告應有的內容，或至少我們禱告的重點應該是甚麼。這是因為有些禱告，神已明說他**永遠都會應允**。我認為，神說過他永遠都會正面回應的禱告，就是那些求他實現新約的應許的禱告。或者更籠統地說，只要我們求的是神透過他的話語作工，他永遠都會應允。因此，**我們應該禱告求神透過福音完成他的新約之工**。

我能找出五種禱告，是新約鼓勵我們相信神永遠會應允的。也就是說，當我們**求他透過他的話語，藉著聖靈來成就他的新約之工時**，他必應允我們的禱告。是甚麼樣的禱告呢？以下就是個人和團體都應該用的五種「簡單容易」禱告之摘要，因為神已保證一定應允：

祈求赦免（約壹 1:9）

祈求更深認識神（弗 1:15–22; 3:18–19）

祈求得著智慧，好叫我們明白如何為神而活（雅 1:5–6）

祈求得著力量來順服神、愛神並為他而活（弗 1:15–22; 3:14–15）

祈求福音的傳播（路 10:2; 徒 5; 西 4）

我們怎知道神會應允這些禱告？首先，這是神自己說的。除此之外，因為這些禱告總結了福音的工作。這些工作是神已經承諾要做的，是神現在所做的，也是神將要做的。這些禱告都是求神透過他的話語成就新約之工，這也就是「求告耶和華之名」的意思。

那麼，你想成為「禱告高手」嗎？你無需秒表計時，無需學習新的默觀方法，無需練習跪姿，但你需要讓福音來驅動你的禱告，成為「祈求」專家。你需要意識到自己是一場步行的災難，一路上，你的每一步、每一天都需要神，才能避免對你自己和身邊的人的生命造成破壞、脫軌翻車；你需要聽見福音向我們的吶喊：「你是軟弱、有罪又有瑕疵，但神是剛強、恩慈又良善！」所以，求他行他已經應許會做的事。最重要的是，為福音傳遍地極而禱告！神必應允，因為這是他在破碎的世界中展現他的善良和榮耀的方式，繼續禱告，直到不再需要禱告的那日，因為到那日，我們將面對面看見我們的神和大君王。

參考書目

Aejmelaus, A. (1986), *The Traditional Prayer in the Psalms*, BZAW 167, Berlin: de Gruyter.

Allen, L. C. (2012), 'Jeremiah: Book of', in M. J. Boda and J. G. McConville (eds.), *Dictionary of the Old Testament Prophets*, Downers Grove: IVP Academic; Nottingham: InterVarsity Press, 423–441.

Alter, R. (1999), *The David Story*, New York: Norton.

Arnold, C. E. (2010), *Ephesians*, ZECNT, Grand Rapids: Zondervan.

Ash, C. J. (2014), *Job: The Wisdom of the Cross*, PTW, Wheaton: Crossway.

Baker, D. W. (2003), 'God, Names of', in *DOTP*, 359–368.

Balentine, S. E. (1993), *Prayer in the Hebrew Bible: The Drama of Divine–Human Dialogue*, OBT, Minneapolis: Fortress.

——— (2006), *Job*, SHBC, Macon, Georgia: Smith & Helwys.

Baltzer, K. (1971), *The Covenant Formulary*, Oxford: Blackwell.

Barrett, C. K. (1978), *The Gospel According to John*, London: SPCK.

Bauckham, R. J. (1983), *Jude, 2 Peter*, WBC, Waco: Word.

———— (2001), 'Prayer in the Book of Revelation', in R. N. Longenecker (ed.), *Into God's Presence*, Grand Rapids: Eerdmans, 43–65.

Baumgartner, W. L. (1987), *Jeremiah's Poems of Lament*, Sheffield: Almond.

Beale, G. K. (1998), *Revelation*, NIGTC, Exeter: Paternoster.

Blenkinsopp, J. (2002), *Isaiah 40–55: A New Translation with Introduction and Commentary*, AYB, New Haven: Yale University Press.

Block, D. I. (2012), *Deuteronomy*, NIVAC, Grand Rapids: Zondervan.

————(2014), *For the Glory of God: Recovering a Biblical Theology of Worship*, Grand Rapids: Baker.

Boice, J. M. (1975), *John: Peace in a Storm, John 13–17*, Grand Rapids: Baker.

Boling, R. G. (1975), *Judges*, AB, New York: Doubleday.

Boling, R. G., and G. E. Wright (1995), *Joshua*, AYB, New Haven: Yale University Press.

Bonhoeffer, D. (1974), *Psalms: The Prayerbook of the Bible*, Minne apolis: Augsburg Fortress.

Boyce, R. N. (1988), *The Cry to God in the Old Testament*, SBLDS 103, Atlanta: Scholars Press.

Bruce, F. F. (1983), *The Gospel of John*, Grand Rapids: Eerdmans. (1993), 'Habakkuk', in T. E. McComiskey (ed.), *The Minor Prophets: An Exegetical and Expository Commentary: Obadiah, Jonah, Micah, Nahum, and Habakkuk*, Grand Rapids: Baker, 831–896.

Bruckner, J. K. (2003), 'Habakkuk, Book of', in *DOTP*, 294–301.

Brueggemann, W. (1998), *A Commentary on Jeremiah: Exile and*

Homecoming, Grand Rapids: Eerdmans.

Bruner, F. D. (2004), *The Christbook: Matthew 1–12*, Grand Rapids: Eerdmans.

Bunyan, J. (1999), *Prayer*, Carlisle: Banner of Truth.

Butler, T. C. (2006), *Judges*, WBC, Waco: Word.

Calvin, J. (1847), *Genesis*, Carlisle: Banner of Truth.

——— (1960), *Institutes of the Christian Religion*, ed. J. T. McNeill, tr. F. L. Battles, vols. 1–2, Philadelphia: Westminster.

Carson, D. A. (ed.) (1990), *Teach Us to Pray: Prayer in the Bible and the World*, Grand Rapids: Baker.

——— (1991), *The Gospel According to John*, PNTC, Grand Rapids: Eerdmans; Leicester: Apollos.

——— (1992), *A Call to Spiritual Reformation: Priorities from Paul and His Prayers*, Grand Rapids: Baker; Leicester: InterVarsity Press.

——— (1995), *Matthew*, EBC, Grand Rapids: Zondervan.

Charlesworth, J. H., M. Harding and M. Kiley (eds.) (1994), *The Lord's Prayer and Other Prayer Texts from the Greco-Roman Era*, Valley Forge, Pa.: Trinity Press International.

Chester, T. (2003), *The Message of Prayer*, Leicester, InterVarsity Press.

Childs, B. S. (2001), *Isaiah: A Commentary*, OTL, Louisville: Westminster John Knox.

Clements, R. E. (1985), *The Prayers of the Bible*, London: SCM. Clines, D. J. A. (1989), *Job 1–20*, WBC, Waco: Word.

Clowney, E. P. (1990), 'A Biblical Theology of Prayer', in D. A. Carson (ed.), *Teach Us to Pray: Prayer in the Bible and the World*, Grand Rapids: Baker, 136–173.

Collins, J. J. (1993), *Daniel*, Hermeneia, Minneapolis: Fortress.

Crump, D. M. (1992), *Jesus the Intercessor: Prayer and Christology in Luke-Acts*, Tübingen: MohrSiebeck.

——— (2006), *Knocking on Heaven's Door: A New Testament Theology of Petitionary Prayer*, Grand Rapids: Baker.

——— (2013), 'Prayer', in J. B. Green, S. McKnight and N. Perrin (eds.), *Dictionary of Jesus and the Gospels*, 2nd ed., Downers Grove: InterVarsity Press; Nottingham: InterVarsity Press, 684–692.

Cullman, O. (1995), *Prayer in the New Testament*, London: SCM. Cumerford, B. (2015), 'In What Ways Does the Book of the Twelve Prepare for a New Movement in Salvation History?', MDiv thesis, St Lucia: Queensland Theological College.

Davids, P. H. (1982), *James*, NIGTC, Grand Rapids: Eerdmans. (1990),

——— *1 Peter*, NICNT, Grand Rapids: Eerdmans.

——— (2006), *The Letters of 2 Peter and Jude*, PNTC, Nottingham: Apollos.

Davis, D. R. (1999), *2 Samuel: Out of Every Adversity*, FOTB, Tain: Christian Focus.

―――― (2000), *Judges: Such a Great Salvation*, FOTB, Tain: Christian Focus.

―――― (2007), *1 Kings: The Wisdom and the Folly*, FOTB, Tain: Christian Focus.

deClaisseWalford, N., R. A. Jacobson and B. LaNeel Tanner (2014), *Psalms*, NICOT, Grand Rapids: Eerdmans.

Dillard, R. B. (1987), *2 Chronicles*, WBC, Waco: Word.

―――― (1992), 'Joel', in T. E. McComiskey (ed.), *The Minor Prophets: An Exegetical & Expository Commentary*, vol. 1, Grand Rapids: Baker Academic, 203–248.

Dozemann, T. B. (2009), *Exodus*, ECC, Grand Rapids: Eerdmans.

Dunn, J. D. G. (1992), 'Prayer', in J. B. Green, S. McKnight and I. H. Marshall (eds.), *Dictionary of Jesus and the Gospels*, Downers Grove: IVP Academic; Leicester: InterVarsity Press, 617–625.

Ellingworth, P. (1993), *The Epistle to the Hebrews*, NIGTC, Grand Rapids: Eerdmans.

Farris, S. (2001), 'The Canticles of Luke's Infancy Narrative as the Appropriation of a Biblical Tradition', in R. N. Longenecker (ed.), *Into God's Presence: Prayer in the New Testament*, Grand Rapids: Eerdmans, 91–112.

Finkel, A. (2001), 'Prayer in Jewish Life of the First Century as Back ground to Early Christianity', in R. N. Longenecker (ed.), *Into God's Presence: Prayer in the New Testament*, Grand Rapids: Eerdmans, 43–65.

Firth, D. G. (2009), *1 & 2 Samuel*, AOTC, Nottingham: Apollos; Downers Grove: InterVarsity Press.

Forsyth, P. T. (1916), *The Soul of Prayer*, London: Independent. France, R. T. (1985), *Matthew*, TNTC, Leicester: InterVarsity Press.

——— (2007), *Matthew*, NICNT, Grand Rapids: Eerdmans.

Fredericks, D. C., and D. J. Estes (2010), *Ecclesiastes and the Song of Songs*, AOTC, Nottingham: Apollos; Downers Grove: InterVarsity Press.

Futato, M. D. (2007), *Interpreting the Psalms*, Grand Rapids: Kregel. Garrett, D. A. (2012), 'Joel: Book of', in M. J. Boda and J. G. McConville (eds.), *Dictionary of the Old Testament Prophets*, Downers Grove: IVP Academic; Nottingham: InterVarsity Press, 449–455.

Gerstenberger, E. S. (1988), *Psalms: Part 1*, FOTL, Grand Rapids: Eerdmans.

Goldingay, J. (2008), *Psalms Volume 3: Psalms 90–150*, BCOTWP, Grand Rapids: Baker.

Goldsworthy, G. (2003), *Prayer and the Knowledge of God*, Leicester: InterVarsity Press.

Gordon, R. P. (1986), *1 & 2 Samuel*, Exeter: Paternoster.

Grant, J. A. (2004), *The King as Exemplar: The Function of Deuter- onomy's Kingship Law in the Shaping of the Book of Psalms*, AcBib 17, Atlanta: Society of Biblical Literature.

Green, J. B. (2001), 'Persevering Together in Prayer – the Significance of Prayer in the Acts of the Apostles', in R. N. Longenecker (ed.), *Into God's Presence: Prayer in the New Testament*, Grand Rapids: Eerdmans, 183–202.

Greenberg, M. (1983), *Biblical Prose Prayer: As a Window to the Popular Religion of Ancient Israel*, Berkeley: University of California.

Gregg, R. C. (1980), *Athanasius: The Life of Anthony and the Letter to Marcellinus*, Mahwah, N.J.: Paulist Press.

Gundry, R. H. (1993), *Mark: A Commentary for His Apology for the Cross*, Grand Rapids: Eerdmans.

Gunkel, H. (1967), *The Psalms – a Form Critical Introduction*, Minneapolis: Fortress.

——— (1998), *Introduction to Psalms: The Genres of the Religious Lyric of Israel*, MLBS, Macon, Ga.: Mercer University Press.

Gunn, D. M. (1980), *The Fate of King Saul*, Sheffield: Sheffield Academic Press.

Hallesby, O. (1948), *Prayer*, Leicester: InterVarsity Press.

Harrison, R. K. (1973), *Jeremiah and Lamentations*, TOTC, Leicester: InterVarsity Press.

Hobbs, T. R. (1986), *2 Kings*, WBC, Waco: Word.

Hossfeld, F.L., and E. Zenger (2005), *Psalms 2: A Commentary on Psalms 51–100*, Hermeneia, Minneapolis: Fortress.

——— (2011), *Psalms 3: A Commentary on Psalms 101–150*, Hermeneia, Minneapolis: Fortress.

Hertzberg, H. W. (1964), *1, 2 Samuel*, OTL, London: SCM.

House, P. R. (1990), *The Unity of the Twelve*, Sheffield: Almond.

——— (1995), *1,2 Kings*, NAC, Nashville: Holman.

Houston, J. (1989), *Prayer: The Transforming Friendship*, Oxford: Lion.

Howard Jr., D. M. (2005), 'The Psalms and Current Study', in D. G. Firth and P. S. Johnston (eds.), *Interpreting the Psalms*, Leicester: Apollos, 23–40.

Jacobson, R. A. (2004), *Many Are Saying: The Function of Direct Discourse in the Hebrew Psalter*, London: T. & T. Clark.

Jenson, P. P. (2008), *Obadiah, Jonah, Micah: A Theological Commen- tary*, LHB/OTS, New York: T. & T. Clark.

Jeremias, J. (1967), *The Prayers of Jesus*, London: SCM.

Jobes, K. H. (2014), *1, 2, and 3 John*, ZECNT, Grand Rapids: Zondervan.

Johnston, P. S., and D. G. Firth (2005), *Interpreting the Psalms*, Leicester: Apollos.

Johnstone, W. B. (1986), 'Guilt and Atonement: The Theme of 1 and 2 Chronicles', in J. D. Martin and P. R. Davies (eds.), *A Word in Season: Essays in Honour of William McKane*, JSOTSup 42, Sheffield: JSOT Press, 113–138.

Jung, K. N. (1990), 'Prayer in the Psalms', in D. A. Carson (ed.), *Teach Us to Pray: Prayer in the Bible and the World*, Grand Rapids: Baker, 35–57.

Keener, C. S. (2012), *Acts: An Exegetical Commentary*, vol. 1: *Intro- duction and 1:1–2:47*, Grand Rapids, Baker.

Keller, T. J. (2014), *Prayer: Experiencing Awe and Intimacy with God*, New York: Dutton.

Kelly, D. F. (1990), 'Prayer and Union with Christ', *SBET* 8.2: 109–127. Kidner, D. (1973), *Psalms 1–72*, TOTC, Leicester: InterVarsity Press.

Knohl, I. (1988), 'The Conception of God and Cult in the Priestly Torah and in the Holiness School', PhD diss., Jerusalem: Hebrew University of Jerusalem.

Köstenberger, A. J. (2004), *John*, BECNT, Grand Rapids: Baker.

––––––– (2008), *Father, Son and Spirit: The Trinity in John's Gospel*, NSBT: Nottingham: Apollos; Downers Grove: InterVarsity Press.

Köstenberger, A. J., and T. R. Schreiner (eds.) (2005), *Women in the Church: An Analysis and Application of 1 Timothy 2:9–15*, Grand Rapids: Baker.

Kraus, H.J. (1993a), *Psalms 1–59*, CC, Minneapolis: Fortress.

––––––– (1993b), *Psalms 60–150*, CC, Minneapolis: Fortress.

Leithart, P. J. (2006), *1 & 2 Kings*, BTCB, Grand Rapids: Brazos.

Lenski, R. C. H. (1946), *The Interpretation of St. Luke's Gospel*, Minneapolis: Augsburg.

Levine, B. A. (1993), *Numbers 1–20: A New Translation*, AB, New York: Doubleday.

Lincoln, A. T. (1990), *Ephesians*, WBC, Waco: Word.

––––––– (2001), 'God's Name, Jesus' Name, and Prayer in the Fourth Gospel', in R. N. Longenecker (ed.), *Into God's Presence: Prayer in the New Testament*, Grand Rapids: Eerdmans, 155–180.

LloydJones, D. M. (2000), *The Assurance of Our Salvation: Exploring the Depth of Jesus' Prayer for His Own: Studies in John 17*, Wheaton: Crossway.

Longenecker, R. N. (ed.) (2001), *Into God's Presence: Prayer in the New Testament*, Grand Rapids: Eerdmans.

Longman III, T. (1999), *Daniel*, NIVAC, Grand Rapids, Zondervan.

––––––– (2012), *Job*, BECOT, Grand Rapids: Baker.

Lovelace, R. F. (1979), *The Dynamics of Spiritual Life*,

Downers Grove: InterVarsity Press.

McCarter, K. (1980), *1 Samuel*, AB, New York: Doubleday.

McConville, J. G. (1992), '1 Kings 8:46–53 and the Deuteronomic Hope', *VT* 42.1: 67–79.

——— (1993a), *Grace in the End*, Grand Rapids: Zondervan.

——— (1993b), *Judgment and Promise*, Leicester: Apollos.

McKeown, J. (2008), *Genesis*, THOTC, Grand Rapids: Eerdmans.

Marshall, I. H. (1978), *The Gospel of Luke*, NIGTC: Grand Rapids: Eerdmans.

——— (2001), 'Jesus – Example and Teacher of Prayer in the Synoptics', in R. N. Longenecker (ed.), *Into God's Presence: Prayer in the New Testament*, Grand Rapids: Eerdmans, 113–131.

Martin, R. P. (1988), *James*, WBC, Waco: Word.

Metzger, J. A. (2010), 'God as F(r)iend? Reading Luke 11:5–13 & 18:1–8 with a Hermeneutic of Suffering', *HBT* 32: 33–57.

Milgrom, J. (1991), *Leviticus 1–16*, AB, New York: Doubleday.

Miller Jr., P. D. (1994), *They Cried to the Lord: The Form and Theology of Biblical Prayer*, Minneapolis: Fortress.

Miller, P. E. (2009), *A Praying Life*, Carol Stream, Ill.: NavPress.

Mitchell, D. C. (1997), *Message of the Psalter: An Eschatological Programme in the Book of Psalms*, JSOTSup 252, Sheffield: JSOT Press.

——— (2006), 'Lord, Remember David: G. H. Wilson and

the Message of the Psalter', *VT* 56.4: 526–548.

Moo, D. J. (1996), *The Epistle to the Romans*, NICNT, Grand Rapids: Eerdmans.

——— (2008), *The Letters to Colossians and Philemon*, NIGTC, Grand Rapids: Eerdmans.

Morris, L. (1992), *The Gospel According to Matthew*, Leicester: Apollos.

———(1995), *The Gospel According to John*, NICNT: Grand Rapids: Eerdmans.

Motyer, J.A. (1959), *Revelation of the Divine Name*, London: Tyndale.

———(1999), *Isaiah*, TOTC, Leicester: InterVarsity Press.

Mounce, R. H. (1997), *The Book of Revelation*, NICNT, Grand Rapids: Eerdmans.

Mowinckel, S. (1962), *The Psalms as Israel's Worship*, repr., Grand Rapids: Eerdmans, 2004.

Ng, E. Y.L. (1990), 'Prayer in Revelation', in D. A. Carson (ed.), *Teach Us to Pray: Prayer in the Bible and the World*, Grand Rapids: Baker, 119–135.

O'Brien, P.T. (1973), 'Prayer in LukeActs', *TynB* 24: 111–127.

——— (1977), *Introductory Thanksgivings in the Letters of Paul*, NTS, Leiden: Brill.

——— (1982), *Colossians–Philemon*, WBC, Waco: Word.

——— (1991), *Philippians*, NIGTC, Grand Rapids: Eerdmans.

——— (1999), *The Letter to the Ephesians*, PNTC, Leicester: Apollos.

——— (2010), *Hebrews*, PNTC, Grand Rapids: Eerdmans;

Nottingham: Apollos.

O'Donnell, D. S. (2013), *Matthew: All Authority in Heaven and on Earth*, PTW, Wheaton: Crossway.

Olson, D. T. (1996), *Numbers*, Interpretation, Louisville: Westminster John Knox.

Parry, R. A. (2010), *Lamentations*, THOTC, Grand Rapids: Eerdmans.

Peterson, D. G. (1990a), 'Prayer in the General Epistles', in D. A. Carson (ed.), *Teach Us to Pray: Prayer in the Bible and the World*, Grand Rapids: Baker, 102–118.

——— (1990b), 'Prayer in Paul's Writings', in D. A. Carson (ed.), *Teach Us to Pray: Prayer in the Bible and the World*, Grand Rapids: Baker, 84–101.

——— (2009), *The Acts of the Apostles*, PNTC, Grand Rapids: Eerdmans; Nottingham: Apollos.

Petterson, A. R. (2015), *Haggai, Zechariah, Malachi*, AOTC, Notting ham: Apollos; Downers Grove: InterVarsity Press.

Philip, W. (2015), *Why We Pray*, Wheaton: Crossway; Nottingham: InterVarsity Press.

Pitkänen, P. M. A. (2012), *Joshua*, AOTC, Nottingham: Apollos; Downers Grove: InterVarsity Press.

Pritchard, J. B. (1969), *Ancient Near Eastern Texts Relating to the Old Testament*, Princeton: Princeton University Press.

Provan, I. M. (1995), *1 & 2 Kings*, NIBC, Peabody, Mass.: Hendrickson. Rad, G. von (1972), *Genesis*, OTL, London: SCM.

Reif, S. C. (1993), *Judaism and Hebrew Prayer*, Cambridge:

Cambridge University Press.

Reventlow, H. G. (1986), *Gebet im Alten Testament*, Stuttgart: Kohlhammer.

Ross, A. (1997), 'šēm', in *NIDOTTE* 5: 147–151.

Ryle, J. C. (1998), *Practical Religion*, Edinburgh: Banner of Truth. Sarkissian, M. J. (2009), *Before God: The Biblical Doctrine of Prayer*, Maitland: Xulon.

Sawyer, J. F. A. (1980), 'Types of Prayer in the Old Testament: Some Semantic Observations on Hitpallell, Hithannen etc.', *Semitics* 7: 131–143.

Schaefer, K. (2001), *Berit Olam Studies in Hebrew Narrative and Poetry: Psalms*, Collegeville, Minn.: Liturgical Press.

Schnabel, E. J. (2012), *Acts*, ZECNT, Grand Rapids: Zondervan.

Schreiner, T. R. (1998), *Romans*, BECNT, Grand Rapids: Baker.

Seitz, C. R. (2001), 'Prayer in the Old Testament or Hebrew Bible', in R. N. Longenecker (ed.), *Into God's Presence: Prayer in the New Testament*, Grand Rapids: Eerdmans, 3–22.

Sweeney, M. A. (2007), *1 & 2 Kings*, OTL, Atlanta: Westminster John Knox.

Talmon, S. (1978), 'The Emergence of Institutionalised Prayer in Israel in the Light of the Qumran Literature', in M. Delcor (ed.), *Qumran: sa piété, sa théologie et son milieu*, Paris: Duculot, 265–284.

Thiselton, A. C. (2001), *1 Corinthians*, NIGTC, Grand Rapids: Eerdmans.

Thompson, J. A. (1980), *Jeremiah*, NICOT, Grand Rapids: Eerdmans.

Thompson, M. E. W. (1996), *I Have Heard Your Prayer: The Old Testament and Prayer*, Peterborough: Epworth.

Towner, P. H. (2006), *1, 2 Timothy, Titus*, NICNT, Grand Rapids: Eerdmans.

Turner, M. M. B. (1990), 'Prayer in the Gospels and Acts', in D. A. Carson (ed.), *Teach Us to Pray: Prayer in the Bible and the World*, Grand Rapids: Baker, 58–83.

Verhoef, P. A. (1997), 'Prayer', in *NIDOTTE* 4: 1060–1066.

Walton, J. H. (2006), *Ancient Near Eastern Thought and the Old Testament*, Grand Rapids: Baker; Nottingham: Apollos.

——— (2011), *Genesis*, NIVAC, Grand Rapids: Zondervan.

Webb, B. G. (2012), *Judges*, NICOT, Grand Rapids: Eerdmans.

Wenham, G. J. (1979), *Leviticus*, NICOT, Grand Rapids: Eerdmans.

Westermann, C. (1980), *The Psalms: Structure, Content, Message*, Kitchener, Ont.: Augsburg Fortress Canada.

——— (1981), *Praise and Lament in the Psalms*, Atlanta: Westminster John Knox.

——— (1982), *Elements of Old Testament Theology*, Atlanta: John Knox.

Westermann, C. (1987), *Genesis 1–11*, CC, Minneapolis: Fortress.

Williamson, H. G. M. (1977), 'Eschatology in Chronicles', *TynB* 28: 115–154.

——— (1985), *Ezra-Nehemiah*, WBC, Waco: Word.

Wilson, G. H. (1985), *The Editing of the Hebrew Psalter*, SBLDS 85, Atlanta: Society of Biblical Literature Press.

——— (2002), *Psalms*, NIVAC, Grand Rapids: Zondervan.

Wilson, I. (1995), *Out of the Midst of the Fire: Divine Presence in Deuteronomy*, SBLDS 151, Atlanta: Society of Biblical Literature Press.

Winter, B. W. (2001), *After Paul Left Corinth*, Grand Rapids: Eerdmans.

Witherington III, B. (2007), *Letters and Homilies for Jewish Christians: A Socio-Rhetorical Commentary on Hebrews, James and Jude*, Downers Grove: InterVarsity Press; Nottingham: Apollos.

Woodhouse, J. (2008), *1 Samuel: Looking for a Leader*, PTW, Wheaton: Crossway.

Woudstra, M. (1981), *Joshua*, NICOT, Grand Raids: Eerdmans.

Wray Beal, L. M. (2014), *1 & 2 Kings*, AOTC, Nottingham: Apollos; Downers Grove: InterVarsity Press.

Wright, N. T. (1997), *The Lord and His Prayer*, Grand Rapids: Eerdmans.

——— (2001), 'The Lord's Prayer as a Paradigm of Christian Prayer', in R. N. Longenecker (ed.), *Into God's Presence: Prayer in the New Testament*, Grand Rapids: Eerdmans, 132–154.

Zimmerli, W. T. (1978), *Old Testament Theology in Outline*, Edinburgh: T. & T. Clark.

www.ingramcontent.com/pod-product-compliance
Lightning Source LLC
Chambersburg PA
CBHW020135130526
44590CB00039B/174